21 世纪高等院校创新课程规划教材

会计学原理

（第二版）

主　编　纪映红　王　通
副主编　刘利群　洪燕平　郭志勇

中国财经出版传媒集团
经济科学出版社
Economic Science Press

图书在版编目（CIP）数据

会计学原理 / 纪映红，王通主编，—2 版．—北京：经济科学出版社，2022. 1（2024. 8 重印）
21 世纪高等院校创新课程规划教材
ISBN 978 - 7 - 5218 - 2777 - 4

Ⅰ. ①会… Ⅱ. ①纪… ②王… Ⅲ. ①会计学—高等学校—教材 Ⅳ. ①F230

中国版本图书馆 CIP 数据核字（2021）第 163063 号

责任编辑：周胜婷
责任校对：隗立娜
责任印制：张佳裕

会计学原理（第二版）
主编 纪映红 王 通
副主编 刘利群 洪燕平 郭志勇
经济科学出版社出版、发行 新华书店经销
社址：北京市海淀区阜成路甲 28 号 邮编：100142
总编部电话：010 - 88191217 发行部电话：010 - 88191522
网址：www. esp. com. cn
电子邮箱：esp@ esp. com. cn
天猫网店：经济科学出版社旗舰店
网址：http：//jjkxcbs. tmall. com
固安华明印业有限公司印装
787 × 1092 16 开 16. 5 印张 390000 字
2016 年 6 月第 1 版 2022 年 4 月第 2 版 2024 年 8 月第 4 次印刷
ISBN 978 - 7 - 5218 - 2777 - 4 定价：44. 80 元

编写委员会

主　　编： 纪映红　王　通

副 主 编： 刘利群　洪燕平　郭志勇

编委会成员：

霍增辉　刘利群　李曼妮　杜巨玲

纪映红　王　通　陈来双　叶祥北

郭志勇　洪燕平　许文强　田茂华

程晓俊　余雅滨　徐　畅　张欣阳

周　赟

第二版前言

《会计学原理》教材自推出首版以来，得到了读者的认可，成为21世纪高等院校创新课程规划教材，是高等院校经济管理类专业学生学习“会计学原理”课程的重要教材。2006年，财政部正式对外发布新企业会计准则，之后财政部又相继对基本准则及部分具体准则进行修订，并陆续发布了新的具体准则。近些年，我国税务工作实行改革，推行了包括“营改增”在内的一系列重大的税收法律政策，税法的重大改革对企业的会计核算也产生了一定的影响。为顺应这些变化，我们组织了有丰富教学经验的一线高校教师，依照最新准则体系的内容以及税法改革的最新变化内容，对第一版进行了全面修订，并对各章的具体内容进行了完善和补充，对全书内容进行了系统更新。

第二版的整体框架仍然遵循理论篇、循环篇的逻辑，分九章展开对具体内容的探讨，继续秉承简洁、通俗易懂的特色进行修订，与前期的版本相比，本版主要做了以下修订：

1. 根据最新的企业会计准则的变动情况，更新了所涉及的相关内容。修改的主要内容包括：第一章中关于会计规范的内容；第二章中关于利润要素的界定等内容；第四章中利润形成及分配业务的核算，包括从账户的变化到具体的核算变化等内容；第七章中关于坏账损失的账务处理方法等内容；第八章中关于财务报表的结构、内容以及编制方法，主要涉及资产负债表、利润表、所有者权益变动表等报表的变化内容；附录一中关于《中华人民共和国会计法》的内容。

2. 根据最新颁布和实施的税法等政策法规的变动情况，更新了所涉及的相关内容。修改的主要内容包括第四章中生产供应业务和销售业务涉及的增值税税率以及税金及附加的核算等内容。

3. 修改了各章节课后的部分复习思考题、练习题和综合测试题，使学习者更好地了解和掌握会计基础知识和基本技能，帮助其更好地实现自我测试。

全书的修订工作由纪映红和王通负责完成。本次修订得到了一直在教学一线、有丰富教学经验并对我国企业会计核算方法以及税收法规有多年研究的中国计量大学的洪燕平老师、叶祥北老师和陈来双老师的鼎力相助。在修订过程中，杭州开元书局的宋承发收集整理了读者的建议，经济科学出版社的编辑认真负责地完成编辑工作，在此一并表示衷心的感谢！

由于编者水平和时间有限，书中可能存在不足之处，恭请广大同仁和读者批评指正。

编者

2022年4月

第一版前言

进入21世纪，随着经济的进一步发展，会计在现代企业管理中的地位日益重要。2006年以来，我国企业会计准则体系在内容上发生了很多重大的变化。2014年，财政部再次对企业会计准则体系进行了重新修订，修订了《基本准则》，以及《长期股权投资》《职工薪酬》《财务报表列报》《合并财务报表》《金融工具列报》五项具体准则，新发布了《公允价值计量》《合营安排》《在其他主体权益的披露》三项具体准则。新会计准则及其应用指南的发布，是我国为适应新形势下国内外经济环境发展的需要，而作出的重大会计政策改革。这项改革的实施，使我国的会计工作突破了传统的会计工作核算模式，建立了与国际会计准则趋同并且具有我国特色的会计管理模式。新准则的颁布与实施，对会计计量、会计确认和会计报告等重大问题均产生了一定的影响。在这样的背景下，一方面为解决高等教育教学中缺乏新会计准则体系下的实用性教材，满足高等教育教学改革和培养创新应用型人才的需要；另一方面为了帮助广大会计及审计等经济管理人员更好地理解和执行新的企业会计准则，我们组织有丰富教学经验的一线高校教师，依照新准则体系的内容，对大量资料进行搜集、整理、筛选、分析、提炼后，结合实际工作体会，编写了这本《会计学原理》教材。

《会计学原理》作为会计学的入门教材，主要介绍有关会计的重要原理性知识，重点阐述会计领域内最基本的理论、基本方法和基本操作技术。本书在编写过程中力求体现以下特点：

1. 本书以财政部最新发布的企业会计准则体系为指导，结合最新的基础会计理论知识和实践方法，并吸收部分会计学理论研究的最新成果，系统介绍会计的基本理论、方法和操作技术。

2. 本书的结构按照理论篇、应用（即循环）篇的逻辑形式，进行合理安排，遵循循序渐进原则，构建本书的基本框架，从逻辑上易学易懂。

3. 本书在内容编写上注重理论与实践相结合，并能体现我国会计实践的特点。力求做到理论与实践相结合，希望能对促进我国会计学理论和实务的不断发展起到一定的作用。

4. 本书注重增加教材的可读性。对理论问题以简练、通俗的语言阐述，对操作性的方法和技巧的介绍给予充足的篇幅，并强调做到具体、细致、实用，易于理解和应用；同时体例规范、完整，突出理论素养与技能并重。

5. 本书注重加强教材学习性。每章设有学习目标，章后有思考题和实务操作题，并设置了综合测试题等；将案例与练习融于一体，并注意体现内容新、题型活的特点，有助于学生技能的培养和理解能力的提高，培养学习者良好的综合素质和专业技能，提高解决实际问题的能力。

本书既可作为高等院校财经类专业的学员、非财经专业学员的会计入门教材，同时也可以作为在职会计人员和经济管理人员等自学的参考教材。

全书的框架、思路和体系由纪映红、刘利群负责承担，后期的统稿工作由纪映红、王通负责承担。各章的具体编写情况如下：纪映红负责前言、第二章和第四章；王通、郭志勇负责第五章和第六章；刘利群负责第三章和第四章；叶祥北、周赟负责第一章和第八章；王通、洪燕平负责第七章和第九章；王通负责附录。这几位老师都是高等院校的一线教师，具有丰富的教学经验和科研经验，本书内容是这些老师在长期教学工作中的知识与经验和科研工作中的积累与成果的再现。

在本书的编写过程中，各编者参阅了大量的国内外著作和文章；同时经济科学出版社的编辑收集整理了读者的建议，认真负责地完成编辑工作，这里谨向他们表示深深的敬意和由衷的感谢！由于作者水平有限，书中定有疏漏之处，恳切希望广大同仁和读者对教材提出宝贵的意见和建议，使之更臻成熟。

编者

2016 年 4 月 19 日

目　录

第一篇　会计基本理论

第二篇　会计循环过程

第一篇 会计基本理论

第一章 绪 论

☞ **学习目标**

本章主要介绍会计的产生和发展历程，会计的含义、特点，会计的目标和基本职能，会计核算的基本前提、基础和会计信息质量要求，会计核算的方法、简要流程以及会计规范。

第一节 会计的产生和发展

一、会计的产生

物质资料的生产是人类赖以存在和发展的基础，也是会计产生和发展的基础。人们进行生产活动，一方面要创造物质财富，取得一定的劳动成果；另一方面又要投入一定的物质资料和劳动，发生各种消耗。在任何社会形态中，人们进行生产活动，总是力求以尽可能少的劳动消耗，取得尽可能多的劳动成果，做到所得大于所费，产生经济效益。基于这种客观需要，人们在进行生产活动的同时，就需要对劳动耗费和劳动成果进行记录、比较和分析，以便获得生产过程及其结果的经济资料，据以总结过去，了解现状，安排未来。会计就是基于这种经济管理的需要而产生的。

会计有着悠久的历史，原始社会的“结绳记事”“刻木记数”，反映了人们对生产过程和结果的数量方面进行记录的情况，可以说是会计最初的萌芽。但会计最初只是作为生产职能的附带部分，由生产者在生产时间之外附带地把收入、支出等记载下来。后来，随着生产规模的扩大和生产过程的复杂化，它逐渐从生产职能中分离出来，成为一种独立的、特殊的、由专门人员从事的一项经济管理活动。

二、我国会计的发展

在我国奴隶社会时期，生产力的发展促使简单的会计计算有了进一步的发展，并产生了奴隶制国家的政府会计。在周朝时期，就有管理全国钱粮的官吏，称为“大宰”“司会”，其职能是“掌国之官府、郊野、县都之百物财用。凡在书契版图者之贰，以逆群吏之治，而听其会计”（《周礼·天官·司会》）。“司会”主管会计，为计官之长。他们掌管皇朝的财物和赋税，定期向皇帝报告。

唐宪宗元和元年（公元806年），出现了“飞钱”——具有纸币性质，类似汇票。唐元和二年（公元807年）韦处厚作《大和国计》二十卷，是我国最早的会计专著。宋高宗（公元1127~1162年）在太府寺中专设“审计司”，掌管查账的工作，这是我国专设会计、审计机构的创始。我国宋代初开始出现了“四柱清册”的会计核算模式，即在会计簿籍及报表中并列“四柱”，称为“旧管”“新收”“开除”“实在”，分别反映“期初结存”“本期增加”“本期减少”“期末结存”。“四柱清册”的会计核算模式反映了我国劳动人民在会计实践中的智慧，这种模式一直沿用到封建社会末期。明朝末年，商界有人把“官厅会计”的账簿格式及登记方法改为适应商界的“龙门账”。鸦片战争前的清朝，在规模较大的手工业作坊中，已专设“账房”，设置账簿，考核费用、成本与利润。清代焦循在《孟子正义》中对“会”和“计”具体解释为“零星算之为计，总和算之为会”。即平时进行零星计算，期终办理决算，把日常的核算与定期的总括核算两方面的含义都包括在一起。虽然这种简单的字面解释无法概括现代会计的丰富内容，但基本上能表达会计核算部分的基本特征。

20世纪初，西方会计理论在中国广泛传播，复式记账方法在企业会计实务中得到广泛运用。1914年北洋政府颁布了中国历史上的第一部会计法。20世纪20年代以后，在上海、广州等大城市相继出现了会计师事务所。

新中国成立以后，我国会计的外部环境经历了若干重大的变化，会计无论在理论上还是在实务上也经历了不同的发展阶段。20世纪50~70年代，我国会计基本上按照苏联的模式，建立了一套计划经济体制下的“报账型”会计理论和方法，会计在很大程度上代行了政府的一部分职能。1978年开始的改革开放，使我国从高度集中的产品经济向商品经济转变，会计工作也随之开始由报账型向管理型转变。在会计的理论研究中，引进了很多现代会计的新理论与新方法。财务会计开始与现代西方会计接轨，管理会计在更大范围内进行了具有中国特色的实践。随着改革开放的进一步深入，1981年我国建立了注册会计师制度，1985年1月21日，六届人大九次会议通过了新中国的第一部《中华人民共和国会计法》（以下简称《会计法》），标志着我国会计法治建设迈出了重要的步伐。遵循国际会计准则的精神与思想，结合我国的实际情况，1992年11月30日正式颁布的《企业会计准则》和《企业财务通则》，标志着我国的会计工作开始与国际会计准则相协调。为加强会计工作的法治建设，1999年对原《会计法》进行了修订，2000年制定了多项会计制度。2006年2月15日，财政部发布了包括一项基本准则和多项具体准则的企业会计准则，并于之后对企业会计准则体系陆续进行了修订。新会计准则及其应用指南的发布，是我国为适应新形势下国内外经济环境发展的需要作出的重大会计政策改革。这项改革的实施，使我国的会计工作突破了传统的会计工作核算模式，建立了与国际会计准则趋同并且具有我国特色的会计管理模式。

三、西方会计的发展

在西方国家，会计作为记录经济活动的手段，可以追溯到公元前3600多年，某些会计理论可以追溯到古希腊和古罗马时代。但会计理论的形成主要在15世纪的意大利。15世纪末期，意大利商业城市兴起，贸易发展迅速，商品交换和货币借贷的日益发展使意大利积累了大量的财富。从此，独资经营模式逐步被合伙经营和代理经营所替代，这种变化促进了会计实践和理论的发展，会计核算需要有一套完整、系统的核算方法。于是，复式簿记在意大利产生了。1494年，意大利数学家卢卡·帕乔利在他的著作《算术、几何与比例概要》中正式介绍了复式簿记理论，这标志着近代会计的诞生，也是会计发展史上一个重要的里程碑。

18世纪末，世界经济的重心由意大利转移到英国。英国工业革命大大促进了生产力的发展，生产分工日益社会化，规模日趋扩大，由此出现了公司这一新型的企业组织形式，企业的所有权和经营权相继分离。所有权和经营权的分离，客观上对簿记提出了新的要求，即簿记不仅要记录企业发生的经济活动，同时要向有关当事人报告经营活动的结果；不仅要提供经济信息，同时要审查账目，以起到查错防弊的作用。因此，到19世纪末，英国在意大利复式簿记理论的基础上产生了会计报表；在会计理论和实务上完成了由凭证到账簿再到报表的会计循环。20世纪初以后，特别是第二次世界大战以后，世界经济的重心转移到美国，科学技术的迅速发展及其在生产中的广泛应用，极大地推动了经济的发展。企业的规模越来越大，内部组织结构也更为复杂，经营风险日益显现，传统的会计已经不能满足客观环境的需要，于是作为会计和管理完美结合的“管理会计”便诞生了，可以说这是会计史上的一次革命。20世纪50年代以后，随着会计信息应用范围的进一步扩大，对会计信息可靠性、充分性的要求越来越高，为此，各国开始研究和制定会计原则和具体的会计核算规范，使会计理论日臻完整。随着国际经济交往的广泛开展，会计的国际化进程不断加快，现代会计的内涵和外延也在不断地丰富和发展。

综上所述，会计产生和发展的历史表明：会计是适应生产活动发展的需要而产生的，并随着生产的发展而发展。经济越发展，生产越现代化，规模越大，会计就越重要。

第二节 会计的职能

一、会计的含义

会计的含义是什么，即会计的本质是什么？中外会计界，许多学者提出了自己的看法，但对会计本质的认识至今仍未达成共识。目前，总结起来大致有以下四种观点。

1. 管理活动论

所谓会计，是指会计工作，是对能够用货币表现的经济事项，按特定的方法，予以计量、记录、分类、汇总和分析、评价。

2. 管理工具论

所谓会计，是指一种技术手段，是反映和监督生产过程的一种方法，是管理经济的一种工具。

3. 艺术论

所谓会计，是指科学、能力和技巧的结合，旨在将具有或至少部分具有财务特征的交易事项，以具有意义的方式且用货币表示，予以记录、分类及汇总，并解释由此产生的结果。

4. 信息系统论

所谓会计，是一个信息系统，它预定输送给有关组织重要的财务和其他经济信息，以供信息使用者判断和决策之用。

这些论点为概括现代会计的特征提供了理论依据，本书把会计的含义表述为：会计是以货币作为主要计量单位，采用专门的方法，对企业和行政、事业单位的经济活动进行连续的、完整的、系统的核算和监督，并利用所提供的信息进行预测、控制和指导的一种管理活动。

根据提供信息的对象不同，现代会计分为财务会计和管理会计两大分支，其中财务会计主要侧重于向企业外部关系人提供有关企业财务状况、经营成果和现金流量情况等信息；管理会计主要侧重于向企业内部管理者提供经营规划、经营管理、预测决策所需的相关信息。财务会计侧重于过去的信息，为外部有关各方提供所需数据；管理会计侧重于未来信息，为内部管理部门提供数据。为更好地理解完整的会计含义，还可以从会计的特点、目标和职能等方面深入理解。

二、会计的特点

会计是经济管理的重要组成部分。作为一种管理活动，它具有以下几个特点。

（一）以货币作为主要计量单位

会计作为反映经济业务的一种手段，最大的特点是以货币作为统一的计量单位。这是会计核算区别于其他经济核算（如统计核算、业务核算）的最大特点。企业在生产经营过程中所发生的各种经济活动的表现形式各不相同，所发生的资源消耗和取得的经营成果也表现出不同的形态。会计核算时只有以货币作为统一的计量单位，才能进行计算、比较和分析，所提供的会计信息才能被人们理解和使用，会计目标才能得以实现。在实际工作中，会计核算有时也需要实物和劳动时间来计量，如千克、件、小时等，但最后都必须用货币作为统一尺度对经济活动进行综合核算和监督。

（二）采用一系列会计专门方法

会计核算是会计工作的主要内容，会计核算有别于统计核算和其他业务核算的特点之一，就是会计核算有一套独特的方法，如设置会计账户、复式记账、填制和审核会计凭证、登记账簿、编制财务会计报告等。只有运用这些专门方法，才能产生和提供有用的会计信息。而运用这些方法又具有很强的专业性、规范性和强制性。因此在实际工作中，会计工作是由具有专业知识的会计人员完成的。

（三）具有连续性、完整性和系统性

会计采用专门的方法，对企业和行政、事业单位的经济活动进行连续的、完整的、系统的核算和监督，因此会计管理活动具有连续性、完整性和系统性的特点。连续性是指会计对经济活动的确认、计量、记录、报告是按时间顺序连续不断地进行的。本期的结束就是下期的开始，本期记录的结果便是下期记录的起点；只要企业处于持续经营，会计工作就不会中断。完整性是指会计对主体发生的所有经济活动，不论其金额大小，也不论其性质重要与否，都要进行确认、计量、记录和报告，不得遗漏。系统性是指会计在确认、计量、记录和报告时，必须采用科学的方法对经济活动的内容进行分类，以提供相互联系、相互勾稽的核算资料，使会计数据资料能为信息使用者所理解，有助于他们进行决策。

三、会计的目标

会计的目标是会计行为的最终目的，它是指在一定的环境下，人们通过会计实践活动所期望达到的结果。由于会计是整个经济管理的重要组成部分，因此会计目标也要从属于经济管理的目标。在市场经济条件下，经济管理的总目标是提高经济效益，作为经济管理的重要组成部分的会计管理工作，也应该以提高经济效益作为自己的总目标。在这个总目标的前提下，会计的基本目标或直接目标是向有关各方（即会计信息使用者）提供有用信息，以满足其经济决策的需要。会计信息使用者是指利用会计信息进行决策的主体。会计信息使用者按其与企业的关系不同可以分为两大类：会计信息的外部使用者和会计信息的内部使用者。

（一）会计信息的外部使用者

1. 政府宏观调控部门

政府宏观调控部门，是指为会计主体提供服务并实施管理和监督的政府有关部门，包括财政部门、税务机关、审计机关、人民银行、证券监管部门、保险监管部门等。这些政府部门使用会计信息主要有两个目的。一是借以了解会计主体的经营状况和财务收支情况，评价会计主体的经营业绩；同时，检查会计主体的经营活动是否符合国家制定的各项方针政策。二是利用会计信息掌握会计主体各项经济指标的完成情况，从而掌握国民经济和社会发展的基本状况，从中发现现行政策存在的问题，调整和完善各项宏观经济政策，进一步发挥宏观调控的职能。

2. 投资者

投资者包括现有的投资者和潜在的投资者。投资者最关心的是投资的风险以及投资回报，他们要求提供的是有关企业的获利能力、资本结构以及利润分配政策等方面的信息，利用这些会计信息可以帮助其分析投资价值，以便作出最佳的投资决策。

3. 债权人

债权人最关心的是其所提供的资金是否能按期如数收回，它们要求提供的是有关企业偿债能力以及获利能力等方面的信息，利用这些会计信息有助于其分析评估授信或放贷的安全性及获利性，以帮助其防范和化解信用风险，作出授信或放贷决策。

4. 供应商和客户

供应商和客户最关心的是企业能否继续生存，他们要求提供的是有关企业经营能力、支付能力和获利能力等方面的信息，利用这些会计信息可以帮助其分析评价企业的经营风险，以便作出诸如销售方式、商业信用等商业决策。

（二）会计信息的内部使用者

1. 企业内部管理层

企业内部管理层是指企业的主要经营者，他们受投资者的委托，执行各种经营计划，组织各种经营活动，管理企业的各种事务。企业内部管理层对会计信息的需要因其目的的不同而不同，他们需要的会计信息通常是通过各种未公开披露的报表来满足。管理层对会计信息的需要包括管理、计划、控制与决策。如管理层可能需要对企业的产品作长期计划、研究开发计划、资本预算以及制定竞争策略，或可能对产品进行成本控制等，这些都需要利用会计信息来支持相应的筹资决策、投资决策、营销决策和人事决策等。

2. 职工

职工依赖企业发放工资，因而他们关注企业是否能够生存下去，并且关注企业的长期盈利性，希望了解企业的盈利能力是否与其工资、保险、福利待遇等相适应。

四、会计的职能

会计职能是指会计在经济管理中的客观功能。现代会计具有核算和监督两项基本功能。当然，随着社会发展和会计环境的变化，会计的职能在不断地发展和变化，其核算和监督的内容也在不断地发展和深化，其表现形式也在不断地更新。

（一）核算职能

会计的核算职能是会计最基本的职能，也称为反映职能。会计的核算职能是指会计在客观上能够对会计信息进行确认、计量、记录和报告，以反映会计主体的经济活动及其结果，为经济管理提供经济信息。确认是按照规定的标准和方法，对应当由会计系统处理的各项会计信息进行明确和认定的过程。计量是指运用一定的计量标准和计量单位，对经过会计确认后，应当进入会计系统进行处理的各项会计信息加以衡量、计算和确定的过程，即通常所说的算账。记录是将纳入会计信息系统的项目，按照计量后的金额记载到会计账簿体系中，即通常所说的记账。报告是依据一定的标准和格式，根据会计信息使用者的决策需要，综合提供和输出会计信息系统加工成果的过程，即通常所说的报账。因此，通常所说的记账、算账、报账等会计工作就是会计核算职能的具体体现。会计的核算职能有以下主要特点：

（1）会计主要利用货币计量，从数量方面反映经济活动。从会计的发展历程来看，会计反映经济活动，可以采用实物量度、货币量度和劳动量度（工时）三种方式。在现代市场经济条件下，货币作为价值尺度，可以综合计算劳动的耗费、生产资料的占有、收入的实现等，综合反映经济活动的过程和结果。会计主要是利用货币计量工具，通过一系列价值指标，综合反映经济活动。

（2）会计核算具有连续性、完整性和系统性。这是由会计的特点所决定的。所谓连续性，是指会计对会计要素的核算要按照时间先后顺序延续下去，不得中断；所谓完整性，是指会计对所有的经济活动都要进行核算，不得遗漏；所谓系统性，是指会计核算必须进行分类核算，既有总括核算，又有详细核算；提供的资料必须是相互联系的，成为一个有序的体系，而不是杂乱无章的数据堆积。

（二）监督职能

会计的监督职能是指会计在客观上能够按照一定的目的和要求，对会计主体的经济活动实行有效的控制，以达到预期的目标。会计监督是在会计核算基础上进行的，它有以下主要特点：

（1）会计监督主要是通过货币计量对价值指标的监督，进而实现对经济活动的监督。会计核算能够提供各种核算指标，如收入、成本、利润、资金等，会计监督就是要利用这些核算指标，监督经济活动的合法性、合理性和真实性，以达到控制和考核经济活动的目的。会计监督的这一个特点说明会计监督不同于一般的业务控制，它是对业务活动的价值属性进行的控制和评价；业务活动的控制最终会在价值监督中体现出来，而价值监督又会促进业务活动的控制。

（2）会计监督包括事前监督、事中监督和事后监督。事前监督是会计在预测经济前景、编制业务计划、预算时所实施的监督。它主要是审查未来经济活动的可行性、合理性和合法性，参与经济决策，并对未来经济活动予以指导。事中监督是指对日常经济活动发生过程的监督，即会计能够对日常的核算资料进行审查，及时发现偏差和失误，指出经营计划在实施过程中出现的问题，提出改进措施，督促有关部门及时采取措施，调整经济活动，使其按照预定的目标和要求进行。事后监督是指会计在经济活动发生和完成以后所实施的监督。它是以事先制定的目标、标准和要求为依据，通过对会计核算资料的比较分析，考核和评价经济活动的合法性和有效性。

（3）会计监督以国家的法律、法规、制度和会计主体内部制定的规章、计划、定额、合同等为依据。会计主体的经营活动只能在遵守国家法律、法规和制度的前提下进行，并以一定的经营计划和经营目标为依据，为此必须制定各项管理制度。会计在履行监督职能时，判断经济活动是否合法、合理的主要依据是国家的法律、法规和内部的经营计划、定额和制度等。因此，会计监督是督促企业遵纪守法、保证会计信息合法、真实的重要手段。

会计核算和会计监督是相辅相成、不可分割的辩证统一。会计核算是会计的首要职能，是会计监督的基础；没有会计核算，会计监督则失去存在的基础。会计监督是会计核算的延伸，是为了更正确的核算；没有会计监督，会计核算则失去存在的价值。

第三节　会计核算的基本前提、会计基础和会计信息质量要求

会计核算的对象是以货币表现的经济活动，即资金运动。在市场经济条件下，由于经济活动的复杂性决定了资金运动也是一个复杂过程，因此，面对变化不定的经济活动，摆在会计人员面前的一系列问题必须首先得到解决，例如，会计为谁核算，给谁记账，会计

核算过程中应该采用什么计量手段，会计应该在什么时候记账、算账和报账，会计核算的资金运动能否持续不断进行下去，等等，这些都是会计核算工作的前提和基础。

一、会计核算的基本前提

会计核算的基本前提也称会计基本假设，它是指会计核算中对某些未被确切认识的但对会计工作有着重大影响的问题，根据客观情况和趋势所作出的合理判断。会计基本假设是企业会计确认、计量和报告的前提，有了这些会计基本假设，会计人员才能据以确定会计核算的范围和内容，才能合理确定会计处理的方法。会计核算的基本前提包括会计主体、持续经营、会计分期和货币计量四个方面的内容。

（一）会计主体

会计主体（或称会计实体），是指会计工作为其服务的特定单位或组织。在进行会计核算中，必须对会计活动的空间范围作出某种假设，即会计从什么主体的角度进行会计核算，应该核算哪些内容。例如，企业作为一个独立核算、自负盈亏的经营主体，通过会计工作对其自身的资金运动进行核算；而会计人员总是站在该企业这一特定的会计主体立场上，对会计的对象进行确认、计量、记录和报告，以便正确反映该企业的资产、负债和所有者权益等要素的增减变动情况，正确计算该主体的盈亏。《企业会计准则——基本准则》第五条指出，企业应当对其本身发生的交易或者事项进行会计确认、计量和报告。

会计主体具有独立性、实体性和统一性的特点。它在经济上是独立的，一个会计主体必须具有经济业务，拥有独立的可供运用的资金，进行独立核算，构成一个相对独立的整体。会计主体假设要求会计核算时，合理区分企业这一会计主体与该企业的投资者（也可能是一个会计主体）以及其他企业（会计主体）的经济活动，将它们作为不同的会计主体，分别进行各自的会计核算。核算应当以某一会计主体发生的各项经济业务为对象，记录和反映该主体本身的各项生产经营活动。应该指出的是，会计主体与法律主体不是同一个概念。所有的法律主体应当都是会计主体，但会计主体可以是法律主体，也可以是非法律主体。例如，企业有三种组织形式，即独资企业、合伙企业和公司制企业。公司制企业既是法律主体，也是会计主体。独资企业和合伙企业都是非法人企业，独资企业主和合伙企业的合伙人对企业的债务承担无限责任，企业的所得与其个人其他所得合并，缴纳个人所得税，无须缴纳企业所得税；虽然两者不是法律主体，但依然是进行经济活动的实体，是会计主体。

（二）持续经营

持续经营是指会计主体在可以预见的将来，其经营活动将持续不断地进行下去，不会面临破产和清算。持续经营假设是对会计活动期间所作的假设，只有在持续经营这一假设前提下，才能保证会计信息具有连续性和一致性，才能选择和确定会计核算的具体方法，建立起会计计量和确认的原则，解决资产计价和收益确定的问题。会计核算中使用的许多处理方法都是建立在持续经营的基础上。《企业会计准则——基本准则》第六条指出，企业会计确认、计量和报告应当以持续经营为前提。

持续经营假设，为会计核算明确了时间范围，从而使一些公认的会计处理方法有一个稳定的基础。例如，在持续经营假设下，固定资产应当按照历史成本记账，并在一定的年限采用某一折旧方法计提折旧；应当指出，如果企业真的破产了，即破坏了该假定，我们要用破产会计方法对其进行核算。

（三）会计分期

会计分期也称会计期间，是指在会计核算时，将持续不断的生产经营活动人为地划分为一定的期间，分期结算账目，编制会计报表。会计分期假设是持续经营假设的进一步延伸，两者密不可分。只有假设会计主体能够持续经营下去，进行会计分期才有可能；也正因为持续经营，会计分期才是必要的。即会计分期依赖于持续经营，而持续经营又需要会计分期，两者结合，才能连续地提供会计主体在各个会计期间的经营业绩以及期初、期末的资源状况。《企业会计准则——基本准则》第七条指出，企业应当划分会计期间，分期结算账目和编制财务会计报告。

会计期间可以分为年度和中期。中期是指短于一个完整的会计年度的报告期间，例如半年、季度和月份。会计年度可以采用日历年度，即从 1 月 1 日至 12 月 31 日；也可以采用自然年度，例如从 4 月 1 日至次年的 3 月 31 日等。我国采用日历年度为会计年度，在西方一些国家，企业可以采用自然年度。会计期间的划分，产生了所谓本期、前期的概念，导致了会计处理中预收、预付、应收、应付的概念，从而产生了所谓的权责发生制和收付实现制两种不同的会计核算基础。

（四）货币计量

货币计量是指在会计核算过程中，对会计对象采用货币作为计量单位，反映会计主体的经营活动和财务状况。货币计量是会计的特点之一，会计核算主要是以货币作为计量手段，对会计主体的各项会计要素进行计量、记录和计算。在货币计量假设下，会计所提供的信息才能比较，对决策的有用性才能提高。《企业会计准则——基本准则》第八条指出，企业会计应当以货币计量。

在货币计量假设下，应注意以下两个问题。

1. 假定货币币值稳定

假定货币币值稳定即登记入账的各项资产、负债不随着币值的变动而变动。由于会计主体经济活动的持续性，会计信息系统中处理的财务数据会来自不同的时间，不同时期的货币币值通常是变化的。同样的货币量，在通货膨胀时期的币值要低于非通货膨胀时期的币值，所以对来自不同时间的财务数据汇总应建立在相同的币值基础之上，汇总的结果才有经济意义。当币值相对稳定的情况下，货币计量假设才能成为会计进行正确核算的前提。当然，如果产生严重的通货膨胀，币值稳定这一假设就会显得极不合理，这时会计核算应反映通货膨胀的影响，所谓的“通货膨胀会计”由此产生。

2. 货币计量假设不排斥非货币量化信息的决策有用性

一些会计主体经济活动所需要的经济资源不能准确或全面地进行货币计量，有些甚至不能按货币计量。例如，企业家的薪酬支出、福利支出和培训支出是可以计量的，但企业家的能力是无法计量的。所以，现行的会计信息系统无法对人力资源作出全面准确的计量，这就需要非货币量化信息加以补充。

二、会计基础

《企业会计准则——基本准则》第九条规定，企业应当以权责发生制为基础进行会计确认、计量和报告。

权责发生制是指企业应当按照取得收入的权利和承担费用的责任来确认各项收入和费用的归属期。会计分期假设将企业持续不断的经营活动人为地分成若干会计期间，这就产生了收入和费用跨期的现象，即款项收到的时期与收入的确认期不一致，款项支付的时期与费用的承担期不一致。按照权责发生制，凡是当期已经实现的收入和已经发生或应当负担的费用，不论款项是否收付，都应当作为当期的收入和费用；凡是不属于当期的收入和费用，即使款项已在当期收付，也不应当作为当期的收入和费用。权责发生制原则是对收入、费用确认和计量的一项原则，也是一种记账基础。

收付实现制是与权责发生制相对应的一种确认基础，它是以收到或支付现金作为确认收入和费用的依据。目前，我国的行政单位采用收付实现制，事业单位除经营业务采用权责发生制外，其他业务也采用收付实现制，企业则采用权责发生制。

下面我们通过例子来说明权责发生制和收付实现制的区别与联系。

【例1-1】 ABC公司从事电器维修服务，20××年2月发生下列经济业务：

(1) 上月为甲公司修理完工一批电器，本月收到修理费2 000元。

(2) 为乙公司修理电器一台，修理费2 500元已于上月收取。

(3) 为丙公司修理电器两台，修理费2 000元尚未收到。

(4) 收到丁公司支付的修理费1 800元，预计在下月为其修理电器。

(5) 本月应付职工工资2 000元，尚未支付。

(6) 1月1日从万事达公司租入房屋一间作为营业用房，并于1月3日支付第一季度的房屋租金3 000元。摊销本月应负担的房屋租赁费1 000元。

(7) 用现金支付本月日常杂费500元。

(8) 支付本月电费、电话费800元。

要求：分别采用权责发生制、收付实现制计算ABC公司2月份的收入、费用及利润。

解：(1) 按照权责发生制计算：

收入 = 2 500 + 2 000 = 4 500（元）

费用 = 1 000 + 2 000 + 500 + 800 = 4 300（元）

利润 = 4 500 − 4 300 = 200（元）

(2) 按照收付实现制计算：

收入 = 2 000 + 1 800 = 3 800（元）

费用 = 500 + 800 = 1 300（元）

利润 = 3 800 − 1 300 = 2 500（元）

三、会计信息质量要求

会计的基本目标是向会计信息使用者提供有用的、高质量的会计信息。为了保证会计信息的质量，必须明确会计信息质量要求。我国《企业会计准则》对会计信息的质量要求作出了明确的规定，具体包括以下几个方面。

1. 可靠性

可靠性原则是指企业应当以实际发生的交易或者事项为依据进行会计确认、计量和报告，如实反映符合确认和计量要求的各项会计要素及其他相关信息，保证会计信息真实可靠，内容完整。可靠性是对会计信息的基本质量要求，会计核算若离开了真实性，会计的作用就无从谈起。为达到会计核算的真实性，必须严格执行会计制度，加强会计的基础工作，提高会计人员的素质，建立和健全内部控制制度。

2. 相关性

相关性原则是指企业提供的会计信息应当与财务会计报告使用者的经济决策需要相关，有助于财务会计报告使用者对企业过去、现在或者未来的情况作出评价或者预测。

具体来讲，企业提供的会计信息应该符合国家宏观经济管理的需要；满足有关各方了解企业财务状况和经营成果的需要；满足企业加强内部经济管理的需要。总之，会计信息要有助于使用者的经济决策。会计信息的相关性，是衡量会计信息好坏的重要标准。当然，对会计信息相关性的要求，是随着企业内外环境的变化而变化的。随着我国金融市场的发展，投融资决策日渐复杂，企业外部有关人士对会计信息的相关性要求越来越高，这就要求会计提供更为充分、更为有用的信息。

3. 可比性

可比性原则指企业提供的会计信息应当具有可比性。可比性要求企业的会计信息应当在以下两方面做到相互可比。

（1）同一企业不同时期发生的相同或者相似的交易或者事项，应当采用一致的会计政策，不得随意变更，确需变更的，应当在附注中说明。随着我国会计与国际惯例的接轨，会计核算日趋规范，会计处理方法的灵活性日益增强，同一企业在不同会计期间，所使用的会计政策、会计估计方法可能发生变化，这种变化对前后各期会计信息的可比性会产生很大的影响。如果企业随意改变会计核算方法，又不加以充分的说明，就会导致信息使用者的决策失误。这一要求的目的是使得同一单位的各期会计信息具有可比性，有利于决策，同时防止某些单位或个人利用会计核算方法的变动，人为地操纵成本、利润等指标，损害投资者利益，损害国家利益。

（2）不同企业发生的相同或者相似的交易或者事项，应当采用规定的会计政策，确保会计信息口径一致、相互可比。

4. 及时性

及时性原则是指企业对于已经发生的交易或者事项，应当及时进行会计确认、计量和报告，不得提前或者延后。及时性是从会计信息的时效性提出的，由于会计信息的价值会随着时间的推移而逐渐降低，不及时提供信息会使信息使用者坐失良机或被蒙在鼓里，导致决策的失误。及时性是更好地发挥会计作用的一个重要原则。运用到具体的会计核算中，及时性要求会计事项的处理必须在业务发生时及时进行，不得拖延，做到及时编制会计凭证，按时登记账簿、核对账簿和结清账簿，按规定的时限编报会计报表，便于决策者及时掌握和使用会计信息。

5. 可理解性

可理解性也称为明晰性，是指企业提供的会计信息应当清晰明了，便于财务会计报告使用者理解和使用。由于会计信息使用者的范围相当广，他们对于会计信息的理解能力和理解程度不尽相同，如果企业提供的会计信息模糊不清，或者残缺不全，或者说明不够规范，就会误导会计信息的使用者。因此，企业应当根据明晰性的要求，清楚、明了地反映企业的财务状况、经营成果和现金流量情况，从而有助于会计信息的使用者准确把握企业的经营情况。明晰性落实在具体会计核算工作中，要求企业填制会计凭证、登记会计账簿时，必须做到依据合法、真实，文字摘要完整，账户对应关系清楚；在编制财务会计报告时，做到项目勾稽关系清楚，附注说明规范清晰。

6. 重要性

重要性原则是指在会计核算过程中，对交易或事项应当区别其重要程度，采用不同的核算方式。对资产、负债、损益有较大影响，并进而影响财务会计报告使用者据以作出合理判断的重要会计事项，必须按照规定的会计方法和程序进行处理，并在财务会计报告中予以充分、准确地披露；对于次要的财务事项，在不影响会计信息的真实性和不至于误导财务会计报告使用者作出正确判断的前提下，可适当简化处理。强调会计核算的重要性原则，主要是对会计信息的效用与加工会计信息的成本两个方面的考虑。

7. 谨慎性

谨慎性原则是指企业在会计核算中，不得多计资产或收益、少计负债或费用。在市场经济环境下，企业的经营活动存在很大的不确定因素，这些不确定因素会导致经营风险。为了提高企业应对风险的能力，提高会计信息的质量，在会计核算中，应遵循谨慎性原则的要求，不高估企业的资产或收益，要合理核算企业可能发生的损失和费用。尤其是有几种会计处理方法可供选择时，要采用低估资产与收益、高估损失和费用的方法。例如，对应收账款提取坏账准备，对某些资产计提减值准备，对固定资产采用加速折旧法等。当然，运用谨慎性原则并不是说企业可以随意压低资产的价值，或过多地预计损失，滥用谨慎性原则。

8. 实质重于形式

实质重于形式原则是指企业应当按照交易或事项的经济实质进行会计核算，而不应当仅仅按照他们的法律形式作为会计核算的依据。所谓交易的经济实质是指交易所反映的经济内容的本质，而交易的法律形式是指交易所依据的法律事实。就一般的交易或事项而言，其法律形式和经济实质是一致的，但有时二者也会不相符合；实质重于形式原则要求企业在对经济交易进行会计处理时，应当尊重交易或事项的经济实质，只有这样，企业的会计核算才是合理的。

第四节 会计核算方法和简要流程

会计核算方法是通过对一定会计期间会计主体发生的经济活动数据进行记录、计算和加工，提供有关会计主体当期经营成果、现金流量和期末财务状况等信息所应用的方法。这一方法具体包括以下几个方面的内容。

一、设置账户

设置账户是对会计对象的具体内容进行归类、核算和监督的一种专门方法。其目的是分类反映。

二、复式记账

复式记账是一种记账方法，是单式记账法的对称，是指通过两个或两个以上账户来记录每一项经济活动或财务收支的一种专门方法。复式记账的目的是能看清楚各账户之间的相互联系。

三、填制和审核会计凭证

填制和审核凭证是为了保证会计记录完整、可靠，审查经济业务（或称会计事项）是否合理合法，而采用的一种专门方法。会计凭证是记录经济业务，明确经济责任的书面证明，是登记账簿的依据。会计凭证必须经过会计部门和有关部门的审核，只有经过审核并确认是正确无误的会计凭证，才能作为记账的依据。填制和审核会计凭证，不仅可以为经济管理提供真实可靠的会计信息，也是实行会计监督的一种重要手段。所以它既是会计核算的一种方法，也是会计检查（内部控制）的一种方法，其目的是进行对“过程的控制”。

四、登记会计账簿

登记账簿是指在账簿上连续地、完整地、科学地记录和反映经济活动与财务收支的一种专门方法。账簿是用来连续、系统、全面、综合地记录各项经济业务的簿籍，是保存会计数据资料的重要工具。登记账簿必须以会计凭证为依据，利用所设置的账户和复式记账的方法，把所有的经济业务分门别类而又相互联系地加以反映，以便提供完整而又系统的核算资料。其主要目的是通过账簿所提供的数据资料来编制财务会计报告。

五、成本计算

成本计算是指在生产经营过程中，按照一定的成本计算对象归集和分配各种费用支出，以确定各成本计算对象的总成本和单位成本的一种专门方法。生产过程同时也是消耗过程，通过成本计算可以确定材料采购成本、产品生产成本（或产品成本、制造成本）、产品销售成本以及在建工程成本等，可以监督发生的各项费用是否合理、合法，是否符合经济核算的原则，以便不断降低成本，增加企业的盈利。

六、财产清查

财产清查是指通过盘点实物和核对往来款项来查明财产物资实有数额，保证账实相符的一种专门方法。通过财产清查，可以查明各项实物和现金的保管和使用情况，以及银行存款和往来款项的结算情况，监督各项财产物资的安全与合理使用。在清查中如发现账实不符，应及时查明原因，通过一定的审批手续进行处理，并调整账簿记录。财产清查的目的是为保护社会主义财产，挖掘物资潜力，加速资金周转，提高会计核算信息的质量。

七、编制财务会计报告

编制财务会计报告是指对日常核算资料定期加以总结，总括地反映经济活动和财务收支情况、考核计划、预算执行结果的一种专门方法。财务会计报告是根据账簿记录定期编制的，总括反映企业、行政事业单位等一定时期财务状况、经营成果和现金流量的书面文件。财务会计报告不仅是编制、分析、考核财务计划和预算执行情况的重要依据，也是进行经营决策和国民经济综合平衡工作必要的参考资料。

会计核算方法的不同内容，是相互联系、密切配合的一个整体，它构成了一个完整的方法体系，也形成了会计核算的简要流程。以上各种方法之间的关系如图 1 -1 所示。

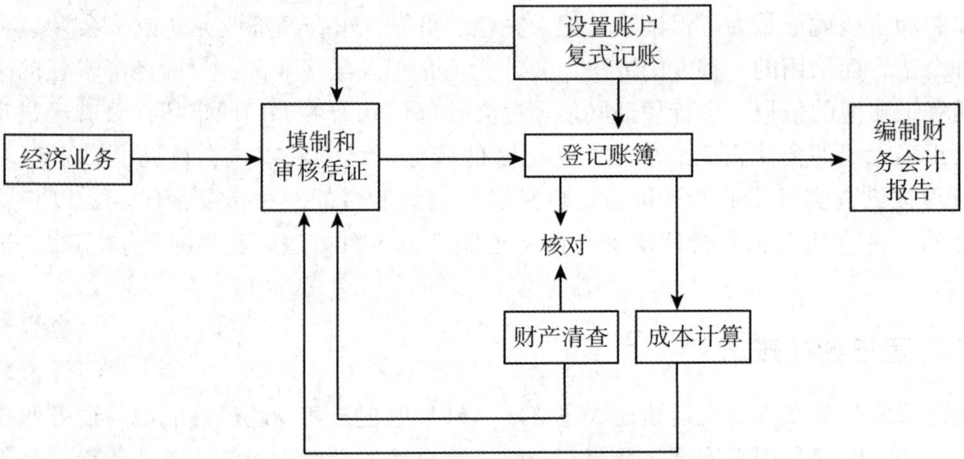

图 1 -1 会计核算方法的简要流程

第五节 会计规范

会计规范是对全部会计工作的规范，指所有能对会计实务起约束作用的会计法律规范和会计职业道德规范等的总和。

一、会计法律规范

会计法律规范是指国家立法机构为管理会计工作而按立法程序制定和颁布的规范性文件的总称。它是约束力最强、最具普遍适用性的会计规范。我国现行的会计法律规范体系包括三个层次：一是由全国人民代表大会及其常务委员会制定的会计法律，如《中华人民共和国会计法》（以下简称《会计法》）；二是由国务院及其所属的政府部门（或财政部）制定的会计行政法规，如《企业会计准则》；三是由财政部或地方人民政府根据国家统一规定制定的行业或地方会计法规，如《企业会计制度》。

（一）会计法

《会计法》是我国会计规范体系中的母法，处于最高层次。新中国第一部《会计法》于1985年1月21日第六届全国人民代表大会常务委员会第九次会议通过，1985年5月1日起施行。1993年12月29日，八届人大五次会议通过了《关于修改〈中华人民共和国会计法〉的决定》。1999年10月31日，九届人大十次会议再次对《会计法》进行修订，自2000年7月1日起施行。后又根据2017年11月4日第十二届全国人民代表大会常务委员会第三十次会议《关于修改〈中华人民共和国会计法〉等十一部法律的决定》第二次修正。最新的《会计法》共五十二条，分为七章：总则；会计核算；公司、企业会计核算的特别规定；会计监督；会计机构和会计人员；法律责任；附则。具体内容见本书附录一。

（二）会计准则

会计准则又称会计标准，是会计核算工作的基本规范，它是经济交易或事项进行会计处理的准绳，是审核会计工作的标准。也就是说，会计准则是会计人员对会计要素进行确认、计量、记录、报告必须遵循的行为规范。会计准则的制定、发布和实施，在规范企业的会计行为、提高会计信息质量、完善资本市场和市场经济等方面有着积极的作用。

会计准则根据其内涵和层次不同，可分为基本会计准则和具体会计准则。基本会计准则是对会计核算的基本原则和要求作出的规定，但它还不能指导具体的会计核算工作。为了使会计人员能够按照会计准则的要求进行会计核算，提高会计准则的可操作性，必须制定具体会计准则。因此，具体会计准则是对企业会计核算的具体要求，它是根据基本会计准则制定的。

为适应国内经济环境的不断变化，我国现行的企业会计准则，经历了一系列的修订与调整。企业会计准则的发展历史，很好地诠释了我国会计工作在法治建设方面又走上了一个新台阶。我国最早形成具备系统性、完整性的会计准则的时间，可以追溯到20世纪90年代前后，在充分调研、撰写底稿并多次修改的基础上，1992年11月30日，我国以财政部的名义正式发布了以《企业会计准则》和《企业财务通则》为核心内容的企业会计准则，该准则属于基本准则，共十章六十六条，自1993年7月1日起在全国所有企业执行。其后的几年间，在以1992年发布的《企业会计准则》和《企业财务通则》的基础上，借鉴国际惯例的基本要求，结合我国的实际情况，对准则进行了多次修订。

2006年2月15日，财政部正式对外发布的企业会计准则体系，包括1项基本准则和

38 项具体准则。其中，基本准则属于部门规章，具体准则属于规范性文件。该准则体系确立了以基本准则为主导、具体准则和应用指南为具体规范的思想，并规定从 2007 年 1 月 1 日起，在上市公司实施，鼓励其他企业执行。之后财政部相继对《企业会计准则——基本准则》及部分具体准则进行了修订，并陆续发布了新的具体准则。新准则体系的颁布与实施，更加强调企业盈利模式和资产营运效率，而不仅仅是效果，力求建立与我国国情相适应的、与国际财务报告准则趋同的、涵盖各类企业的各项经济业务、独立实施的准则体系。新准则体系的颁布与实施，对进一步完善我国的会计计量、确认和报告等会计的重要问题，规范会计工作等有着深远意义。

目前，我国现行的企业会计准则体系中的基本准则的具体内容见本书附录二，现有的 42 个具体会计准则如表 1－1 所示。

表 1－1　　42 个具体会计准则

第 1 号　存货	第 22 号　金融工具确认和计量
第 2 号　长期股权投资	第 23 号　金融资产转移
第 3 号　投资性房地产	第 24 号　套期保值
第 4 号　固定资产	第 25 号　原保险合同
第 5 号　生物投资	第 26 号　再保险合同
第 6 号　无形投资	第 27 号　石油天然气开采
第 7 号　非货币性资产交换	第 28 号　会计政策、会计估计变更和差错更正
第 8 号　资产减值	第 29 号　资产负债表日后事项
第 9 号　职工薪酬	第 30 号　财务报表列报
第 10 号　企业年金	第 31 号　现金流量表
第 11 号　股份支付	第 32 号　中期财务报表
第 12 号　债务重组	第 33 号　合并财务报表
第 13 号　或有事项	第 34 号　每股收益
第 14 号　收入	第 35 号　分部报告
第 15 号　建造合同	第 36 号　关联方披露
第 16 号　政府补助	第 37 号　金融工具列报
第 17 号　借款费用	第 38 号　首次执行企业会计准则
第 18 号　所得税	第 39 号　公允价值计量
第 19 号　外币折算	第 40 号　合营安排
第 20 号　企业合并	第 41 号　在其他主体中权益的披露
第 21 号　租赁	第 42 号　持有待售的非流动资产、处置组和终止经营

（三）会计制度

企业会计制度是以会计法和会计准则为依据制定的处理会计事务的办法和程序的总

称，它是进行会计工作的具体规范。

2000 年之前的企业会计制度包括分行业的企业会计制度、分经济成分的企业会计制度。分行业的企业会计制度是 1993 年会计制度改革之后陆续制定和实施的，体现了行业经营特点和管理要求，主要有《工业企业会计制度》《商品流通企业会计制度》《农业企业会计制度》等 13 个行业会计制度；分经济成分的企业会计制度主要包括 1998 年发布的《股份有限公司会计制度》以及关于外商投资企业会计制度等。但这些分行业或分经济成分的会计制度已经或即将完成它们的历史使命，退出会计制度的历史舞台。2000 年，财政部制定了《企业会计制度》，于 2001 年 1 月 1 日起暂在股份有限公司范围内执行，同时鼓励其他企业先行实施。

《企业会计制度》的内容分两部分：第一部分是“一般规定”，共十四章一百六十条。第一章总则部分，主要就本制度的制定目的与依据、适用范围、会计核算的前提、会计核算的原则等做了规定；第二章至第十二章主要就会计要素的确认与计量、特殊会计业务的核算做了规范；第十三章财务报告部分，主要就财务报告的组成、编制、提供等做了规定；第十四章附则，说明了本制度开始施行的日期。第二部分是关于会计科目和会计报表的说明，主要包括会计科目的名称和编号、会计科目的使用说明、会计报表格式、会计报表编制说明、会计报表附注等内容。

除不对外筹集资金、经营规模较小的企业以及金融保险企业以外，在中华人民共和国境内设立的企业（含公司），执行《企业会计制度》。为了规范小企业会计确认、计量和报告行为，促进小企业可持续发展，财政部制定了《小企业会计准则》，自 2013 年 1 月 1 日起施行，该准则适用于在中华人民共和国境内依法设立的、符合《中小企业划型标准规定》所规定的小型企业标准的企业。

目前，我国会计法规体系呈现制度与准则并存的现象。从理论上说，具体会计准则对会计事项的处理作出了具体的规范，它能够替代会计制度的法律功能，但由于会计准则的制定要考虑到通用、严谨，并与国际惯例接轨，因此，建立既适合中国特色又符合国际惯例的完整的会计准则体系，还需要较长的时间。此外，考虑到我国会计人员的专业素质和业务水平普遍不高，直接依据会计具体准则进行会计核算还有一定的困难，所以，我国会计制度还将在较长时间内继续存在，并指导和规范会计工作。

二、会计职业道德规范

会计职业道德规范是指在会计职业活动中应遵循的、体现会计职业特征的、调整会计职业关系的职业行为准则和规范。

（一）会计职业道德规范的作用

会计职业道德规范的作用，主要体现在以下几个方面。

1. 会计职业道德规范是对会计法律规范的重要补充

会计法律规范是会计职业道德的最低要求，会计职业道德规范是对会计法律规范的重要补充，其作用是其他会计法律规范所不能替代的。例如，会计法律只能对会计人员不得违法的行为作出规定，不宜对他们如何爱岗敬业、提高技能、强化服务等提出具体要求。

但是，如果会计人员缺乏爱岗敬业的热情和态度，没有必要的职业技能和服务意识，则很难保证会计信息达到真实、完整的法定要求。很显然，会计职业道德规范可以对此起很重要的辅助和补充作用。

2. 会计职业道德规范是规范会计行为的基础

动机是行为的先导，有什么样的动机就有什么样的行为。会计行为是由内心信念来支配的，信念的善与恶将导致行为的是与非。会计职业道德规范对会计的行为动机提出了相应的要求，如诚实守信、客观公正等，引导、规劝、约束会计人员树立正确的职业观念，遵循职业道德要求，从而达到规范会计行为的目的。

3. 会计职业道德规范是实现会计目标的重要保证

从会计职业关系角度讲，会计目标就是为会计职业关系中的各个服务对象提供有用的会计信息。能否为这些服务对象及时提供相关的、可靠的会计信息，取决于会计职业者能否严格履行职业行为准则。如果会计职业者故意或非故意地提供了不充分、不可靠的会计信息，会严重背离会计目标，造成会计信息严重失真，使服务对象的决策失误，甚至导致社会经济秩序混乱。因此，会计职业道德规范约束着会计人员的职业行为，是实现会计目标的重要保证。

4. 会计职业道德规范是会计人员提高素质的内在要求

社会的进步和发展，对会计职业者的素质要求越来越高。会计职业道德是会计人员素质的重要体现。一个高素质的会计人员应当做到爱岗敬业、提高专业胜任能力，这不仅是会计职业道德的主要内容，也是会计职业者遵循会计职业道德的可靠保证。倡导会计职业道德，加强会计职业道德教育，并结合会计职业活动，引导会计职业者进一步加强自我修养，提高专业胜任能力，有利于促进会计职业者整体素质的不断提高。

（二）会计职业道德规范的主要内容

会计职业道德规范的主要内容包括以下八个方面：爱岗敬业，诚实守信，廉洁自律，客观公正，坚持准则，提高技能，参与管理，强化服务。

1. 爱岗敬业

爱岗敬业，要求会计人员充分认识本职工作在整个经济和社会事业发展过程中的地位和作用，珍惜自己的工作岗位，做到干一行爱一行，一丝不苟，兢兢业业，争当会计工作的行家里手。同时，还要求会计人员在工作中自觉主动地履行岗位职责，以积极、健康、求实、高效的态度对待会计工作，做到认真负责，恪尽职守。

2. 诚实守信

诚实守信是会计人员的基本道德素养。诚实是指言行跟内心思想一致，不弄虚作假，不欺上瞒下，做老实人、说老实话、办老实事。守，是指遵循、依照；信，即信用。守信就是遵守自己所作出的承诺，讲信用、重信用、信守诺言、保守秘密。

3. 廉洁自律

廉洁自律是会计人员的基本品质，是会计职业道德的基本原则。社会主义会计职业道德有两个最重要的原则：一是依法理财原则；二是廉洁奉公原则。这两个原则，一方面体现了集体主义原则；另一方面又体现了会计作为一项管理活动的基本特点和要求。

4. 客观公正

客观公正是会计人员必须具备的行为品德，是会计职业道德规范的灵魂。所谓客观，是指会计人员在处理会计事务时必须以实际发生的交易或事项为依据，如实反映企业的财务状况、经营成果和现金流量情况，不掺杂个人主观意愿，不为单位领导的意见所左右；所谓公正，是指会计人员应该具备正直、诚实的品质，不偏不倚地对待有关利益各方。客观公正，不只是一种工作态度，更是会计人员追求的一种境界。

5. 坚持准则

坚持准则，要求会计人员在处理业务过程中，严格按照会计法律制度办事，不被主观或他人意志左右。社会主义会计职业道德的一个重要原则就是依法理财，即在严格遵守国家法律、法规和规章的前提下，为会计所服务的单位理好财。

6. 提高技能

如今的会计工作对从业人员的业务素质有着相当高的要求。会计人员应当具有一定的专业胜任能力，主要包括相应的经济理论水平、政策法规水平、业务知识水平、操作能力水平和文字表达水平等。会计人员应该做到干一行专一行，不断学习，经常充电，树立终身学习的思想，努力提升自身的技能。

7. 参与管理

会计人员在做好本职工作的同时，要努力钻研相关业务，全面熟悉本单位经营活动和业务流程，主动提出合理化建议，协助领导决策，积极参与管理。

8. 强化服务

新的经济环境及企业相关利益主体的多样化要求强化会计的服务职能。会计的功能是服务性的，“会计”本身不是目的。会计始终处于助手地位，发挥参谋作用。摆正会计配角的位置丝毫不会削弱会计在单位管理中的重要性。

【复习思考题】

1. 什么是会计？会计有哪些基本的特点？
2. 会计的目标和职能是什么？
3. 会计核算的基本前提有哪些？其内容如何？
4. 会计基础是什么？请举例说明什么是权责发生制。
5. 你是如何理解会计核算的可比性要求的？并举例说明。
6. 简述会计核算方法的简要流程。
7. 我国现行会计规范体系包括哪些内容？会计的职业道德规范包括哪些内容？

本章练习题

一、单项选择题

1. 会计的基本职能是（　　）。

A. 预算和核算　　B. 核算和监督

C. 核算与记录　　D. 核算和反映

2. 会计主要是利用（　　），综合反映各单位的经济活动情况。

A. 货币量度　　B. 实物量度

C. 劳动量度　　D. 货币、实物和劳动量度

3. “四柱清册”是我国古代会计模式，四柱中的“实在”是指（　　）。

A. 期初结存　　B. 本期收入

C. 本期付出　　D. 期末结存

4. 会计核算具有（　　）的特点。

A. 完整性　　B. 连续性

C. 系统性　　D. 完整性、连续性和系统性

5.（　　）前提明确了会计工作的空间范围。

A. 会计主体　　B. 持续经营　　C. 会计客体　　D. 会计分期

6.（　　）前提明确了会计工作的时间范围。

A. 会计主体　　B. 持续经营　　C. 会计客体　　D. 货币计量

7. 会计的目标是（　　）。

A. 为信息使用者提供决策有用的信息　　B. 保证国家财经政策的落实

C. 监督企业经营者依法行事　　D. 记录企业的会计业务

8. 会计规范体系的最高层次是（　　）。

A. 宪法　　B. 会计法　　C. 会计准则　　D. 会计制度

9. 在我国，制定会计准则和会计制度的机构是（　　）。

A. 国家税务总局　　B. 财政部

C. 主管部门　　D. 企业自身

10. 按权责发生制原则的要求，下列货款应确认为本月收入的是（　　）。

A. 本月销售产品，但款项尚未收到

B. 收到上月的销售货款，存入银行

C. 收到下一年厂房租金，存入银行

D. 本月预收下月货款，存入银行

11.（　　）的基本假设是产生“权责发生制”和“收付实现制”的原因。

A. 会计主体　　B. 持续经营

C. 会计分期　　D. 货币计量

12. 不同企业发生相同或者相似的交易或者事项，应当采用规定的会计政策，这体现了会计核算中的（　　）。

A. 可靠性原则　　B. 可比性原则

C. 可理解性原则　　D. 谨慎性原则

二、多项选择题

1. 下列属于会计信息质量要求的有（　　）。

A. 权责发生制原则　　B. 重要性原则

C. 实质重于形式原则　　D. 及时性原则

2. 会计信息使用者有（　　）。
A. 企业投资者　B. 企业债权人　C. 企业管理层　D. 企业职工
3. 会计的基本职能有（　　）。
A. 预测　B. 决策　C. 核算　D. 监督
4. 下列属于会计核算的基本前提的有（　　）。
A. 会计主体　B. 权责发生制　C. 持续经营　D. 货币计量
5. 我国将会计期间划分为（　　）。
A. 年度会计期间　B. 半年度会计期间
C. 季度会计期间　D. 月度会计期间
6. 根据权责发生制原则，应计入本期收入和费用的有（　　）。
A. 本期实现的收入，尚未收款
B. 本期实现的收入，已经收款
C. 属于本期的费用，尚未付款
D. 本期预付的费用中应由本期负担的部分
7. 按权责发生制原则的要求，下列货款不应确认为本月收入的有（　　）。
A. 本月销售产品，但款项尚未收到
B. 收到上月的销售货款，存入银行
C. 收到本月一厂房租金，存入银行
D. 本月预收下月货款，存入银行
8. 下列属于会计法律规范性文件的有（　　）。
A. 《企业会计制度》　B. 《企业会计准则——具体准则》
C. 《企业财务会计报告条例》　D. 《总会计师条例》
9. 下列属于会计职业道德规范内容的有（　　）。
A. 坚持准则　B. 客观公正　C. 参与管理　D. 诚实守信
10. 下列属于会计核算专门方法的有（　　）。
A. 会计分析　B. 成本计算　C. 财产清查　D. 复式记账

第二章　会计要素和会计等式

☞ **学习目标**

本章主要阐述会计对象、会计要素、会计等式及会计计量等内容。通过学习，要求掌握各会计要素的内容、特点及确认条件；掌握会计等式中各会计要素之间的关系以及经济业务的发生对会计等式的影响；了解会计计量属性的内容。会计要素和会计等式是设置账户、复式记账和编制财务会计报告的理论基础，本章的内容是以后各章的基础。

第一节　会计对象

一、会计对象的概念

社会再生产过程可以概括为生产、分配、交换和消费四个相互关联的环节，它涵盖了企业的各种经营活动。企业在经营活动过程中，通过综合核算与监督企业的经济活动，参与企业预测、决策，并对经济活动进行控制和分析，最终提高企业的经济效益，这是会计方法和理论在历史发展过程中客观功能的现实应用和具体表现。因此，为实现企业提高经济效益的根本目标，首先应该明确会计所要反映、监督和分析、预测、控制的内容，即会计对象。在我国会计界，关于会计对象的研究已有50多年的历史。20世纪50年代提出了“过程论”观点，即会计对象是社会主义社会的生产过程和社会主义财产；20世纪60年代提出了“资金运动”观点，即会计对象是企事业单位的资金运动，也就是说反映、监督的内容为企事业单位的资金运动情况；20世纪80年代提出了“反映对象和信息系统处理对象”的观点，这种观点的提出以信息论、系统论等新兴科学的发展作为理论研究基础，使会计对象的研究进一步深入。无论哪种观点，对会计对象的认识都脱离不了企事业单位的经济活动。由于会计必须以货币计量为核算基础，因此，对会计对象的认识普遍比较认同“企事业单位会计核算和监督的内容应该是能用货币表现的那部分经济活动”，即凡是特定对象能够以货币表现的经济活动，都是会计所核算和监督的内容。具体来说，会计对象可以概括为社会再生产过程中的资金运动，会计需要对企业、事业单位特定的资金运动情况进行反映、监督、分析预测及控制。

二、会计对象的内容

在我国，由于企业、机关、事业单位和其他组织经济活动的内容不尽相同，因此会计对象所体现的内容也并不相同。

（一）工业企业会计对象的内容

工业企业是以加工制造和销售产品为主要生产经营活动的营利性经济组织，其经营过程是以产品生产为主要经营活动的供应过程、生产过程和销售过程的统一。如图 2－1 所示，随着企业生产经营活动的不断进行，资金的占用形态也不断地变化，周而复始地循环和周转。在工业企业资金循环周转的具体过程中，经营资金伴随着生产经营活动的不断展开，由货币资金形态开始依次转化为储备资金形态、生产资金形态、成品资金形态，最后又回到货币资金形态，形成资金的循环与周转。在资金循环周转过程中，企业发生的交易或者事项是工业企业会计对象的具体内容，这些再生产过程中的资金运动情况，需要工业企业会计全面、连续、系统地反映和监督。

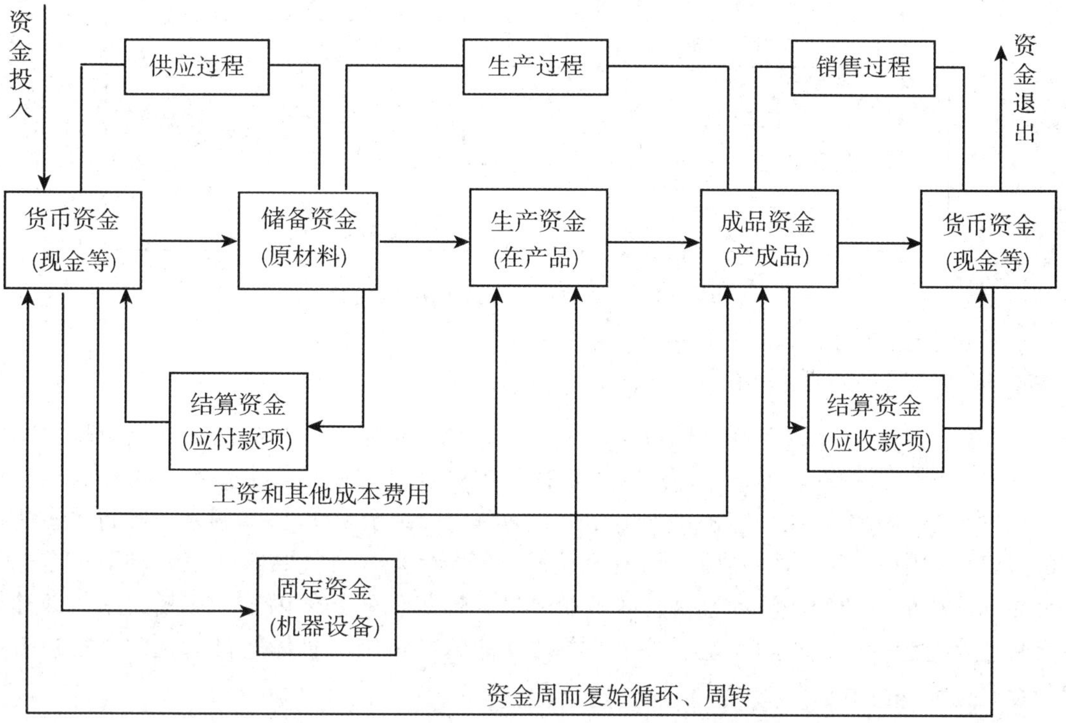

图 2－1　工业企业资金运动流程

（二）商品流通企业会计对象的内容

商品流通企业的主要任务是组织商品流通，企业的主要经济业务是用货币资金购进商品，然后通过销售商品，取得销售收入。因此，商品流通企业的主要经营过程由购进商品和销售过程组成，与工业企业相比，它的经营过程要相对简单。如图 2－2 所示，随着经营过程的发生，资金的占用形态经历“货币资金—商品资金—货币资金”的转化，形成资金的循环与周转。在周而复始不断演变的过程中所发生的一切经济活动，就是商品流通企业会计对象的具体内容。

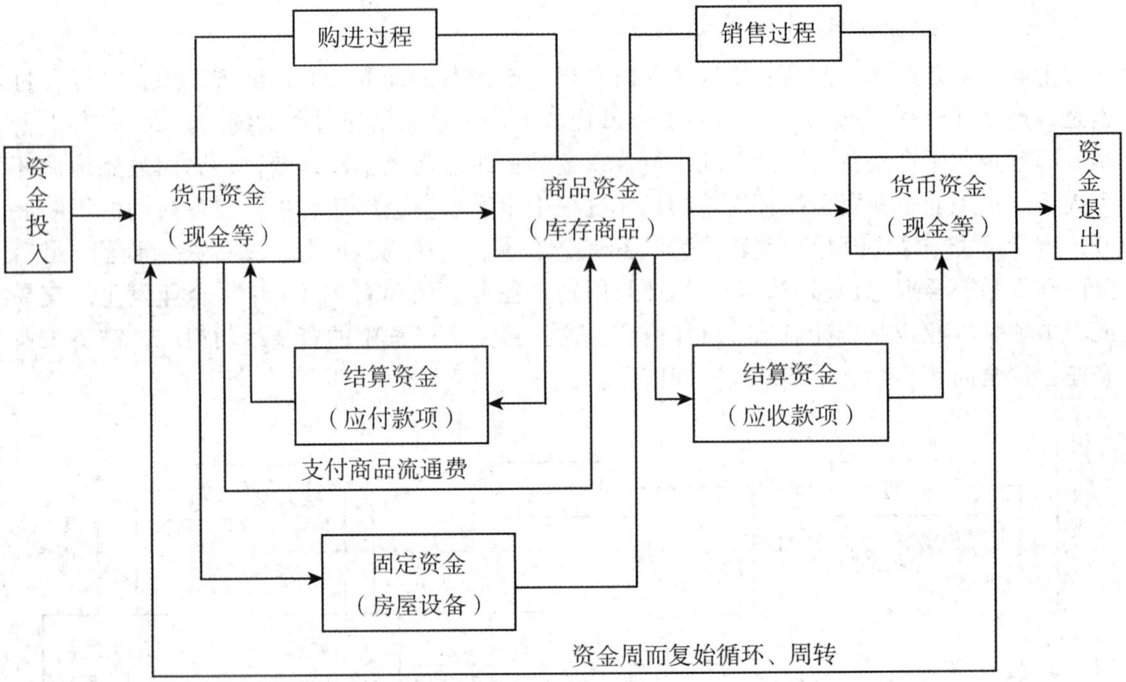

图 2-2　商品流通企业资金运动流程

（三）行政事业单位等非营利组织会计对象的内容

行政事业单位等非营利组织与企业有着很大的不同，从性质上看，它是具有预算管理性质的组织机构，其主要职能是执行国家预算，管理国家事务，在行使国家政府权力的同时，向社会提供公益性服务等。因此，单位执行国家预算的过程，主要包括预算收入和预算支出两个过程，预算收入与预算支出相抵后为单位的结余。图 2-3 显示了在行政事业单位的经济活动中，资金运动经历了“资金投入—资金使用—资金结存”三个环节。在这个过程中所发生的一切经济活动就是行政事业单位会计对象的具体内容。概括起来，即社会主义再生产过程中的预算收支是行政事业单位等非营利组织的具体会计对象，是行政事业单位会计需要核算和监督的内容。

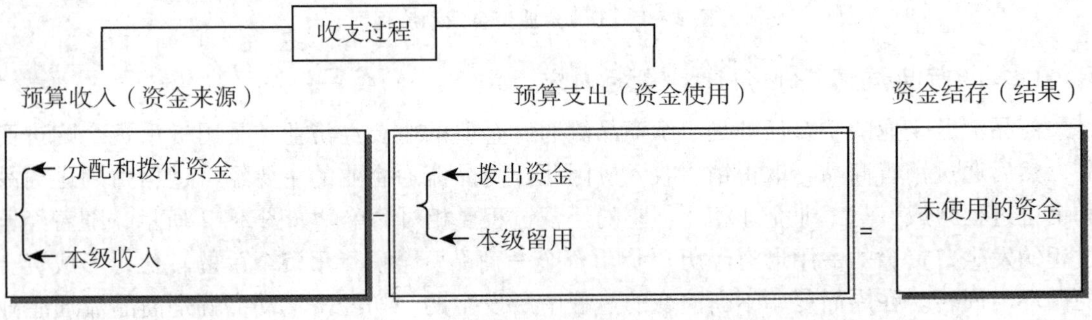

图 2-3　行政事业单位资金运动流程

第二节　会计要素

一、会计要素的概念及内容

由于会计对象包含的经济内容繁多，为了分门别类正确地反映和监督会计对象，有必要使用一些特定的概念来帮助实现会计的职能。所谓会计要素是指为实现会计目标，对会计对象所涉及的具体项目按其经济特征所做的科学分类。会计要素不仅是会计对象的基本组成部分和具体化，同时也是用来反映会计主体财务状况，确定经营成果的基本单位。把会计对象按其经济内容分类，可以使会计系统更加科学和严谨。由于会计要素是财务会计报告的基本构成要素，所以会计要素又称会计报表要素。会计要素概念的建立，使会计系统能够更好地为信息的使用者提供有用信息，并进一步完善和发展了会计方法和理论。我国《企业会计准则》规定，会计对象按其经济特征可以分为六大要素，即资产、负债、所有者权益、收入、费用和利润。其中，侧重于反映企业财务状况的会计要素包括资产、负债和所有者权益要素，侧重于反映企业经营成果的会计要素包括收入、费用和利润要素。

二、反映企业财务状况的会计要素

反映企业财务状况的会计要素主要包括资产、负债、所有者权益。这类会计要素能反映企业特定时点的资产、负债及所有者权益情况，反映的是会计主体资金运动的静态信息。

（一）资产要素

1. 资产的定义及特点

资产是指企业过去的交易或事项形成的、由企业拥有或控制的、预期会给企业带来经济利益的资源。根据资产的定义，资产应具备以下特点：

（1）资产必须是企业拥有的或控制的资源。资产作为一种资源，必须是企业拥有的，或者即使不为企业所拥有，也应该是企业所能控制的。具体来说，企业拥有资产，是指能够享有某项资源的所有权，这表明企业能够排他性地从资产中获得经济利益；在有些情况下，对于某项资源，企业虽然不享有所有权，但是由于企业能够支配这些资产，因此，同样能够排他性地从资产中获得经济利益。例如，企业以融资方式租入的固定资产，尽管企业并不拥有固定资产的所有权，但以融资租赁的方式获得的固定资产，由于其资产租赁期接近于该固定资产的使用寿命，结果表明企业不但能控制该资产的使用，同时也毫无争议地取得了使用该资产应获取的经济利益。因此，应当作为企业的资产确认、计量和报告。

（2）资产必须能够给企业带来未来的经济利益。资产预期能否为企业带来经济利益，是确认资产的本质特征。资产能成为资产，就在于其能够为企业带来经济利益，资产给企业带来经济利益的形式多种多样，可以表现为单独为企业带来经济利益，也可以是与其他资产组合为企业带来经济利益等。如果某个项目即使前期已经确认为资产，但如果不能再给企业带来经济利益，那么也不能再确认为企业的资产。例如，企业仓库中已经毁损或失效的原材料，由于它们已经不能给企业带来经济利益，因此，不能再作为企业的资产来确认。

（3）资产是由过去的交易或者事项形成的。资产必须是现实的资产，而不能是预期的资产。换句话说，只有过去的交易或者事项才能增加或减少企业的资产，而企业预期在未来的交易或事项是不能形成资产的。比如，企业已经发生的固定资产购买交易会形成企业的资产，而计划中的固定资产购买交易，由于购买行为尚未发生，则不会形成企业的资产。

2. 资产的确认条件

资产的确认必须符合资产的定义，并同时满足以下条件时，才可确认为资产。

（1）与该资源有关的经济利益很可能流入企业。这是指资产的确认应该与经济利益流入的不确定性程度的判断结合起来，即该资源很可能直接或者间接导致现金和现金等价物流入企业时，应当将其作为资产予以确认，反之不能确认为资产。

（2）该资源的成本或者价值能够可靠地计量。计量属性是所有会计要素确认的重要前提，如果一项资源的成本或价值不能用货币加以计量，则企业就难以确认和计量它的价值，在它未来转化为费用时也难以进行计量。

3. 资产的分类

所谓资产的流动性可理解为资产被耗用、出售或转变为货币资金的速度快慢，因此，资产按照流动性的不同，可以分为流动资产和非流动资产。

流动资产是指可以在一年内或者超过一年的一个营业周期内变现或者耗用的资产，包括库存现金、银行存款、交易性金融资产、应收及预付款项、存货以及生物资产中的消耗性生物资产等。

非流动资产即除流动资产以外的资产，指可以在一年以上或者超过一年的一个营业周期以上变现或者耗用的资产，包括长期股权投资、固定资产、在建工程、工程物资、无形资产和其他资产等。

（二）负债要素

1. 负债的定义及特点

负债是指企业过去的交易或事项形成的、预期会导致经济利益流出企业的现时义务。它反映的是债权人对企业资产的全部要求权。根据负债的定义，负债应具备以下特点：

（1）负债必须是由过去的交易或事项形成的现时义务。现时义务是指企业在现行条件下已承担的义务。未来发生的交易或者事项形成的义务，不属于现时义务，不应当作为负债予以确认。

（2）负债的发生必须能使经济利益流出企业。

2. 负债的确认条件

负债的确认必须符合负债的定义，并同时满足以下条件时，才可确认为负债。

（1）负债的清偿预期会导致经济利益流出企业。负债通常是在未来某一时日通过交付资产（包括现金和其他资产）或提供劳务来清偿。这说明负债的本质是企业必须承担的一种经济责任，这种责任将来必须通过交付资产、提供劳务等方式来偿还，从而引起企业未来的经济利益的流出。

（2）未来流出企业的经济利益能够可靠计量。如果经济利益的流出金额不能用货币可靠计量时，不能作为企业的负债予以确认。

3. 负债的分类

所谓负债的流动性可理解为债务人履行偿还义务和责任的时间长短，因此，负债按照流动性的不同，可以分为流动负债和非流动负债。

流动负债是指将在一年（含一年）或者超过一年的一个营业周期内偿还的负债，包括短期借款、交易性金融负债、应付票据、应付及预收款项、应付职工薪酬、应付股利、应付利息、应交税费、其他应付款等。

非流动负债即除流动负债以外的负债，指偿还期在一年以上或者超过一年的一个营业周期以上的负债，包括长期借款、应付债券、长期应付款、专项应付款、预计负债、未确认融资费用等。

非流动负债与流动负债相比，具有结算期长，涉及金额大，在清偿时可以选择分期偿还等特点。因而，在现代企业的运作模式下，非流动负债已经成为企业筹集资金的一种重要方式。

（三）所有者权益要素

1. 所有者权益的定义及特点

所有者权益是指企业资产扣除负债后由所有者享有的剩余权益。其金额为资产减去负债后的余额，即企业的净资产。所有者权益反映的是所有者对企业净资产的一种索取权。公司的所有者权益又称股东权益。根据所有者权益的定义，所有者权益应具备以下特点：

（1）所有者权益表明了企业的产权关系，明确了企业归谁所有。任何企业，其形成资产的资金来源不外乎两个：一是向债权人借入；另一个是所有者投入。向债权人借入形成企业负债，所有者投入形成企业的所有者权益。显然，所有者对企业的投资，是形成企业资产的主要来源之一，投资者因此拥有企业的所有权（产权），说明企业是归投资者所有的。所以，所有者凭借所有者权益能够参与企业的经营管理和利润分配。

（2）所有者权益除非发生减资、清算，企业不需要偿还。与负债相比，所有者权益与负债有着明显不同。负债是企业对外所承担的经济责任，企业负有到期偿还的义务。而所有者权益，除非发生减资、清算，一般情况下不需要归还投资者。

（3）企业清算时，只有在清偿所有的负债后，所有者权益才能返还给所有者。负债是债权人对企业全部资产的要求权，而所有者权益是投资者对企业净资产的要求权。债权和所有权的满足有一定的先后次序，即债权是第一要求权，优先于所有权，而所有者的求偿权位于债权人之后。换句话说，当企业清算时，只有在清偿所有的债务之后，所有者才能按出资比例获得偿还。

2. 所有者权益的分类

（1）所有者权益按照来源不同，可以将其分为所有者投入的资本、直接计入所有者权益的利得和损失、留存收益等。

①所有者投入的资本。所有者投入的资本是指所有者直接投入企业的资本，所有者投入的资本包括实收资本或股本、资本公积中的资本溢价等内容。

②直接计入所有者权益的利得和损失。直接计入所有者权益的利得和损失是指不应计入当期损益、会导致所有者权益发生增减变动的、与所有者投入资本或者向所有者分配利润无关的利得或损失。其中，利得是指由企业非日常活动所形成的、会导致所有者权益增加的、与所有者投入资本无关的经济利益的流入。损失是指由企业非日常活动所发生的、会导致所有者权益减少的、与向所有者分配利润无关的经济利益的流出。直接计入所有者权益的利得和损失主要包括其他权益工具投资的公允价值变动额等内容。

③留存收益。留存收益是指企业在生产经营过程中实现的净利润留存于企业的部分。留存收益主要包括累计计提的盈余公积和未分配利润等内容。

（2）所有者权益按照经济内容的不同，可以将其分为实收资本（或股本）、资本公积、盈余公积和未分配利润。

①实收资本（或股本）。它是指投资者按照企业章程的规定投入企业的相当于注册资本部分的资本，其中股份有限公司将其称为股本。它是确保企业顺利开展生产经营，承担经济责任的资金保证。

②资本公积。它是指企业收到投资者投入资金超过企业注册资本或股本所占份额的部分（资本溢价或股本溢价），以及直接计入所有者权益的利得与损失。资本公积的权益归全体所有者，按照规定程序一般转增资本或股本。

③盈余公积。它是指按照相关法律规定和企业发展的需要，从税后利润中提取的留存于企业的公积金。按照规定程序一般弥补亏损、转增资本或股本。

④未分配利润。它是指可供企业向投资者分配的待分配利润或留待以后分配的未分配利润。

以上各要素，凡符合资产、负债和所有者权益的定义和确认条件的项目，均应列入资产负债表。因此，资产、负债和所有者权益是构成资产负债表的基本要素，其项目分类如图2－4所示。

- 反映财务状况的会计要素
  - 资产
    - 流动资产（库存现金、银行存款、交易性金融资产、应收及预付款项、存货及其他流动资产等）
    - 非流动资产（固定资产、长期投资、在建工程、工程物资、无形资产及其他长期资产等）
  - 负债
    - 流动负债（短期借款、交易性金融负债、应付票据、应付及预收款项、应付职工薪酬、应付股利、应付利息、应交税费、其他应付款等）
    - 非流动负债（长期借款、应付债券、长期应付款、专项应付款、预计负债、未确认融资费用等）
  - 所有者权益
    - 实收资本（或股本）
    - 资本公积
    - 留存收益
      - 盈余公积
      - 未分配利润

图 2－4　反映财务状况的会计要素项目分类

三、反映企业经营成果的会计要素

反映企业经营成果的会计要素主要包括收入、费用和利润。这类会计要素能反映企业一定时期的经营成果变动情况，反映的是会计主体资金运动的动态信息。

（一）收入要素

1. 收入的定义及特点

收入是指企业在日常活动中形成的、会导致所有者权益增加的、与所有者投入资本无关的经济利益的总流入。根据收入的定义，收入具有以下特点：

（1）收入是在企业的日常活动中形成的。

日常活动是指企业完成其经营目标所从事的经常性活动以及与之相关的活动。按照日常活动在企业所处的地位，日常活动可以分为主营业务活动和其他业务活动。其中主营业务活动是企业为完成其经营目标而从事的日常活动中的主要项目，如工业企业制造并销售产品、提供劳务等活动。其他业务活动是指企业为完成其经营目标而从事的日常活动中的次要项目，如出售多余原材料、固定资产出租等活动。收入只有在日常活动中才能形成，凡是日常活动所形成的经济利益流入应当确认为收入；反之，从偶发的交易或事项中产生的非日常活动所形成的经济利益流入不应确认为收入。例如，固定资产出租获取的租金收入属于日常活动所形成的，应确认为收入；而清理固定资产属于非日常活动，由此形成的净收益不应确认为收入，而应当确认为利得。

（2）收入会导致企业所有者权益的增加。

企业取得的收入会导致所有者权益的增加，不能导致企业所有者权益增加的经济利益流入，如企业向银行借入的款项等则不能作为收入予以确认。

（3）收入是与所有者投入资本无关的经济利益的总流入。

收入会导致经济利益的流入从而导致资产的增加，但如果经济利益的流入不是由日常活动产生的，而是由所有者直接投入资本带来的经济流入时，不能确认为收入，应当将其直接确认为所有者权益。

2. 收入的确认条件

收入的确认必须符合收入的定义，同时满足只有在经济利益很可能流入从而导致企业资产增加或者负债减少，且经济利益的流入额能够可靠计量时，才能予以确认为收入。

依据收入的定义及确认条件，收入一般表现为销售产品收入、劳务收入、利息收入、使用费收入、租金收入、股利收入等，但不包括为第三方或客户代收的款项。因为企业为第三方或客户代收的款项如增值税、代收的利息等，一方面增加企业的资产，另一方面增加企业的负债，没有增加企业的所有者权益，因此不能确认为收入。

3. 收入的分类

收入按照获取的来源不同，可以将其分为主营业务收入和其他业务收入。

主营业务收入是由企业日常活动中的主营业务活动形成的经济利益流入，如工业企业销售产品、提供劳务获取的收入。主营业务收入一般占企业收入的比重较大，对企业的经济效益产生较大的影响。

其他业务收入是指由企业除主营业务以外的其他日常活动而形成的经济利益流入，如工业企业销售多余原材料、提供非工业性劳务等获取的收入。其他业务收入一般占企业收入的比重较小。

（二）费用要素

1. 费用的定义及特点

费用是指企业在日常活动中发生的、会导致所有者权益减少的、与向所有者分配利润无关的经济利益的总流出。根据费用的定义，费用具有以下特点：

（1）费用是在企业日常活动中发生的经济利益的流出。

费用必须是在企业日常活动中所形成的经济利益的流出，其日常活动的界定与收入中涉及的日常活动的界定相同。如工业企业采购原材料、商业企业从事的商品采购业务、金融企业从事存款业务等发生的经济利益的流出，属于费用。反之，由偶发的交易或事项中产生的非日常活动所形成的经济利益流出，如工业企业对固定资产进行清理，不属于企业的日常活动，因而由此产生的固定资产净损失等，尽管也能使企业发生经济利益的流出，但不属于费用，而应当计入损失。

（2）费用将导致所有者权益的减少。

与费用相关的经济利益的流出会导致企业所有者权益的减少，不会导致所有者权益减少的经济利益的流出并不符合费用的定义，不能作为费用予以确认。

（3）费用导致的经济利益总流出与向所有者分配利润无关。

费用的发生应当会导致经济利益的流出，从而导致资产的减少或负债的增加，具体表现为现金或现金等价物的流出，存货、固定资产和无形资产等的流出或消耗等。而企业向投资者分配利润也会导致企业经济利益的流出，但该流出属于投资者投资回报的分配，应当是所有者权益的抵减项，不能作为费用予以确认。

2. 费用的确认条件

费用的确认必须符合费用的定义，同时满足只有在经济利益很可能流出从而导致企业资产减少或者负债增加，且经济利益的流出额能够可靠计量时才能予以确认为费用。

3. 费用的分类

按照费用的经济用途不同，可以将其分为生产费用和期间费用。

生产费用是指计入产品生产成本的费用。其中，按其是否能直接计入产品生产成本的关系，又可分为直接费用和间接费用。直接费用是指为生产产品或提供劳务而发生的各项费用，包括直接材料费、直接人工费和其他直接费用，该类费用可以直接计入产品生产成本。间接费用是指企业生产单位为组织和管理产品生产而发生的各项费用，包括间接材料、间接人工和其他间接费用，该类费用只有通过分配后才能计入产品生产成本。通常，间接费用又称为制造费用。

期间费用是指在会计期间内为企业提供一定的生产经营条件，以保持产品产销能力或产品购销能力所发生的，与生产产品、提供劳务无直接关系，且不能对象化，亦不能计入产品成本的费用。这些费用由会计期间发生的收入来负担，因此应计入当期损益。期间费用一般包括管理费用、财务费用和销售费用。其中管理费用是指企业行政管理部门为组织和管理生产经营活动而发生的费用；财务费用是指企业为筹集资金而发生的费用；销售费用是指企业在销售商品和提供劳务时发生的费用。

（三）利润要素

1. 利润的定义及特点

利润是指企业在一定会计期间的经营成果。利润直接反映企业在一定会计期间的经营业绩和获利能力，反映企业投入产出的经济效益。通常情况下，企业实现利润，表明企业的所有者权益将增加；反之，发生亏损则所有者权益将减少。因此，利润是评价企业管理层业绩的重要指标之一，利润指标有助于企业投资者和债权人据此进行盈利预测，评价企业的经营绩效，作出正确的决策。

2. 利润的分类

利润按照来源的不同，可以将其分为收入减去费用后的净额、直接计入当期利润的利得和损失等。收入减去费用后的净额反映的是企业日常经营活动的经营业绩；直接计入当期利润的利得和损失是指应当计入当期损益、会导致所有者权益发生增减变动的、与所有者投入资本或者向所有者分配利润无关的利得或者损益，比如企业的营业外收入、营业外支出等就属于直接计入当期利润的利得和损失。直接计入当期利润的利得和损失反映企业非日常经营活动取得的效益。显然，利润金额的确定取决于收入和费用、直接计入当期利润的利得和损失金额的计量。

利润按其内容及构成不同，可以将其分为营业利润、利润总额和净利润。营业利润是指企业在销售商品、提供劳务等日常活动中所产生的利润，是企业利润总额的主要内容。利润总额是指营业利润加上营业外收入，减去营业外支出后的金额。净利润是指利润总额减去所得税费用后的金额。

以上各要素，凡符合收入、费用和利润的定义和确认条件的项目，应列入利润表。因此，收入、费用和利润是构成利润表的基本要素，其项目分类如图 2－5 所示。

- 反映经营成果的会计要素
  - 收入
    - 主营业务收入（产品销售收入、工业性劳务收入等）
    - 其他业务收入（工业企业出售原材料收入、租金收入等）
  - 费用
    - 生产费用
      - 直接费用
        - 直接材料
        - 直接人工
        - 其他直接费用
      - 间接费用（或制造费用）
        - 间接材料
        - 间接人工
        - 其他间接费用
    - 期间费用
      - 管理费用
      - 财务费用
      - 销售费用
  - 利润
    - 营业利润
    - 利润总额
    - 净利润

图 2－5　反映经营成果的会计要素项目分类

总之，会计要素的划分在会计核算中具有重要的作用，它是对会计对象进行科学分类的结果，会计要素既是正确设置会计科目的基本依据，也是构成会计报表的基本要素。

第三节　会计等式

资产、负债、所有者权益、收入、费用和利润构成企业的全部会计要素，这六大会计要素之间实际上有着本质的内在联系，表现为各会计要素之间存在着一定的平衡关系。这种平衡关系的描述，通常称为会计等式，又称会计恒等式或会计平衡公式，它是表明各会计要素之间基本关系的恒等式，是对各会计要素的性质及相互之间的内在经济关系，用数学关系式对其所作的概括性的客观表达。

一、反映资产、负债及所有者权益之间关系的会计等式

通常，资金运动在某一特定时点即静态情况下，其资产、负债和所有者权益之间存在一定的平衡关系。三者之间的平衡关系用数学关系式可以表示为：

$$\text{资产} = \text{负债} + \text{所有者权益} \tag{1}$$

式中，负债即为债权人权益。

企业要进行生产经营活动，都要拥有一定数量且结构合理的资财，即企业的资产。这些资产最初进入企业的渠道不外乎两种：要么来源于债权人（借来的），形成企业的负债；要么来源于投资者的资本投入，形成企业的所有者权益。企业的债权人和投资人对企业的资产享有要求权，其中，把属于债权人部分的要求权称为债权人的权益，把属于投资人部分的要求权称为投资人的权益，又称所有者权益（股东权益），两者统称为权益。因此，

资产表明企业拥有哪些经济资源和拥有多少经济资源，权益则表明由谁提供了这些经济资源，谁对这些经济资源拥有要求权。从数量上来看，资产和权益实际上是资金同一价值运动的两个方面，来源必然等于占用。从某一时点的数量上看，有一定数额的资产，就必然有一定的权益；反之，有一定数额的权益，就必然有一定数额的资产。

资产和权益之间的这种平衡关系，反映了资产、负债和所有者权益三个要素之间的联系和基本数量关系，表明了会计主体在某一特定时点（静态）所拥有的各种资产，债权人和投资者对企业资产要求权的基本状况，并且随着企业交易或事项的发生，只表现在数量上影响企业的资产、负债或所有者权益的同时增减变化，而始终不会破坏这一平衡关系。该等式科学地反映了企业的产权关系和资金关系，它是复式记账、试算平衡和编制资产负债表等会计方法的理论依据。

二、反映收入、费用和利润之间关系的会计等式

企业资金运动在动态情况下，其循环周转过程中发生的收入、费用和利润也存在着一定的平衡关系。三者之间的平衡关系用数学关系式可以表示为：

收入 - 费用 = 利润 (2)

企业作为一种经济组织，它的经营是以盈利为目的的。企业在生产经营活动中会取得收入，同时也会发生相应的费用，收入抵减费用的结果为企业的经营成果，即利润。该等式表明了企业在一定时期内所取得的经营成果，它科学地反映了经营成果与相应期间的收入和费用的关系，是编制利润表等会计方法的理论基础。

三、反映六大会计要素之间关系的会计等式

在会计期间的任何一个时刻，式（1）和式（2）相互之间存在着有机的联系，这种联系用数学关系式可以表示为：

资产 = 负债 + 所有者权益 + 收入 - 费用 (3)

或者：

资产 + 费用 = 负债 + 所有者权益 + 收入 (4)

收入、费用、利润的变化会引起企业资产、负债和所有者权益的变化。因为，收入会增加企业的资产，减少企业的负债；费用会使资产因消耗而减少，会使负债因发生而增加；如果收入大于费用，则企业净资产增加；反之，如果费用大于收入，则企业净资产减少。由于企业是所有者投资的，企业实现的利润也只能是属于所有者，利润的实现总是表明所有者在企业中的所有者权益数额增加；相反企业经营亏损，只能由所有者承担，表明所有者在企业中的所有者权益数额减少。所以，在企业生产经营活动中产生收入、费用、利润后，原会计等式就转化为如下综合的会计等式：

资产 = 负债 + 所有者权益 + 利润

资产 = 负债 + 所有者权益 + （收入 - 费用）

资产 + 费用 = 负债 + 所有者权益 + 收入

上述过程充分显示了，随着经济活动的发生，式（3）和式（4）不仅没有破坏会计静态等式的平衡关系，而且表明了会计主体的财务状况与经营成果之间的相互关系，把企业的财务状况和经营成果有机地联系起来。企业的财务状况表现的是企业特定日期资产的来源与占用情况，反映的是特定日期的存量；企业的经营成果则表现企业一定期间净资产的增加（或减少）情况，反映的是一定期间的资产的增量；而企业的经营成果最终要影响到企业的财务状况。式（3）和式（4）反映了会计六项要素之间的有机联系，利用这个综合的会计等式能够更好地解释并说明复式记账方法和账户基本结构。

通常把“资产 = 负债 + 所有者权益”这个平衡公式称为基本会计等式。这个平衡公式反映了资产的归属关系，是会计对象的公式化，它既是企业资金运动的起点，又是经过一定期间后企业资金运动的终点。一般情况下，所谓会计等式就是指这一公式，它是设置会计账户的依据，也是记录每一项引起会计要素变动的交易或者事项的出发点。

四、经济业务对会计等式的影响

企业在经营过程中，会发生诸如购买材料、支付工资、销售产品、上缴税费等各种各样的交易或事项，通常把这些交易或事项称为企业的经济业务或会计事项。企业日常的经营活动，会发生多种多样的经济业务，而每项经济业务的发生都会对会计要素产生一定的影响，使之发生增减变化，进而影响会计等式。但是，无论发生什么样的经济业务，始终不会破坏会计等式中各要素的平衡关系，即资产总量始终与负债及所有者权益的总量相等。

如上所述，会计主体发生的经济业务多样、复杂，但其引起的会计要素的增减变化归纳起来，不外乎以下四种类型：

类型 1：资产和负债及所有者权益双方同时增加，增加的金额相等。

类型 2：资产和负债及所有者权益双方同时减少，减少的金额相等。

类型 3：资产内部有增有减，增减金额相等。

类型 4：负债及所有者权益及其内部有增有减，增减金额相等。

上述四种类型的经济业务引起会计要素的增减变化如图 2 – 6 所示。

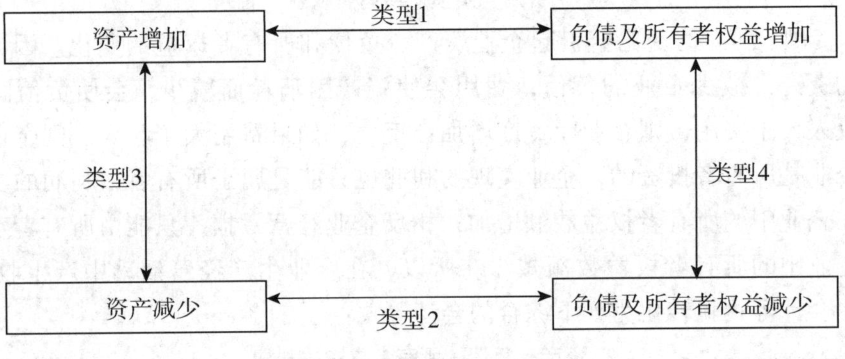

图 2 – 6　会计要素增减变化

针对上述四种变化情况，为进一步阐述会计等式的恒等性，现举例说明。

假设某公司20××年12月31日的资产、负债及所有者权益的简表如表2－1所示。

表2－1 某公司的资产、负债和所有者权益简表 单位：元

资 产	金 额	负债及所有者权益	金 额
库存现金	3 000	负债：	
银行存款	500 000	短期借款	10 000
应收账款	300 000	应付账款	20 000
原材料	20 000	长期借款	70 000
库存商品	100 000	小计	100 000
固定资产	1 700 000	所有者权益：	
		实收资本	2 523 000
资产总计	2 623 000	负债及所有者权益总计	2 623 000

该公司在次年的1月份发生以下经济业务：

【例2－1】投资人向公司投入资本100 000元，存入银行。

这项经济业务的发生，一方面使资产中“银行存款”增加100 000元；另一方面又使所有者权益中的“实收资本”增加100 000元，虽然双方总额发生变动，但结果仍保持平衡关系。

【例2－2】公司用银行存款归还短期借款10 000元。

这项经济业务的发生，一方面使资产中“银行存款”减少10 000元；另一方面又使负债中“短期借款”减少10 000元，虽然双方总额发生变动，但结果仍保持平衡关系。

【例2－3】公司从银行存款中提取库存现金20 000元备用。

这项经济业务的发生，一方面使资产中“银行存款”减少20 000元；另一方面使资产中“库存现金”增加20 000元。这项业务只引起资产内部两个项目之间以相等的金额一增一减的变动，结果仍保持平衡。

【例2－4】公司向银行借入短期借款10 000元，直接偿还前欠某供应单位货款。

这项经济业务的发生，一方面使负债中的“短期借款”增加10 000元；另一方面负债中“应付账款”减少10 000元。这项业务只引起负债内部两个项目之间以相等的金额一增一减，结果仍保持平衡。

上述经济业务引起该公司的资产、负债及所有者权益等各要素方变动情况如表2－2所示。表2－2结果显示，企业无论发生哪种类型的经济业务，经济业务无论引起会计等式哪方变化，都不会破坏会计等式的恒等。

表 2-2 某公司的资产、负债和所有者权益变动表 单位：元

资产				负债及所有者权益			
项目	期初余额	增减额	期末余额	项目	期初余额	增减额	期末余额
库存现金	3 000	（3） +20 000	23 000	短期借款	10 000	（2） -10 000 （4） +10 000	10 000
银行存款	500 000	（1） +100 000 （2） -10 000 （3） -20 000	570 000	应付账款	20 000	（4） -10 000	10 000
应收账款	300 000		300 000	长期借款	70 000		70 000
原材料	20 000		20 000	实收资本	2 523 000	（1） +100 000	2 623 000
库存商品	100 000		100 000				
固定资产	1 700 000		1 700 000				
总计	2 623 000	90 000	2 713 000		2 623 000	90 000	2 713 000

如果对“资产＝负债＋所有者权益”会计等式进行分类组合，将上述四种类型的经济业务具体化，可表现为如表 2-3 所示的 9 种形式。

表 2-3 经济业务引起会计要素变动的情况

经济业务类型		资产	=	负债	+	所有者权益
第一种类型	1	增加		增加		
	2	增加				增加
第二种类型	3	减少		减少		
	4	减少				减少
第三种类型	5	增加、减少				
第四种类型	6					增加、减少
	7			增加、减少		
	8			增加		减少
	9			减少		增加

表 2-3 清楚地显示了对于任何一个会计主体，不论会计要素的项目如何增减变动，其会计基本等式始终是恒等的。显而易见，资产与负债及所有者权益之间的平衡关系，使设置会计账户、复式记账和编制财务会计报告等会计方法有了坚实的理论基础。

第四节 会计计量

会计计量是为了将符合确认条件的会计要素登记入账并列报于会计报表及其附注（又称财务报表）而确定其金额的过程。因此，会计计量与会计确认密不可分，实际上会计计量主要解决会计确认的量化问题。按我国《企业会计准则——基本准则》的要求，企业应当按照规定的会计计量属性进行计量，确定其相关金额。

一、会计计量属性

会计计量属性是指会计要素的数量特征或外在表现形式，其反映的是会计要素金额的确定基础。一般包括历史成本、重置成本、可变现净值、现值和公允价值等。

（一）历史成本

在历史成本计量下，资产按照购置时支付的现金或者现金等价物的金额，或者按照购置资产时所支付的对外的公允价值计量。负债按照因承担现时义务而实际收到的款项或者资产的金额，或者承担现时义务的合同金额，或者按照日常活动中为偿还负债预期需要支付的现金或者现金等价物的金额计量。

（二）重置成本

在重置成本计量下，资产按照现在购买相同或者相似资产所需支付的现金或者现金等价物的金额计量。负债按照现在偿付该项债务所需要支付的现金或者现金等价物的金额计量。

（三）可变现净值

在可变现净值计量下，资产按照其正常对外销售所能收到现金或者现金等价物的金额扣除该资产至完工时估计将要发生的成本、估计的销售费用及相关税费后的金额计量。

（四）现值

在现值计量下，资产按照预计从其持续使用和最终处置中所产生的未来净现金流入量的折现金额计量。负债按照预计期限内需要偿还的未来净现金流出量的折现金额计量。

（五）公允价值

在公允价值计量下，资产和负债按照市场参与者在计量日发生的有序交易中，出售资产所能收到或者转移负债所需支付的价格计量。有序交易，是指在计量日前一段时期内相关资产或负债具有惯常市场活动的交易。

二、会计计量属性的应用原则

企业在对会计要素的金额进行计量时，一般应当采用历史成本。采用重置成本、可变现净值、现值、公允价值计量的，应当保证所确认的会计要素金额能够取得并可靠计量。

【复习思考题】

1. 简要说明会计对象和会计要素的关系。
2. 工业企业的会计要素具体包括哪几项？
3. 反映企业财务状况的会计要素有哪些？它们各自有何特点？如何确认？
4. 反映企业经营成果的会计要素有哪些？它们各自有何特点？如何确认？
5. 什么是会计等式？有何意义？有几种会计等式？
6. 经济业务的发生对会计等式有何影响？简要说明引起会计要素增减变动有哪些情况？
7. 会计计量属性有哪几种？如何计量？

本章练习题

一、单项选择题

1. 会计的一般对象可以概括为（　　）。

A. 经济活动　　B. 再生产过程中的资金运动

C. 生产活动　　D. 管理活动

2. 20××年9月20日采用赊销方式销售产品50 000元，12月25日收到货款存入银行。按收付实现制核算时，该项收入应属于（　　）。

A. 20××年9月　　B. 20××年10月

C. 20××年11月　　D. 20××年12月

3. 20××年3月20日采用赊销方式销售产品60 000元，6月20日收到货款存入银行。按权责发生制核算时，该项收入应属于（　　）。

A. 20××年3月　　B. 20××年4月

C. 20××年5月　　D. 20××年6月

4. 会计对象的具体化是（　　）。

A. 会计原则　　B. 会计核算

C. 会计要素　　D. 会计方法

5. 下列项目属于收入要素的是（　　）。

A. 其他业务收入　　B. 应收账款

C. 其他应收款　　D. 投资收益

6. 编制财务会计报告的理论依据是（　　）。

A. 会计要素　　B. 会计对象

C. 会计等式　　D. 会计方法

二、多项选择题

1. 下列各项属于静态会计要素的有（　　）。

A. 资产　　B. 收入

C. 费用　　D. 负债

E. 所有者权益

2. 下列各项属于动态会计要素的有（　　）。

A. 资产　　B. 收入

C. 费用　　D. 利润

E. 所有者权益

3. 下列关于会计要素之间关系的说法正确的有（　　）。

A. 费用的发生，会引起资产的减少，或引起负债的增加

B. 收入的取得，会引起资产的减少，或引起负债的增加

C. 收入的取得，会引起资产的增加，或引起负债的减少

D. 所有者权益的增加可能引起资产的增加，或引起负债的减少

E. 以上说法都正确

4. 下列关于资产的特征说法正确的有（　　）。

A. 必须为企业现在所拥有或控制

B. 必须能用货币计量其价值

C. 必须是用来转卖的财产

D. 必须是有形的财产物资

E. 必须具有能为企业带来经济利益服务的潜力

5. 下列属于所有者权益的有（　　）。

A. 投入资本　　B. 资本公积金

C. 盈余公积金　　D. 未分配利润

E. 银行借款

6. 下列业务不属于会计核算范围事项的有（　　）。

A. 用银行存款购买材料　　B. 编制财务计划

C. 企业自制材料入库　　D. 与外企业签订购料合同

E. 产品完工验收入库

三、业务题

（一）习题一

1. 目的：练习会计要素的确认。

2. 资料与要求：将下列项目归属于相应的会计要素，将结果填列于表 2－4 中。

表 2－4　　**会计要素分类**

项　目	资产	负债	所有者权益	收入	费用	利　润
1. 出纳员保管的库存现金 3 000 元	√					
2. 存在银行的存款 150 000 元						
3. 购买材料所欠的货款 50 000 元						
4. 库存生产用的原材料 345 000 元						
5. 出售产品尚未收到的货款 200 000 元						

续表

项 目	资产	负债	所有者权益	收入	费用	利 润
6. 销售商品收到客户开出并承兑的商业汇票 100 000 元						
7. 库存的产品 85 000 元						
8. 向银行借入 3 年期的借款 60 000 元						
9. 购买材料开出并承兑的商业汇票 1 500 元						
10. 房屋建筑物 2 367 000 元						
11. 机器设备 678 000 元						
12. 应交的各种税费 67 800 元						
13. 应付的职工薪酬 45 200 元						
14. 专利技术 120 000 元						
15. 商标权 20 000 元						
16. 运输用的汽车 521 300 元						
17. 投资人投入的资本 6 000 000 元						
18. 接受捐赠 100 000 元						
19. 盈余公积金 56 000 元						
20. 以前年度累计未分配利润 85 000 元						
21. 出差人员预借差旅费 3 000 元						
22. 生产车间的在产品 67 000 元						
23. 销售商品取得的收入 500 000 元						
24. 处理多余的材料的收入 10 000 元						
25. 企业的广告费 60 000 元						
26. 企业短期借款的利息 10 000 元						

（二）习题二

1. 目的：练习经济业务的发生对会计等式的影响。

2. 资料：某公司 12 月初资产、负债及所有者权益基本情况如表 2－5 所示。

表 2－5　　某公司的资产、负债及所有者权益简表　　单元：元

资 产	金 额	负债及所有者权益	金 额
库存现金	2 200	负债：	
银行存款	146 000	短期借款	71 100
应收账款	218 000	应付账款	1 238 600

续表

资　产	金　额	负债及所有者权益	金　额
原材料	2 000 000	长期借款	3 000 000
库存商品	2 100 000	小计	4 309 700
固定资产	6 656 000	所有者权益：	
		实收资本	6 566 000
		盈余公积	146 500
		未分配利润	100 000
资产总计	11 122 200	负债及所有者权益总计	11 122 200

本月发生如下经济业务：

（1）购入材料一批 20 000 元，已验收入库，货款未付。

（2）向银行借入 3 个月的短期借款 50 000 元，直接偿还所欠供应商的货款。

（3）收到投资者投入的资本 100 000 元，存入银行。

（4）以银行存款 25 000 元，偿还短期借款。

（5）将盈余公积金 30 000 元转为资本。

（6）收到客户所欠的货款 40 000 元存入银行。

（7）经董事会批准，以银行存款退还投资者股金 100 000 元。

（8）某企业代公司归还长期借款 1 000 000 元，经协商将其转为对公司资本的投入。

（9）按规定进行利润分配，宣告给投资者分配利润 6 500 元。

（10）向银行借入短期借款 100 000 元，存入银行。

3. 要求：

（1）分析说明上述 10 项经济业务的资金变化类型，填入表 2－6 中。

（2）根据上述资料，将公司 12 月份各会计要素的具体项目的期初金额和月内增减变动的金额填入表 2－7，同时计算出月末余额和合计数。

表 2－6　　经济业务的资金变化类型

类　型	经济业务序号
1. 一项资产增加，另一项负债增加，增加金额相等	
2. 一项资产增加，另一项所有者权益增加，增加金额相等	
3. 一项资产减少，另一项负债减少，减少金额相等	
4. 一项资产减少，另一项所有者权益减少，减少金额相等	
5. 一项资产增加，另一项资产减少，增减金额相等	
6. 一项所有者权益增加，另一项所有者权益减少，增减金额相等	
7. 一项负债增加，另一项负债减少，增减金额相等	
8. 一项负债增加，另一项所有者权益减少，增减金额相等	
9. 一项负债减少，另一项所有者权益增加，增减金额相等	

表 2－7　　公司的资产、负债和所有者权益变动表　　单位：元

资　产				负债及所有者权益			
项目	期初余额	增减额	期末余额	项目	期初余额	增减额	期末余额
库存现金				负债：			
银行存款				短期借款			
应收账款				应付账款			
原材料				应付股利			
库存商品				长期借款			
固定资产				……			
……				负债合计			
				所有者权益：			
				实收资本			
				盈余公积			
				未分配利润			
				……			
总计				总计			

第三章 会计科目、会计账户与复式记账

☞ **学习目标**

本章主要阐述会计科目、会计账户与复式记账等内容。通过本章的学习，要求理解会计科目、会计账户和记账方法等概念，了解会计科目和会计账户的分类，掌握借贷记账法的原理，从而理解并掌握设置会计科目和复式记账等重要的会计核算方法。

第一节 会计科目与会计账户

一、会计科目

（一）会计科目及其设置的意义

会计科目是将会计要素按照其经济特征所做的进一步分类核算的项目。

如前所述，会计核算的对象是企业的资金运动，将会计对象分类形成了会计要素。但是企业在经营活动中，仅把会计对象分为会计要素并不能全面、系统地反映和监督经济活动。由于每一会计要素都包含着很多差别比较大的具体项目，而经济业务的发生会引起会计要素的这些具体项目发生增减变动。例如，企业拥有的银行存款和固定资产都属于资产要素，企业用银行存款购进设备的业务将会导致固定资产的增加和银行存款的减少，这时，会计需要反映资产要素的具体项目的增减变化，以提供满足会计信息使用者需要的各种有用的经济信息，就必须根据会计要素的具体经济内容和特点，对每一会计要素再作进一步分类，即设置会计科目。可见，会计科目是设置会计账户、处理账务必须遵守的规则和依据，是一种基本的会计核算方法。

（二）会计科目的设置

1. 会计科目设置的原则

会计科目的设置是会计工作的基础，是完成会计任务、实现会计目标的必要条件，任何一个会计主体都必须设置一套适合自身特点的会计科目体系。会计主体在设置会计科目时，应该遵循以下几项原则：

（1）设置会计科目必须能够全面反映会计对象的内容与特点。

会计科目是在会计要素的基础上对会计对象的进一步分类，应根据各行业会计对象的特点，本着全面核算其经济业务的全过程及结果的目的来确定应设置的会计科目。

（2）设置会计科目必须符合经济管理的要求。

设置会计科目，既要符合国家宏观经济管理的要求，又要符合企业自身经济管理的要

求，还要符合包括投资者在内的会计信息使用者了解企业生产经营情况的要求。

(3) 设置会计科目必须统一性与灵活性相结合。

会计是通用的商务语言，因此在设置会计科目时必须根据企业会计准则和国家统一会计制度的规定设置、使用并进行编号，便于会计核算和电算化的实行，也便于会计信息使用者了解会计主体的经济业务的全过程和结果。同时，由于会计主体存在差异，可根据自己的经营特点和规模、增减变化情况及投资者的要求，对统一规定的会计科目作必要增补或合并。

(4) 设置会计科目的名称要简明扼要、含义确切。

设置会计科目时要尽可能明确简洁地反映经济业务特点，能够望文生义，不致产生误解。

(5) 设置会计科目要做到适应性与稳定性相结合。

会计科目的设置，一方面要适应社会经济环境和会计主体经济活动的变化；另一方面应保持相对的稳定，以便于会计资料的汇总及在不同时期的对比分析。因此，在设置会计科目时，要具有前瞻性并留有余地，以此来保证会计科目的适应性和稳定性。

2. 会计准则中的会计科目

根据设置会计科目统一性和灵活性相结合的原则，会计主体可以根据企业会计准则和国家统一会计制度的规定，根据自己的经营特点和会计核算需求设置会计科目。目前我国的上市公司以及非上市的金融企业，执行财政部颁布并修订后的《企业会计准则》，而其他企业可以选择执行《企业会计制度》《小企业会计准则》及各项专业核算办法，形成新旧制度并存的局面，会计科目的规定也不尽相同。本书所涉及的会计科目是按照《企业会计准则——应用指南》中的部分会计科目叙述的，该指南根据《企业会计准则》中确认和计量的规定，共设置会计科目 156 个（如表 3－1 所示），涵盖了我国各类企业的交易或者事项。

表 3－1　　会计科目

顺序号	编号	会计科目名称	顺序号	编号	会计科目名称	顺序号	编号	会计科目名称
一、资产类			8	1101	交易性金融资产	16	1211	应收分保账款
1	1001	库存现金	9	1111	买入返售金融资产	17	1212	应收分保合同准备金
2	1002	银行存款	10	1121	应收票据	18	1221	其他应收款
3	1003	存放中央银行款项	11	1122	应收账款	19	1231	坏账准备
4	1011	存放同业	12	1123	预付账款	20	1301	贴现资产
5	1012	其他货币资金	13	1131	应收股利	21	1302	拆出资金
6	1021	结算备付金	14	1132	应收利息	22	1303	贷款
7	1031	存出保证金	15	1201	应收代位追偿款	23	1304	贷款损失准备

续表

顺序号	编号	会计科目名称	顺序号	编号	会计科目名称	顺序号	编号	会计科目名称
24	1311	代理兑付证券	50	1601	固定资产	75	2012	同业存放
25	1321	代理业务资产	51	1602	累计折旧	76	2021	贴现负债
26	1401	材料采购	52	1603	固定资产减值准备	77	2101	交易性金融负债
27	1402	在途物资	53	1604	在建工程	78	2111	卖出回购金融资产款
28	1403	原材料	54	1605	工程物资	79	2201	应付票据
29	1404	材料成本差异	55	1606	固定资产清理	80	2202	应付账款
30	1405	库存商品	56	1611	未担保余值	81	2203	预收账款
31	1406	发出商品	57	1621	生产性生物资产	82	2211	应付职工薪酬
32	1407	商品进销差价	58	1622	生产性生物资产累计折旧	83	2221	应交税费
33	1408	委托加工物资	59	1623	公益性生物资产	84	2231	应付利息
34	1411	周转材料	60	1631	油气资产	85	2232	应付股利
35	1421	消耗性生物资产	61	1632	累计折耗	86	2241	其他应付款
36	1431	贵金属	62	1701	无形资产	87	2251	应付保单红利
37	1441	抵债资产	63	1702	累计摊销	88	2261	应付分保账款
38	1451	损余物资	64	1703	无形资产减值准备	89	2311	代理买卖证券款
39	1461	融资租赁资产	65	1711	商誉	90	2312	代理承销证券款
40	1471	存货跌价准备	66	1801	长期待摊费用	91	2313	代理兑付证券款
41	1501	债权投资	67	1811	递延所得税资产	92	2314	代理业务负债
42	1502	其他债权投资	68	1821	独立账户资产	93	2401	递延收益
43	1503	其他权益工具投资	69	1901	待处理财产损溢	94	2501	长期借款
44	1511	长期股权投资	二、负债类			95	2502	应付债券
45	1512	长期股权投资减值准备	70	2001	短期借款	96	2601	未到期责任准备金
46	1521	投资性房地产	71	2002	存入保证金	97	2602	保险责任准备金
47	1531	长期应收款	72	2003	拆入资金	98	2611	保户储金
48	1532	未实现融资收益	73	2004	向中央银行借款	99	2621	独立账户负债
49	1541	存出资本保证金	74	2011	吸收存款	100	2701	长期应付款

续表

顺序号	编号	会计科目名称	顺序号	编号	会计科目名称	顺序号	编号	会计科目名称
101	2702	未确认融资费用	118	5101	制造费用	137	6401	主营业务成本
102	2711	专项应付款	119	5201	劳务成本	138	6402	其他业务成本
103	2801	预计负债	120	5301	研发支出	139	6403	税金及附加
104	2901	递延所得税负债	121	5401	工程施工	140	6411	利息支出
三、共同类			122	5402	工程结算	141	6421	手续费及佣金支出
105	3001	清算资金往来	123	5403	机械作业	142	6501	提取未到期责任准备金
106	3002	货币兑换	六、损益类			143	6502	提取保险责任准备金
107	3101	衍生工具	124	6001	主营业务收入	144	6511	赔付支出
108	3201	套期工具	125	6011	利息收入	145	6521	保户红利支出
109	3202	被套期项目	126	6021	手续费及佣金收入	146	6531	退保金
四、所有者权益类			127	6031	保费收入	147	6541	分出保费
110	4001	实收资本	128	6041	租赁收入	148	6542	分保费用
111	4002	资本公积	129	6051	其他业务收入	149	6601	销售费用
112	4101	盈余公积	130	6061	汇兑损益	150	6602	管理费用
113	4102	一般风险准备	131	6101	公允价值变动损益	151	6603	财务费用
114	4103	本年利润	132	6111	投资收益	152	6604	勘探费用
115	4104	利润分配	133	6201	摊回保险责任准备金	153	6701	资产减值损失
116	4201	库存股	134	6202	摊回赔付支出	154	6711	营业外支出
五、成本类			135	6203	摊回分保费用	155	6801	所得税费用
117	5001	生产成本	136	6301	营业外收入	156	6901	以前年度损益调整

3. 会计科目的分类

为了正确使用会计科目，在设置会计科目时，应按一定的标准对会计科目进行分类。会计科目的分类方法通常有下列两种：

（1）按其核算的经济内容分类。

每个会计科目核算的经济内容是不同的，从表 3－1 中可见，会计科目按其反映的经济内容，可以分为六大基本类别：资产类、负债类、共同类、所有者权益类、成本类、损益类，每一大类会计科目可按一定的标准再分类（注：共同类科目是共同性质科目，其对应的账户为共同性质账户，详见本章第二节和第三节的相关内容）。

①资产类科目，按资产的流动性分为反映流动资产的科目和反映非流动资产的科目。反映流动资产的科目有“库存现金”“银行存款”“应收账款”“预付账款”“原材料”“库存商品”等科目；反映非流动资产的科目有“长期股权投资”“固定资产”“无形资产”等科目。

②负债类科目，按负债的偿还期限分为反映流动负债的科目和反映长期负债的科目。反映流动负债的科目有“短期借款”“应付账款”“应交税费”等科目；反映长期负债的科目有“长期借款”“应付债券”“长期应付款”等科目。

③共同类科目，其特点是需要从其期末余额所在方向界定其性质，主要在金融企业中应用。包括“清算资金往来”“套期工具”“被套期项目”等科目。

④所有者权益类科目，按权益的形成和性质可分为反映资本的科目和反映留存收益的科目。反映资本的科目有“实收资本”和“资本公积”科目；反映留存收益的科目有“盈余公积”“本年利润”“利润分配”等科目。

⑤成本类科目，主要反映企业在生产产品和提供劳务过程中发生的成本，如“生产成本”“制造费用”“劳务成本”“研发支出”等科目。

⑥损益类科目，反映企业在生产经营过程中取得的各项收入和发生的各项费用，包括收入、成果类科目和成本、费用类科目。收入、成果类科目，有“主营业务收入”“其他业务收入”等科目；成本、费用类科目，主要有“主营业务成本”“其他业务成本”“销售费用”“管理费用”“财务费用”“所得税费用”等科目。

（2）按其提供核算指标的详细程度或隶属关系分类。

会计科目按其提供核算指标的详细程度，可以分为总分类科目和明细分类科目。明细分类科目又可分为二级明细科目和三级明细科目。

总分类科目，亦称总账科目或一级科目，它是对会计对象的具体内容进行总括分类的项目。

二级明细分类科目，亦称子目，是对总分类科目进一步分类的项目。

三级明细分类科目，亦称细目，是对二级明细分类科目进一步分类的项目。下面以原材料为例说明总分类科目与各级明细科目之间的关系，如表3－2所示。

表3－2　　总分类科目与明细分类科目举例

<table>
<tr><th rowspan="2">总分类科目（一级科目）</th><th colspan="2">明细分类科目</th></tr>
<tr><th>二级科目（子目）</th><th>三级科目（细目）</th></tr>
<tr><td rowspan="2">原材料</td><td>主要材料</td><td>甲材料
乙材料</td></tr>
<tr><td>辅助材料</td><td>润滑油
油漆</td></tr>
</table>

4. 会计科目的编号

为了便于掌握和运用会计科目，使记账工作正常进行和会计电算化的实施，对会计科目还应编号（会计电算化下称为会计科目代码）。会计科目的编号，常用的方法是采用“数字编号法”。在《企业会计准则——应用指南》的会计科目表中采用四位数字编号方法：从左至右的第一位数字表示会计科目的主要大类。例如，可用1表示资产类科目，用2表示负债类科目，用3表示共同类科目，用4表示所有者权益类科目，用5表示成本类科目，用6表示损益类科目。第二位数字表示会计科目的主要大类下属的各个小类。例如，在资产类科目中，用0表示货币资金类科目，用4表示材料类科目，用6表示固定资产类科目等。第三、四位数字表示各小类下的各个会计科目。例如，在货币资金类科目中，用1表示“库存现金”科目，用2表示“银行存款”科目等。在各会计科目编号之间，应留有适当的空号，以便在增添新的会计科目时使用。

二、会计账户

（一）会计账户及其设置的意义

会计账户简称账户，是根据会计科目开设的，具有一定的结构，它是对各项经济业务进行分类、系统、连续记录的一种工具。

会计科目只是规定了对会计对象和会计要素的具体内容进行分类核算的项目，但会计主体发生的各种经济业务十分频繁、复杂，并引起相关会计要素的金额变化，因此设置会计科目以后，还必须根据设置的会计科目在账簿中开设相应的会计账户，才能全面、连续、系统地记录各种经济业务及其引起的会计要素的增减变动和结余的情况，提供完善的会计信息。

（二）会计账户的结构和内容

为了全面、连续、系统、清晰地记录各项经济业务，每个会计账户必须有合适的基本结构。经济业务尽管复杂，但引起会计要素或会计科目金额的变动只体现为增加和减少两种情况，因此账户需要有两个基本部分，分别表示其对应的会计科目的增加或减少，表现为左右两方。账户的左方和右方分别记录增加额或减少额。在一个会计期间内，本期一个账户所登记的增加额或减少额的合计数，称为本期发生额，增加额与减少额相抵后的金额为账户的余额。按照会计分期假设的基本要求，会计期间终了时，应在账户中结算出期末余额。此时，账户的发生额和余额之间存在这样的核算关系：期末账户余额 = 期初余额 + 本期增加发生额 - 本期减少发生额。当然，会计账户左、右方的名称以及具体表示增加或减少的方式，在不同的会计方法和会计科目下其规定不尽相同。

通常，会计账户一般应包括下列内容：

（1）账户的名称（即会计科目）。

（2）日期（即记录经济业务发生的时间）。

（3）凭证号数（即账户记录的依据，是建立起凭证与账户、账簿之间的联系的工具）。

（4）摘要（即简要说明经济业务的内容）。

（5）左方及其金额以及右方及其金额（即增加和减少的金额）。

（6）余额。

会计账户的一般格式如表 3－3 所示。

表 3－3　　　　**账户名称（会计科目）：**__________

××年		凭证号数	摘要	左方金额	右方金额	余额方向	余　额
月	日						

为了便于说明和教学的需要，通常将上列账户基本格式简化为“丁字式”格式（见图 3－1），称为“丁字式”账户或“T 型”账户。

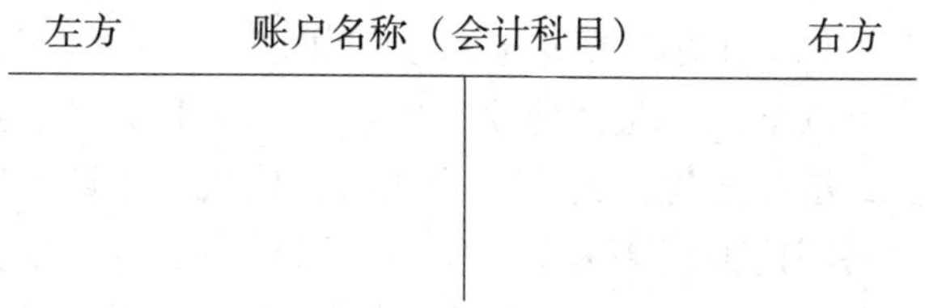

图 3－1　“丁字式”账户

三、会计科目与会计账户的关系

会计科目与会计账户是两个既有联系又有区别的概念，它们都要分类反映一定的经济业务内容。会计科目是设置会计账户的基础和依据，会计科目是账户的名称。从前面的内容可知，会计科目按其反映的经济内容，可以分为六大类：资产类、负债类、共同类、所有者权益类、成本类、损益类；按其提供核算指标的详细程度，可以分为总分类科目和明细分类科目。明细分类科目又可分为二级明细科目和三级明细科目。会计科目所对应的会计账户也可以按照上述两种标准进行相应的分类。

由于上述联系的存在，实际工作中，有人经常将两者混淆起来，认为没有必要严格分清楚。但二者是有区别的：会计科目是对经济业务分类核算的项目或标志（即名称）；而会计账户却是具体记录经济业务内容，可以提供具体的数据资料，具有登记增减变化的不同结构的一种核算形式。

第二节 复式记账

一、记账方法

所谓记账方法，就是根据一定的原理和记账规则，采取一定的记账符号和计量单位（以货币作为主要的计量），利用文字和数字来记载经济业务的一种专门方法。记账方法按记录同一经济业务的方式不同分为单式记账法和复式记账法。

单式记账法是指对发生的每一笔经济业务只记录一个方面，一般只登记一个账户，通常只登记现金的收付和债权、债务事项。例如，企业用现金支付行政办公室的报刊费1 000元，只记录库存现金减少1 000元，不记录1 000元管理费用的发生。这种记账方法较为简单，但记录结果不全面、不系统，不能反映一项经济业务发生对会计要素影响的全貌，及其经济业务的来龙去脉。在单式记账法下，账户之间无直接联系，也无相互平衡的关系，不能利用平衡关系来检查账户记录的正确性和真实性。

复式记账法是与单式记账法相对的一种记账方法，是指对发生的每一笔经济业务，都要用相等的金额，在相互联系的两个或两个以上账户中进行全面登记的一种记账方法。如上述用现金支付行政办公室的报刊费1 000元时，既要记录库存现金减少1 000元，也要记录1 000元管理费用的发生。可见，复式记账法对于发生的每一笔经济业务都有相应的账户来作相关联的记录，可以全面、完整地反映经济业务引起会计要素的增减变化和资金的来龙去脉。账户之间由经济业务建立起相互的联系，构成一个账户体系，并能按一定的计算公式进行试算平衡。利用这种平衡关系的验算，可以以此检验账户记录的正确性，确保对外报告的信息真实、可靠、有效。复式记账法由于采用的记账符号等不同，有借贷记账法、增减记账法、收付记账法等。

我国《企业会计准则》规定：会计记账采用借贷记账法。

二、借贷记账法

借贷记账法是以会计等式作为理论依据，以“借”“贷”作为记账符号，按照“有借必有贷，借贷必相等”的记账规则来记录经济业务，并按账户借方余额合计与贷方余额合计，以及借方发生额合计与贷方发生额合计相等的方法进行试算平衡的一种复式记账方法。

（一）借贷记账法的产生与发展

借贷记账法起源于13~14世纪的意大利。这个时期，地中海沿岸的威尼斯、佛罗伦萨等城邦国家，由于出现了资本主义萌芽，极大地推动了其经济的迅猛发展，为借贷记账法的诞生提供了客观的经济基础。在商品交换中，为了适应商业资本和借贷资本经营者管理的需要，逐步形成了这种记账方法。当时，借贷资本家以经营货币的借入和贷出为主要业务，对于借进的款项，记在贷主（creditor）名下，表示自身的债务增加；对于贷出的款项，则记在借主（debtor）名下，表示自身的债权增加，因此“借”“贷”分别表示债权

（应收款）、债务（应付款）的变化。但随着商品经济的发展，经济活动的内容日趋复杂化，需要记录的经济业务也不再仅限于货币资金的借贷业务，而逐渐扩展到财产物资、经营损益和经营资本等的增减变化。这时，为了记账的一致性，对于非货币资金借贷业务，也利用“借”“贷”说明经济业务的变化情况。因此，“借”“贷”逐渐脱离原来的含义，抽象为记账符号，变成会计上的专门术语。15 世纪，在民间已逐渐形成比较完善的复式记账法。1494 年，意大利数学家卢卡·帕乔利（Loca Paciaio）在其著作《算术、几何与比例概要》中，从理论上系统地总结了借贷记账法的原理，正式标志着复式借贷记账法的诞生。借贷记账法于 1905 年正式传入我国，以蔡锡勇、谢霖、孟森等为代表的我国会计学者学习了日本的借贷记账法。民国时期，潘序伦、徐永祚和赵锡禹等会计学者引进美国式的借贷记账法，改良了我国记账方法。中华人民共和国成立初期，会计上学习苏联，采用借贷记账法。后来，我国的会计工作者又在复式借贷记账法的基础上，创造性地应用并改造出复式增减记账法、复式收付记账法。1993 年我国进行会计改革，与国际惯例相接轨，颁布了会计准则和会计制度，逐步取消使用复式增减记账法和复式收付记账法，并全面采用借贷记账法。

（二）借贷记账法的基本内容

1. 理论依据

由于借贷记账法的对象是会计要素的增减变化及其结果。在我们前面讲述的会计要素中，资产、负债、所有者权益三大会计要素之间存在着恒等关系，即会计恒等式：

资产 = 负债 + 所有者权益

这个恒等式即为借贷记账法的理论依据。当一个会计要素的项目发生变化时，另一个或两个会计要素的项目也随着发生变化，但无论怎样变化，都保持会计要素之间的平衡，即保持项目之间的恒等关系。必须在相关的账户中对相关会计要素项目进行等额登记，才能保证经济业务记录的完整性。因此，会计恒等式是借贷记账法的理论基础。

2. 记账符号和账户结构

借贷记账法以“借”“贷”为记账符号，表示经济业务引起的会计科目的增加与减少，这里的“借”“贷”逐渐脱离了其自身的含义，成为单纯的记账符号。

由于在借贷记账法下，以“借”“贷”为记账符号，因此在该方法下账户的左方称为“借方”，右方称为“贷方”。在一个会计期间内，借方记录的合计数额称作借方发生额，贷方记录的合计数额称作贷方发生额，在每一会计期间的期末将借贷方发生额进行比较，其差额称作期末余额。对于不同性质的账户，“借”“贷”的表示含义也不同。

（1）资产类账户。

资产类账户的结构是：账户的借方记录资产的增加额，贷方记录资产的减少额；期末余额一般在借方，其计算公式为：

资产类账户期末余额 = 期初借方余额 + 本期借方发生额 − 本期贷方发生额

资产类账户的结构，如图 3－2 所示。

借方　　　　账户名称（会计科目）　　　　贷方

期初余额	×××		
本期增加额	×××	本期减少额	×××
	×××		×××
	×××		×××
本期借方发生额	×××	本期贷方发生额	×××
期末余额	×××		

图 3－2　资产类账户

（2）负债及所有者权益类账户。

负债及所有者权益类账户的结构是：账户贷方记录各项负债及所有者权益的增加额；账户借方记录各项负债及所有者权益的减少额；期末余额一般在贷方，其计算公式是：

负债及所有者权益账户期末余额＝期初贷方余额＋本期贷方发生额－本期借方发生额

负债及所有者权益类账户的结构，如图 3－3 所示。

借方　　　　账户名称（会计科目）　　　　贷方

		期初余额	×××
本期减少额	×××	本期增加额	×××
	×××		×××
	×××		×××
本期借方发生额	×××	本期贷方发生额	×××
		期末余额	×××

图 3－3　负债及所有者权益类账户

（3）收入类账户。

收入类账户的结构与上述所有者权益类账户结构基本相同，账户贷方记录收入的增加额，账户借方记录收入减少额；期末，本期贷方发生额减去本期借方发生额后的差额，转入“本年利润”账户，所以收入类账户一般没有期末余额。其结构如图 3－4 所示。

借方　　　　账户名称（会计科目）　　　　贷方

本期减少额或转出额	×××	本期增加额	×××
	×××		×××
本期借方发生额	×××	本期贷方发生额	×××

图 3－4　收入类账户

（4）成本、费用类账户。

成本、费用类账户的结构与资产类账户的结构基本相同，账户的借方记录费用成本的增加额，账户的贷方记录费用成本的减少额或转销额。因为期末借方记录的费用成本的增加额一般都要通过贷方转出，所以账户一般没有余额；如有余额，必定为借方余额，表示期末资产余额（如“生产成本”账户）。其结构，如图 3－5 所示。

借方	账户名称（会计科目）	贷方
本期增加额 ×××	本期减少额或转出额 ×××	
×××	×××	
×××	×××	
本期借方发生额 ×××	本期贷方发生额 ×××	

图3－5 成本、费用类账户

综上所述，“借”“贷”二字作为记账符号在不同账户中所表示的经济内容含义是不同的，根据以上各类账户结构的说明，可以将账户借方和贷方所记录的经济内容加以归集，如图3－6所示。

借方	账户名称（会计科目）	贷方
资产的增加	资产的减少	
负债及所有者权益的减少	负债及所有者权益的增加	
收入的减少（转出）	收入的增加	
成本、费用的增加	成本、费用的减少（转出）	

图3－6 各类账户结构总结说明

借、贷作为记账符号，指示着账户记录的方向是左边还是右边。一般来说，各类账户的期末余额与记录增加额的一方都在同一方向，即资产类账户的期末余额一般在借方，负债及所有者权益类账户的期末余额一般在贷方。因此，根据账户余额所在的方向来判定账户性质，成为借贷记账法的一个重要特点。

需要进一步指出的是，在借贷记账法下，不仅可以设置单一性质的账户；也可设置共同性质（或称双重性质）的账户，账户的性质由账户余额的方向决定。这种共同性质的账户常见于往来类账户。详细内容参见本章第三节关于结算账户部分的内容。

3. 记账规则与会计分录

记账规则是记账方法的核心，它体现不同记账方法的本质特征。借贷记账法以“有借必有贷，借贷必相等”作为记账规则。具体地说，就是根据复式记账原理及借贷记账法下账户结构的特点，每一笔经济业务都以相等的金额，按借贷相反的方向，在两个或两个以上账户中等额登记，即一个账户记借方，同时另一个（或几个）账户记贷方；或者一个账户记贷方，同时另一个（或几个）账户记借方。

根据上述记账规则，在某项经济业务发生时，总会在有关账户之间形成应借、应贷的关系。我们把账户之间应借、应贷的相互关系，叫作账户的对应关系。通过账户对应关系，可以了解经济业务的内容，检查经济业务的合理合法性。形成对应关系的账户，叫作对应账户。例如，从银行提取现金200元这项业务的发生，使企业资产项目的库存现金增加了200元，资产项目的银行存款却减少了200元，引起了资产内部两个项目之间以相等的金额一增一减的变动，要分别在“库存现金”账户的借方和“银行存款”账户的贷方进行登记。“库存现金”和“银行存款”这两个账户之间就发生了相互对应关系，这两个账户就互为对应账户。

为了正确地记账，准确地反映上述账户对应关系，在将经济业务记入账户之前，应先根据经济业务所涉及的账户及其借贷方向和金额编制会计分录，然后根据会计分录登记有关账户。

会计分录简称分录，是对每项经济业务指出应登记的账户、账户的方向及其金额的记录。因此会计分录主要包括三个要素：会计科目、记账符号和变动金额。会计分录有简单会计分录和复合会计分录。简单会计分录，是指由一个账户的借方与另一个账户的贷方相对应所组成的会计分录。例如上述从银行提取现金200元这项业务，可编制如下分录：

借：库存现金　　200

　　贷：银行存款　　200

复合会计分录，是指由一个账户的借方与两个以上账户的贷方相对应，或者一个账户的贷方与两个以上账户的借方相对应所组成的会计分录。例如企业用银行存款偿还短期借款本金30 000元和利息500元，在该笔经济业务中，作为负债的短期借款减少30 000元，应记在“短期借款”账户的借方；支付的利息500元是财务费用，应记在“财务费用”账户的借方；银行存款减少30 500元，应记在“银行存款”账户的贷方。因此，为记录该笔经济业务，应编制如下一贷多借的复合分录：

借：短期借款　　30 000

　　财务费用　　500

　　贷：银行存款　　30 500

需要指出的是，为了使账户对应关系清楚，在借贷记账法下，复合会计分录只能一借多贷或一贷多借，通常不编制多借多贷的会计分录。

4. 试算平衡

试算平衡是指根据资产和负债及所有者权益之间的平衡关系，通过对所有账户的发生额或余额的汇总计算和比较，来检查各类账户记录是否正确的一种方法。

首先，余额的试算平衡中包括期初余额和期末余额的汇总计算和比较。由于借贷记账法的理论依据是会计等式，因此根据资产总额等于负债及所有者权益总额，资产（含费用成本）类账户的借方余额合计必然和负债及所有者权益（含收入成果）类账户的贷方余额合计相等。

其次，由于借贷记账法采用“有借必有贷，借贷必相等”的记账规则，每一笔经济业务的借方发生额等于贷方发生额。因此，全部经济业务的借方发生额合计也就等于贷方发生额合计。

因此，在借贷记账法下，我们可以采用发生额平衡法或余额平衡法进行试算平衡，以检查日常会计工作中的疏漏和错误，保证会计核算正确无误。

发生额平衡公式为：

所有账户借方本期发生额合计数＝所有账户贷方本期发生额合计数

余额平衡公式为：

所有账户借方期末余额合计数＝所有账户贷方期末余额合计数

所有账户借方期初余额合计数＝所有账户贷方期初余额合计数

月终，在已经结出各个账户的本月发生额和月末余额后，一般可以通过编制试算平衡表来进行试算平衡。可以分别编制本期发生额和余额试算平衡表，如表3－4和表3－5所示；也可以将本期发生额和期末余额合并在一张表上进行试算平衡，如表3－6所示。

表3－4 **总分类账户余额试算平衡表**

年 月 单位：元

会计科目	借方余额	贷方余额
合计		

表3－5 **总分类账户本期发生额试算平衡表**

年 月 单位：元

会计科目	借方发生额	贷方发生额
合计		

表3－6 **总分类账户本期发生额余额试算平衡表**

年 月 单位：元

会计科目	期初余额		本期发生额		期末余额	
	借方	贷方	借方	贷方	借方	贷方
合计						

值得注意的是，通过试算平衡，如果发现账户的余额或发生额不平衡，就可以肯定账户的记录或计算有错误，但账户的余额或发生额平衡并不能确定记账没有错误。当发生重记或漏记某些经济业务，或者将借贷记账科目记错、方向记反等错误情况时，并不影响借贷双方平衡，也就不能通过试算平衡发现错误。

三、借贷记账法的运用

现以长云公司20××年4月发生的经济业务为例说明借贷记账法的运用，本例旨在说明借贷记账法的基本原理，有关业务处理的具体规则在第四章进行阐述。

1. 编制会计分录

【例3－1】用银行存款购入一批材料，价款5 000元。

这项经济业务，使企业的原材料增加5 000元，同时使企业的银行存款减少5 000元，它涉及“原材料”和“银行存款”这两个资产类账户。原材料的增加是资产的增加，应记入“原材料”账户的借方；银行存款的减少是资产的减少，应记入“银行存款”账户的贷方。编制会计分录如下：

借：原材料 5 000

贷：银行存款　　5 000

【例 3 –2】 向银行借入短期借款 10 000 元，存入银行。

这项经济业务，使企业的短期借款增加 10 000 元，同时使企业的银行存款增加 10 000元，它涉及“短期借款”这个负债类账户和“银行存款”这个资产类账户。短期借款的增加是负债的增加，应记入“短期借款”账户的贷方；银行存款的增加是资产的增加，应记入“银行存款”账户的借方。编制会计分录如下：

借：银行存款　　10 000

贷：短期借款　　10 000

【例 3 –3】 收到投资者投入资本金 300 000 元，款项存入银行。

这项经济业务，使企业的银行存款增加 300 000 元，同时，使所有者对企业的投资增加 300 000 元，它涉及“银行存款”这个资产类账户和“实收资本”这个所有者权益类账户。银行存款的增加是资产的增加，应记入“银行存款”账户的借方；实收资本的增加是所有者权益的增加，应记入“实收资本”账户的贷方。编制会计分录如下：

借：银行存款　　300 000

贷：实收资本　　300 000

【例 3 –4】 以银行存款 20 000 元，偿还到期的应付债券。

这项经济业务，使企业的银行存款减少 20 000 元，同时，使企业应偿付的债券减少 20 000 元，它涉及“银行存款”这个资产类账户和“应付债券”这个负债类账户。银行存款的减少是资产的减少，应记入“银行存款”账户的贷方；应付债券的减少是负债的减少，应记入“应付债券”账户的借方。编制会计分录如下：

借：应付债券　　20 000

贷：银行存款　　20 000

2. 过账

各项经济业务编制会计分录后，应登记相应的账户，即通常所说的“过账”。过账以后，一般要在月终进行结账，即结算出各账户的本期发生额和期末余额。现依据以上长云公司 20 × ×年 4 月发生的经济业务的会计分录过账，记入相应的账户中，如表 3 –7 和图 3 –7 ~ 图 3 –14 所示。

表 3 –7　长云公司 20 × ×年 3 月 31 日总分类账户余额表　单位：元

资产类账户		负债及所有者账户	
库存现金	600	短期借款	40 000
银行存款	209 400	应付账款	80 000
原材料	110 000	应付债券	100 000
固定资产	400 000	实收资本	500 000
合计	720 000	合计	720 000

借	库存现金		贷
期初余额	600		–
本期借方发生额	–	本期贷方发生额	–
期末余额	600		

图 3–7 库存现金账户

借	银行存款		贷
期初余额	209 400		
(2)	10 000	(1)	5 000
(3)	300 000	(4)	20 000
本期借方发生额	310 000	本期贷方发生额	25 000
期末余额	494 400		

图 3–8 银行存款账户

借	原材料		贷
期初余额	110 000		
(1)	5 000		
本期借方发生额	5 000	本期贷方发生额	–
期末余额	115 000		

图 3–9 原材料账户

借	固定资产		贷
期初余额	400 000		
本期借方发生额	–	本期贷方发生额	–
期末余额	400 000		

图 3–10 固定资产账户

借	短期借款		贷
		期初余额	40 000
		(2)	10 000
本期借方发生额	–	本期贷方发生额	10 000
		期末余额	50 000

图 3–11 短期借款账户

借	应付账款		贷
		期初余额	80 000
本期借方发生额	-	本期贷方发生额	-
		期末余额	80 000

图 3-12 应付账款账户

借	应付债券		贷
		期初余额	100 000
(4)	20 000		
本期借方发生额	20 000	本期贷方发生额	-
		期末余额	80 000

图 3-13 应付债券账户

借	实收资本		贷
		期初余额	500 000
		(3)	300 000
本期借方发生额	-	本期贷方发生额	300 000
		期末余额	800 000

图 3-14 实收资本账户

3. 编制试算平衡表

通过编制试算平衡表，对上述交易或事项进行试算平衡，以检查各类账户记录是否正确。长云公司20××年4月总分类账户本期发生额及余额试算平衡表如表3-8所示。

表 3-8 总分类账户本期发生额及余额试算平衡表

20××年4月 单位：元

会计科目	期初余额		本期发生额		期末余额	
	借方	贷方	借方	贷方	借方	贷方
库存现金	600				600	
银行存款	209 400		310 000	25 000	494 400	
原材料	110 000		5 000		115 000	
固定资产	400 000				400 000	
短期借款		40 000		10 000		50 000
应付账款		80 000				80 000
应付债券		100 000	20 000			80 000
实收资本		500 000		300 000		800 000
合计	720 000	720 000	335 000	335 000	1 010 000	1 010 000

第三节　借贷记账法下的账户分类

利用借贷记账法全面、系统地核算企业的各项经济业务时，需要设置并使用由众多账户构成的完整的账户体系，这些账户各有不同，但一些账户在性质、用途和结构上具有很多共性，通过适当的分类，可以帮助我们掌握其中的规律，更好地进行会计核算和使用会计信息。

从本章第一节的内容可知，会计账户按其反映的经济内容，可以分为资产类、负债类、共同类、所有者权益类、成本类、损益类六类。这种分类方式可以帮助我们正确地区分账户的经济性质，合理地设置和运用账户，进行会计核算和提供会计信息，是会计账户的基本分类。按账户提供核算指标的详细程度，可以分为总分类账户和明细分类账户。明细分类账户又可分为二级明细账户和三级明细账户。但是，通过上述两种分类，还难以详细地了解各个账户在借贷记账法下的具体结构和用途，因此需要根据账户的结构和用途进行分类。

所谓账户的结构，是指在账户中如何登记经济业务，以取得所需要的各种核算指标，即账户借方登记什么，贷方登记什么，期末账户有无余额，如有余额在账户的哪一方，表示什么。所谓账户的用途，是指设置和运用账户的目的，即通过账户记录提供什么核算指标。

在借贷记账法下，账户按其用途和结构的不同，可以分为基本账户、调整账户和业务账户三大类，其中基本账户和调整账户是相对的，调整账户是对有关的基本账户的账面余额进行调整而设置的账户，这两类账户基本上与资产负债表项目有关，可以称为静态账户。业务账户多数与利润表项目有关，可以称为动态账户。三大类账户还可以按其具体的用途和结构分成若干小类。

一、基本账户

基本账户是反映、监督资产、负债和所有者权益的增减变化和实有数的账户。从定义上可以看出，这类账户反映的内容都是经济活动的基础，期末一般都有余额，是资产负债表的构成要素。基本账户又可以进一步分类，如图 3－15 所示。

（一）盘存账户

盘存账户用来反映和监督各项可以用盘存的方法进行清算的财产物资和货币资金的增减变动及其结存情况的账户。盘存账户基本为资产类账户，主要内容为货币资金、存货（包括“原材料”“库存商品”等）和固定资产等。其中“生产成本”账户由于期初期末余额表示在产品，是存货的一部分，因此也归类于盘存账户的性质。除货币资金外，存货、固定资产等盘存账户可以通过设置明细账提供实物数量和金额两种指标，期末可以通过实地盘点或对账等财产清查的方法确定余额以反映财产物资的实有数，盘存类的主要账户如图 3－15 所示。

由于盘存账户基本为资产类账户，因此其结构与资产类账户的结构相同：账户的借方登记各项财产物资和货币资金的增加数，贷方登记各项财产物资和货币资金的减少数，期末余额总是在借方，表示期末各项财产物资和货币资金的实际结存数。盘存账户的结构如图 3－16 所示。

- 基本账户
  - 盘存账户
    - 货币资金
      - 库存现金
      - 银行存款
    - 交易性金融资产
    - 存货
      - 原材料
      - 周转材料
      - 在途物资
      - 生产成本
      - 委托加工物资
      - 库存商品
    - 长期股权投资
    - 在建工程
    - 工程物资
    - 固定资产
  - 结算账户
    - 债权结算账户
      - 应收票据
      - 应收账款
      - 预付账款
      - 其他应收款
    - 债务结算账户
      - 短期借款
      - 应付票据
      - 应付账款
      - 预收账款
      - 应付职工薪酬
      - 应交税费
      - 应付利息
      - 应付股利
      - 其他应付款
      - 长期借款
      - 应付债券
      - 长期应付款
    - 债权债务结算账户
  - 跨期摊配账户
    - 长期待摊费用
    - 无形资产
  - 资本账户
    - 实收资本（股本）
    - 资本公积
    - 盈余公积
    - 利润分配

图 3－15　基本账户分类

借方	账户名称（会计科目）	贷方
期初余额：财产物资和货币资金的实存数 发生额：本期财产物资和货币资金的增加		发生额：本期财产物资和货币资金的减少
期末余额：财产物资和货币资金的实存数		

图 3－16　盘存账户

（二）结算账户

结算账户是用来反映和监督企业同其他单位或个人之间债权、债务结算情况的账户。由于结算业务形成的债权、债务的性质不同，因此，结算账户按其用途和结构的不同，又可以分为债权结算账户、债务结算账户和债权债务结算账户三类。

1. 债权结算账户

债权结算账户，也称资产结算账户，是用来反映和监督企业同各单位或个人之间的债权结算业务的账户。主要债权结算的账户如图 3－15 所示。

债权结算账户都是资产类账户，因此其结构与资产类账户的结构相同：借方登记债权的增加数，贷方登记债权的减少数，期末余额一般是在借方，表示期末尚未收回债权的实有数。债权结算账户的结构如图 3－17 所示。

借方	账户名称（会计科目）	贷方
期初余额：期初债权的实有数 发生额：本期债权的增加数		发生额：本期债权的减少数
期末余额：期末债权的实有数		

图 3－17　债权结算账户

2. 债务结算账户

债务结算账户，也称负债结算账户，是用来反映和监督企业同其他单位或个人之间的债务结算业务的账户。主要的债权结算账户可见图 3－15。

债务结算账户都是负债类账户，因此其结构与负债类账户的结构相同：贷方登记债务的增加数，借方登记债务的减少数，期末余额一般在贷方，表示期末尚未偿还的债务的实有数。债务结算账户的结构如图 3－18 所示。

借方	账户名称（会计科目）	贷方
发生额：本期债务的减少数		期初余额：期初债务的实有数 发生额：本期债务的增加数
		期末余额：期末债务的实有数

图 3－18　债务结算账户

3. 债权债务结算账户

债权债务结算账户也称资产负债结算账户或往来结算账户，可见，这类账户既反映债权结算业务，又反映债务结算业务，是共同性质的结算账户。在实际工作中，会计主体与某些企业经常发生业务往来，有时会计主体是债权人，有时会计主体是债务人。常见的有：对供应商的预付应付的货款，对客户的应收预收货款和其他应收应付款等。以对供应商的预付应付的货款为例。当会计主体的预付账款不多时，可以只设置应付账款账户同时反映对该供应商之间的预付账款和应付账款。经济业务发生时，预付账款增加（应付账款减少）记入应付账款账户的借方；应付账款增加（预付账款减少）记入应付账款账户的贷方，这时的“应付账款”账户就成为一个债权债务结算账户。

该类账户的结构特点是：借方登记企业债权的增加数和债务的减少数，贷方登记债务的增加数和债权的减少数。期末余额可能在借方，也可能在贷方，如在借方，表示尚未收回的债权净额，即尚未收回的债权大于尚未偿付债务的差额；如在贷方，表示尚未偿付的债务净额，即尚未偿付的债务大于尚未收回的债权的差额。该类账户所属明细账的借方与贷方的差额应同总账余额相等。因此需要注意的是：债权、债务结算账户的借方余额或贷方余额只是表示债权和债务增减变动后的差额，并不一定表示企业债权、债务的实际余额。编制资产负债表时，这类账户应按其所属明细账户的借方或贷方余额分别列作资产项目或负债项目。其账户结构如图 3－19 所示。

借方　　　　账户名称（会计科目）	贷方
期初余额：期初债权大于债务的差额 发生额：本期债权的增加数 　　　　本期债务的减少数	期初余额：期初债务大于债权的差额 发生额：本期债务的增加数 　　　　本期债权的减少数
期末余额：期末债权大于债务的差额	期末余额：期末债务大于债权的差额

图 3－19　债权债务结算账户

对于期末余额的计算：

当期初余额方向在借方时，余额计算公式：

债权债务结算账户期末余额＝期初借方余额＋本期借方发生额－本期贷方发生额

注：计算余额为正，期末余额与期初余额方向相同，在借方；计算余额为负，期末余额与期初余额方向相反，在贷方。

当期初余额方向在贷方时，余额计算公式：

债权债务结算账户期末余额＝期初贷方余额＋本期贷方发生额－本期借方发生额

注：计算余额为正，期末余额与期初余额方向相同，在贷方；计算余额为负，期末余额与期初余额方向相反，在借方。

（三）跨期摊配账户

在会计分期的前提下，按照权责发生制的要求，一些已支付的费用和无形资产的成本应由几个会计期间共同负担。跨期摊配账户是用来反映和监督并将这些费用和资产在各个会计期间进行分摊和预提的账户。属于这类账户的有“长期待摊费用”和“无形资产”账户。这两个账户的均属于资产类账户，其结构为：借方登记费用的实际支付数或无形资产的原始价值；贷方登记应由某个会计期间负担的费用或无形资产的摊配数，期末余额在借方，表示已支付尚未摊配的待摊费用或无形资产的余额，跨期摊配账户的结构如图 3－20 所示。

借方	账户名称（会计科目） 贷方
期初余额：期初已支付尚未摊配长期待摊费用或无形资产的余额 发生额：费用的实际支付数或无形资产的原始价值	发生额：本期负担的费用或无形资产的摊配待摊费用或无形资产的数额
期末余额：期末已支付尚未摊配长期待摊费用或无形资产的余额	

图 3－20 跨期摊配账户

（四）资本账户

资本账户也称所有者投资账户，是用来反映和监督企业所有者投资的增减变动及其结存情况的账户。主要的资本账户可见图 3－2。

资本账户都是所有者权益类账户，因此其结构与所有者权益类账户的结构相同：贷方登记资本的增加额，借方登记资本的减少额，余额总是在贷方，表示期末资本的实有额。该账户的结构如图 3－21 所示。

借方	账户名称（会计科目） 贷方
发生额：本期资本的减少数	期初余额：期初资本的实有数 发生额：本期资本的增加数
	期末余额：期末资本的实有数

图 3－21 资本账户

二、调整账户

调整账户是用来调整被调整账户的余额，以求得被调整账户的实际余额而设置的账户。由于管理上的需要或其他方面的原因，对于某些会计要素，要求用两种数字从不同的方面进行反映，因此在会计核算中，就需要设置两个账户，一个用来反映其原始数字，另一个用来反映对原始数字的调整数字，前者称为被调整账户，是基本账户，后者就是调整账户。调整账户按其调整方式的不同，可以分为备抵账户、附加账户和备抵附加账户三类，如图 3－22 所示。

- 调整账户
  - 备抵账户
    - 累计折旧
    - 坏账准备
    - 存货跌价准备
    - 长期股权投资减值准备
    - 固定资产减值准备
    - 无形资产减值准备
  - 附加账户
  - 备抵附加账户
    - 材料成本差异
    - 商品进销差价

图 3－22 调整账户分类

1. 备抵账户

备抵账户也称抵减账户，是用来抵减被调整账户余额，以求得被调整账户实际余额的账户。被调整账户的余额与备抵账户的余额一定是相反的方向：如果被调整账户的余额在借方，则备抵账户的余额一定在贷方；反之亦然。主要的备抵账户可见图 3－22。

其调整方式，可用下列计算公式表示：

被调整账户余额－调整账户余额＝被调整账户的实际余额

例如，固定资产由于使用发生损耗，其价值不断减少，但从管理的角度考虑，需要“固定资产”账户能提供固定资产的原始价值指标，因此，固定资产价值的减少不直接记入“固定资产”账户的贷方，冲减其原始价值，而是另外开设了“累计折旧”账户，将提取的折旧记入“累计折旧”账户的贷方，用以反映固定资产由于损耗而不断减少的价值。“固定资产”账户的借方余额（现有固定资产的原始价值）减去“累计折旧”账户的贷方余额（现有固定资产的累计折旧额），其差额就是现有固定资产的净值。两个账户之间的关系，如图 3－23 所示。

借方	固定资产	贷方
期末余额 150 000		

（a）被调整账户

借方	累计折旧	贷方
		期末余额 30 000

（b）调整账户

图 3－23 被调整账户和调整账户示例

由图 3－23 中两个账户可知：

固定资产的原始价值（“固定资产”账户的借方余额）	150 000
减：固定资产的累计折旧（“累计折旧”账户的贷方余额）	30 000
固定资产净值	120 000

可见，“累计折旧”账户就是为了调整“固定资产”账户借方余额（原始价值），以求得其剩余价值（净值）而设置的。“固定资产”账户是被调整账户，“累计折旧”账户是“固定资产”这个资产账户的备抵账户。通过两个账户，我们可以获知会计主体固定资产原始价值（固定资产账户的余额）、固定资产由于损耗而不断减少的价值（累计折旧账户的余额）和账面的净值的信息（固定资产与累计折旧两个账户余额的差额）。

2. 附加账户

附加账户是用来增加被调整账户的余额，以求得被调整账户的实际余额的账户。被调整账户的余额与附加账户的余额一定是在同一方向。其调整方式可用下列计算公式表示：

被调整账户余额 + 附加账户余额 = 被调整账户的实际余额

在实际工作中，纯粹的附加账户很少运用。

3. 备抵附加账户

备抵附加账户是指兼具备抵和附加两种功能的调整账户，其账户具体的功能，取决于该账户的余额与被调整账户的当期余额的方向。当这类账户的余额与被调整账户的余额方向相反时，其调整的方式与备抵账户相同；当这类账户的余额与被调整账户的余额方向相同时，其调整的方式与附加账户相同。图 3 – 22 显示，“材料成本差异”和“商品进销差价”等账户属于备抵附加账户。

例如，工业企业采用计划成本进行材料的日常核算时，所使用的“材料成本差异”账户，就是“原材料”账户的备抵附加账户。当某期“材料成本差异”账户余额在借方时，它就是“原材料”账户的附加账户，反映了所发生的材料成本的超支额，其关系如表 3 – 24 所示。当某期“材料成本差异”账户余额在贷方时，它就是“原材料”账户的备抵账户，反映了所发生的原材料成本的节约额，其关系如图 3 – 25 所示。

借方	原材料		贷方
期末余额	340 000		

（a）被调整账户

借方	材料成本差异		贷方
期末余额	3 000		

（b）调整账户

图 3 – 24　备抵附加账户的附加功能

由图 3 – 24 中两个账户可知：

原材料的计划成本（“原材料”账户的借方余额）	340 000
加：材料成本的超支额（“材料成本差异”账户的借方余额）	3 000
材料的实际成本	343 000

借方	原材料		贷方
期末余额	340 000		

（a）被调整账户

借方		材料成本差异	贷方
		期末余额	2 000

（b）调整账户

图 3 – 25　备抵附加账户的备抵功能

由图 3 – 25 中两个账户可知：

原材料的计划成本（“原材料”账户的借方余额）	340 000
减：材料成本的节约额（“材料成本差异”账户的贷方余额）	2 000
材料的实际成本	338 000

三、业务账户

业务账户是用来核算和监督企业在供应、生产、销售过程中业务活动的账户。通过业务账户，可以获得企业成本计划完成和财务成果等方面的信息。业务账户又可以进一步分类，如图 3－26 所示。

- 业务账户
  - 集合分配账户——制造费用
  - 成本计算账户
    - 生产成本
    - 劳务成本
    - 在途物资
    - 在建工程
  - 配比账户
    - 收入类账户
      - 主营业务收入
      - 其他业务收入
      - 营业外收入
      - 投资收益
      - 其他收益
    - 费用类账户
      - 主营业务成本
      - 其他业务成本
      - 税金及附加
      - 销售费用、管理费用、财务费用——期间费用
      - 所得税费用
      - 营业外支出
      - 资产减值损失
  - 财务成果计算账户——本年利润

图 3－26　业务账户分类

（一）集合分配账户

集合分配账户是用来归集和分配企业为生产产品和提供劳务而发生的各种费用，属于这类账户的有“制造费用”账户。

这类账户的特点是：借方登记各种费用的发生数，贷方登记按照一定标准分配计入各个成本计算对象的费用分配数，除季节性生产的企业外，归集在这类账户借方的费用一般在当期都全部分配出去，所以这类账户期末通常没有余额。可见，集合分配账户具有明显的过渡性质。该类账户的结构如图 3－27 所示。

借方　　　　账户名称（会计科目）	贷方
发生额：本期各种费用的发生数	发生额：本期各种费用的分配数

图 3－27　集合分配资本账户

（二）成本计算账户

成本计算账户是用来反映和监督企业生产经营过程中某一阶段发生的，应计入成本的全部费用，并确定各个成本计算对象的实际成本的账户。主要的成本计算账户如图3－26

所示。

在借贷记账法下，这类账户的借方登记应计入成本的全部费用，包括直接计入各个成本计算对象的费用和按一定标准分配计入各个成本计算对象的费用；贷方登记转出的已完成某一过程的成本计算对象的实际成本，期末余额在借方，表示尚未完成的某一过程的成本计算对象的实际成本。可见该类账户的成本计算过程主要体现在借方发生额上，其期末余额往往表示为资产。成本计算账户的结构如图 3－28 所示。

借方　　　　　　　　　　账户名称（会计科目）　　　　　　　　　　贷方

期初余额：期初尚未完成经营过程某一阶段的成本计算对象的实际成本 发生额：生产经营过程中某一阶段发生的应计入成本的费用	发生额：结转已完成经营过程某一阶段的成本计算对象的实际成本
期末余额：尚未完成某一生产过程的成本计算对象的实际成本	

图 3－28　成本计算账户

（三）配比账户

1. 收入账户

收入账户是用来反映和监督企业在一定会计期间内所取得的各种收入的账户。这里的收入概念不是会计要素中收入的内涵，而是广义的，即不仅包括营业收入（主营业务收入和其他业务收入），还包括投资收益、其他收益和营业外收入等。主要的收入账户如图 3－26所示。

收入账户都是损益类账户中的收入、成果类账户，因此其结构特点是：贷方登记本期收入的增加额；借方登记本期收入的减少额和期末转入“本年利润”账户的收入额。结转后该类账户应无余额。收入账户的结构如图 3－29 所示。

借方　　　　　　　　　　账户名称（会计科目）　　　　　　　　　　贷方

发生额： （1）本期收入的减少额 （2）期末转入“本年利润”账户的收入额	发生额：本期收入的增加额

图 3－29　收入账户

2. 费用账户

费用账户是用来反映和监督企业在一定会计期间内所发生的、应计入当期损益的各种费用的账户。这里的费用概念也不是会计要素中费用的内涵，而是广义的，即不仅包括为取得主营业务收入和其他业务收入而发生的各项耗费，还包括营业外的支出和所得税费用。主要费用账户如图 3－26 所示。

费用账户都是损益类账户中的成本、费用类账户，因此其结构特点是：借方登记本期费用支出的增加额，贷方登记本期费用支出的减少额和期末转入“本年利润”账户的费用支出数额。结转后该类账户应无余额。费用账户的结构如图 3 – 30 所示。

借方　　　　账户名称（会计科目）	贷方
发生额：本期费用支出的增加额	发生额： （1）本期费用支出的减少额 （2）期末转入“本年利润”账户的费用数额

图 3 – 30　费用账户

（四）财务成果账户

财务成果账户是用来反映和监督企业在一定期间内全部生产经营活动最终成果的账户。属于这类账户的有“本年利润”账户。

这类账户的结构特点是：贷方登记期末从各收入账户转入的本期发生的各项收入数；借方登记期末从各费用账户转入的本期发生的、与本期收入相配比的各项费用数。期末如为贷方余额，表示收入大于费用的差额，为企业本期实现的净利润；若出现借方余额，则表示本期费用支出大于收入的差额，为本期发生的亏损总额。年末，本年实现的利润或发生的亏损通过余额的相反方向结转记入“利润分配”账户，结转后该类账户应无余额。因此，该类账户在年度中间的余额表示截至本期累计实现的利润或发生的亏损，因而年度中间该账户有余额，且可能在贷方，也可能在借方；而年末转账后，该类账户应无余额。财务成果账户的结构如图 3 – 31 所示。

借方　　　　本年利润	贷方
发生额：应计入本期损益的各项费用	发生额：应计入本期损益的各项收入
期末余额：本期发生的亏损	期末余额：本期实现的净利润

图 3 – 31　财务成果账户

【复习思考题】

1. 什么是会计科目？什么是会计账户？它们之间有什么联系与区别？

2. 什么是复式记账法？与单式记账法相比，复式记账法有何优势？

3. 借贷记账法有哪些主要内容（包括记账符号、账户结构、记账规则、试算平衡等）？

4. 账户分类有何意义？

5. 账户按照经济内容可以分成哪些类别？

6. 账户按照用途和结构可以分成哪几大类？各大类又分别可以分成哪些种类？请分别列举各类别中的主要账户。

本章练习题

一、单项选择题

1.（　　）是对会计要素的具体分类项目。

A. 会计对象　B. 会计科目　C. 会计主体　D. 会计账户

2. 会计科目是（　　）的名称。

A. 会计要素　B. 会计报表　C. 会计对象　D. 会计账户

3. 账户结构一般分为（　　）。

A. 左右两方　B. 上下两部分

C. 发生额、余额两部分　D. 前后两部分

4. 借贷记账法中账户的贷方反映的是（　　）。

A. 费用的增加　B. 所有者权益的减少

C. 收入的增加　D. 负债的减少

5. 账户的借方反映的是（　　）。

A. 费用增加　B. 收入增加

C. 所有者权益增加　D. 资产减少

6. 一般而言，账户期末余额（　　）。

A. 与增加发生额的方向相同　B. 在借方

C. 与减少发生额的方向相同　D. 在贷方

7. 在借贷记账法下，为保持账户之间清晰的对应关系，通常不编制（　　）的会计分录。

A. 一借一贷　B. 多借一贷　C. 一借多贷　D. 多借多贷

8. 债权债务结算账户的贷方（　　）。

A. 只登记债权的增加

B. 既登记债务的增加，又登记债权的减少

C. 只登记债务的增加

D. 既登记债务的减少，又登记债权的增加

9. 在企业不单设“预付账款”账户时，对于预付款业务可在（　　）。

A. “应付票据”账户反映　B. “预收账款”账户反映

C. “应付账款”账户反映　D. “其他应付款”账户反映

10. 借贷记账法发生额试算平衡的依据是（　　）。

A. 借贷记账法记账规则　B. 业务内容

C. 会计等式　D. 业务类型

11. 借贷记账法余额试算平衡法的依据是（　　）。

A. 借贷记账法记账规则　B. 业务内容

C. 会计等式　D. 业务类型

12. 下列错误中能通过试算平衡发现的是（　　）。

A. 重记经济业务　B. 漏记经济业务

C. 借贷方向登记相反　D. 借贷金额不等

13. 下列账户不是按用途和结构分类的是（　　）。

A. 成本计算类账户　B. 财务成果计算类账户

C. 费用类账户　　　　　　　　　　D. 资产类账户

14. 下列账户中属于备抵附加账户的是（　　）。

A. 坏账准备　　　　　　　　　　B. 材料成本差异

C. 利润分配　　　　　　　　　　D. 累计折旧

二、业务题

（一）业务题一

1. 目的：练习账户的结构及账户余额的计算方法。

2. 资料：完美公司20××年12月31日有关账户的资料如表3-9所示。

表3-9　　　　　　　　　　　　　　　　单位：元

会计科目	期初余额		本期发生额		期末余额	
	借方	贷方	借方	贷方	借方	贷方
银行存款	80 000		330 000	100 000	（A=?）	
应收账款	（B=?）		60 000	40 000	110 000	
原材料	105 000		120 000	（C=?）	150 000	
固定资产	500 000		（D=?）	60 000	600 000	
短期借款		115 000	（E=?）	50 000		75 000
应付账款		92 000	78 000	56 000		（F=?）
长期借款		（G=?）	50 000	60 000		100 000
盈余公积		100 000	20 000	（H=?）		90 000

3. 要求：补充填列表3-9括号中的数据部分。

（二）业务题二

1. 目的：练习借贷记账法的应用。

2. 资料：梧桐公司20××年6月初有关账户余额如表3-10所示。

表3-10　　　　　　　　　　　　　　　　单位：元

资产	金　额	负债及所有者权益	金　额
库存现金	11 500	短期借款	136 000
银行存款	45 000	应付账款	140 000
原材料	90 000	长期借款	165 000
应收账款	57 000	实收资本	275 000
库存商品	82 500	资本公积	100 000
固定资产	600 000	盈余公积	70 000
合计	886 000	合计	886 000

该公司本月发生下列经济业务：

（1）购进机器设备一台，价值30 000元，款项以银行存款支付。

（2）生产车间向仓库领用原材料一批价值50 000元，用于产品生产。

（3）从银行取得长期借款100 000元，存入银行。

（4）收到购货单位前欠货款50 000元，其中支票46 000元（存入银行账户），其余部分收到现金。

（5）以银行存款50 500元，偿还应付供货单位货款。

（6）收到投资者投入资本50 000元，存入银行。

（7）公司经理王韵借差旅费5 000元，以现金支付。

3. 要求：

（1）根据以上资料编制会计分录。

（2）开设各相关的“T型”账户并登记其期初余额、本期发生额，计算登记期末余额。

（3）编制总分类账户本期发生额及余额试算平衡表。

第四章　制造业企业基本经济业务及核算

☞ **学习目标**

制造业企业的经济活动最为复杂也最具代表性。本章以制造业企业为例，系统地说明如何设置一套完整的账户体系，运用借贷记账法处理日常经济业务产生的数据。通过学习，初步了解企业的主要经济业务，熟练掌握账户的设置和借贷记账法的具体应用。

企业作为经济实体，通过开展经营活动，为社会提供各种产品，满足各方面的需要。由于不同企业和单位的经济活动各异，账户的设置也不完全相同，但核算原理一致。其中制造业是国民经济的基础产业，制造业企业是将原材料通过加工转化为物质产品的经济实体，与其他企业和单位相比，制造业企业的经济活动最为复杂，因而也最具代表性。

一般认为，制造业企业的经济活动主要由资本（金）筹集、生产供应、产品生产、产品销售和利润形成及分配等经济活动组成。资本（金）是企业生存的血液，资本（金）的最初表现形态一般是货币资金，它是企业开展经营活动的基础。独立开展经营活动的企业，首先从不同的渠道筹集资本（金），取得开展经营活动的本钱。在企业的生产经营过程中，企业利用资金采购原材料进行加工，生产出产品，验收入库后等待销售；推销并出售产品，取得货币收入，此时的企业需要及时地对当期的财务成果进行结算。当本期的收入抵补各项费用后，形成利润或亏损；利润总额扣除按照国家税法规定上交的所得税后，形成净利润。按照法定的程序企业实现的净利润应在企业和投资者间进行分配，分配后净利润一部分企业留存，另一部分分配给投资者；这时的资金表现为一部分留在企业重新投入生产周转，另一部分资金退出企业。

在上述企业的经营过程中，通过筹集资本（金）、采购、生产、销售和结算及分配五个阶段，资本（金）从货币资金形态开始，不断地发生变化，由一种形态转化为另一种形态，分别表现为固定资金、生产储备资金、未完工产品资金、成品资金等各种不同形态，然后又回到货币资金形态，体现了资金的运动过程。周而复始不断循环的资金运动，形成了资金的周转。企业的资金运动过程，构成企业经济活动的一个独立方面。所以，从生产企业来看，资金运动包括资本（金）的筹集、投放、耗费、收入和分配五个方面的经济内容。资本（金）的筹集和使用，以价值形式反映企业对生产资料的取得和使用；资本（金）的耗费，以价值形式反映企业物化劳动和活劳动的消耗；资本（金）的收入和分配，则以价值形式反映企业经营成果的实现和分配，同时表现为一种不断循环的特征。

为了全面、连续、系统地反映和监督制造业企业的主要生产经营过程，完整、及时和准确地提供经济管理需要的各种财务会计信息，应当正确地设置账户，并采用复式记账法对经营过程中发生的各种经济业务进行核算，因此核算过程实际上是账户和复式记账的具体应用过程。本章以制造业企业为例，说明复式记账中的借贷记账法在特定经济实体中的具体应用。在本章中，涉及成本计算内容的部分侧重阐述账户的设置和基本核算原则。

第一节　资本（金）筹集业务的核算

一、资本（金）筹集业务

企业进行生产经营活动，为保障生产经营周转的需要，保证企业债权人的利益，必须拥有一定数量的本钱。随着市场经济的建立，资本市场的进一步完善，企业在筹集资本（金）过程中，能实现多渠道、多方式筹措资本（金）。企业筹措资本（金）的方式，归纳起来有两类：一类是通过投资者投入的方式筹措资本，形成企业的权益资本；另一类是利用借入的方式取得资本（金），形成债务资本（金）。

资本（金）筹集业务的完成意味着资本（金）投入企业，随着生产经营过程的不断进行，经营资金被具体运用，此时投入资本（金）表现为不同的占用形态，形成经营资金的循环与周转。资本（金）的筹集业务与企业资产、负债和利润分配有密切关系，是企业会计核算的重要组成部分。

二、资本（金）筹集业务的具体核算

（一）设置账户

1. 核算投入资本业务设置的账户

当资本由投资者投入企业时，就形成了企业的所有者权益。投资者可以是国家、企业、外商和个人等。投入的资本形式可以是货币资产，也可以是固定资产、无形资产等非货币资产。为正确核算投入资本业务，应设置“实收资本”或“股本”账户，以及“固定资产”“无形资产”“银行存款”等账户。

（1）“实收资本”账户：所有者权益类账户，用以反映和监督企业实际收到的投资者投入的资本。企业收到投资者投入货币资金、机器设备和无形资产等资本时，按一定的标准确认计量后，记入该账户的贷方；资本一旦投入，除企业投资合同期满或企业破产清算外，不得抽回，因此一般无借方业务发生；期末余额在贷方，表示投资者投入企业的资本总额。一般按投资人、投资单位设置明细分类账户。

（2）“股本”账户：所有者权益类账户，用以反映和监督股份制企业初始和追加投入资本的增减变化及其结果。初始和追加投入股本，按股票面值与股份总数的乘积记入“股本”账户的贷方，表示股东权益的增加；一般无借方业务发生。当股票溢价时，将溢价的价值记入“资本公积”账户。期末余额在贷方，表示股东投入企业的资本总额。一般按股东、投资单位设置明细分类账户。

（3）“资本公积”账户：所有者权益类账户，用以反映由于投资者或者他人投入企业、所有权归属投资者并且金额上超过法定资本部分的资本，以及直接记入所有者权益的利得或损失等资本公积项目。其贷方登记从不同渠道取得的资本公积金，直接记入所有者权益的利得即资本公积金的增加数；借方登记资本公积金转增资本、直接记入所有者权益的损失即资本公积金的减少数；期末余额在贷方，表示资本公积金的期末结余数。一般设置“资本溢价（或股本溢价）”“其他资本公积”等明细分类账户。

（4）“固定资产”账户：资产类账户，用来核算企业固定资产增减变动及其结果。投资者投入固定资产时，按资产的原始价值记入账户借方；减少固定资产时按资产的原始价值记入账户的贷方；期末余额在借方，反映现有固定资产的原始价值。按固定资产的品种设置明细分类账户。

（5）“无形资产”账户：资产类账户，用来核算企业无形资产增减变动及其结果。投资者投入无形资产时，按投资合同或协议约定的价值记入账户借方；减少无形资产时记入账户的贷方；期末余额在借方，反映现有无形资产的价值。按无形资产的品种设置明细分类账户。

（6）“银行存款”账户：资产类账户，用来核算企业银行存款增减变动及其结果。投资者投入货币资产或从其他渠道收到货币资金并存入银行时，记入账户的借方；企业支出银行存款时记入账户的贷方；期末余额在借方，反映现有银行存款实有数额。

2. 核算借入资本（金）业务设置的账户

当企业向银行或向其他金融机构借入资本（金）时，就形成了企业的各种借款。为正确核算借入资本（金）业务，应设置“短期借款”账户和“长期借款”等账户。

（1）“短期借款”账户：负债类账户，用来核算企业向银行或其他金融机构借入的期限在一年以内（含一年）或超过一年的一个营业周期内的各种借款的增减变动及其结余情况的账户。该账户的贷方登记取得的短期借款即短期借款本金的增加；借方登记短期借款的偿还即短期借款本金的减少；期末余额在贷方，表示企业尚未偿还的短期借款的本金结余额。短期借款应按照债权人的不同设置明细账户，并按照借款种类进行明细分类核算。

（2）“长期借款”账户：负债类账户，用来核算企业向银行及其他金融机构借入的偿还期限在一年以上或超过一年的一个营业周期以上的各种借款。其贷方登记长期借款本金的增加数；借方登记长期借款本金的减少数；期末余额在贷方，表示尚未偿还的长期借款本金结余额。该账户应按贷款单位设置明细账户，并按贷款种类进行明细分类核算。

根据资本（金）筹集业务的特征，将资本（金）筹集业务的核算分为投入资本业务的核算和借入资本（金）业务的核算。下面将结合这两类业务核算的内容，具体介绍账户在借贷记账法中的实际应用。

（二）投入资本业务的核算

投入资本即权益资本，是企业依法取得并长期拥有、自由调配运用的资本，它反映的是企业与企业所有者的关系。一方面，资本的所有权归属于企业的所有者，企业所有者依法凭其所有权参与企业的经营管理和利润分配，并对企业的债务承担有限或无限的责任；另一方面，企业对资本依法享有经营权，在企业存续期间，企业有权调配使用资本，而所有者除依法转让所有权外，一般不得以任何方式抽回投入的资本，故此类资本被视为企业的“永久性资本”。实际上，企业以投入的方式取得的资本，形成的是企业的所有者权益。因此，在企业收到投资者各种方式投入的资本时，应借记“银行存款”“固定资产”“无形资产”等资产类账户，贷记“实收资本”或“股本”和“资本公积”等所有者权益类账户。

【案例】 假设张力、田月和喜洋洋公司共同出资组建海悦有限责任公司，公司主打产品有Ⅰ型和Ⅱ型两种产品。按投资协议，海悦公司注册资本2 000 000元，各方具体出资形式和比例为：张力投入货币资金600 000元；田月以生产主打产品的关键专利技术投资，经资产评估事务所估价为400 000元，喜洋洋公司投入不需安装的全新设备，按投资协议约定价格为1 000 000元。

【例4-1】 海悦公司现收到张力投入的货币资金600 000元，款项已存入海悦公司银行账户。

这项经济业务的发生，一方面使得公司的银行存款增加600 000元；另一方面使得公司的实收资本增加600 000元。该业务涉及“银行存款”和“实收资本”两个账户，应编制的会计分录如下：

借：银行存款	600 000	
贷：实收资本——张力		600 000

【例4-2】 海悦公司收到田月估价为400 000元的专利技术投资。

这项经济业务的发生，一方面使得公司的无形资产增加400 000元；另一方面使得公司的实收资本增加400 000元。该业务涉及“无形资产”和“实收资本”两个账户，应编制的会计分录如下：

借：无形资产	400 000	
贷：实收资本——田月		400 000

【例4-3】 海悦公司收到喜洋洋公司作价1 000 000元的全新设备。

这项经济业务的发生，一方面使得公司的固定资产增加1 000 000元；另一方面使得公司的实收资本增加1 000 000元。该业务涉及“固定资产”和“实收资本”两个账户，应编制的会计分录如下：

借：固定资产	1 000 000	
贷：实收资本——喜洋洋公司		1 000 000

当然，如果公司组织形式为股份有限公司时，应设置“股本”账户和“资本公积”账户。股份公司发行股票，在收到款项时，按实际收到的金额借记“银行存款”等账户，按股票面值与核定的股份总额的乘积计算的金额贷记“股本”账户，按扣除各种费用后的溢价额贷记“资本公积——股本溢价”账户。

【例4-4】 某公司委托国通证券公司代理发行普通股150 000股，每股面值1元，按照每股1.2元的价格发行。双方约定，国通证券按照3%收取手续费，从发行收入中扣除。假如收到的股款全部存入银行。

（1）计算公司收到股款：

公司收到股款=150 000×1.2×（1-3%）=174 600（元）

（2）计算应计入股本的金额：

计入股本的金额 =150 000 ×1 =150 000（元）

（3）计算应计入资本公积的金额：

计入资本公积的金额 =174 600 －150 000 =24 600（元）

（4）编制会计分录：

这项经济业务的发生，一方面使得公司的银行存款增加174 600元；另一方面使得公司股东对公司的股本投资增加150 000元，资本公积增加24 600元。该业务涉及"银行存款""股本""资本公积"三个账户，应编制的会计分录如下：

借：银行存款　　174 600

　　贷：股本　　150 000

　　　　资本公积——股本溢价　　24 600

（三）借入资本（金）业务的核算

当企业设立时或生产经营期间资金不足，可以从银行等金融机构借款，也可经有关部门批准发行债券从社会上筹措闲置资金，即借入资本（金）。

可见，借入资本（金）是指企业依法筹集、依约使用并按期偿还的资本（金）。借入资本（金）虽然与投入资本都是企业重要资本来源，但两者的性质完全不同。借入资本（金）体现的是企业与债权人的一种债权债务关系。一方面，企业对持有的债务资本（金）在约定的期限内享有经营权，其资本（金）有偿使用、企业应承担到期还本付息的义务；另一方面，企业的债权人有权按期索取债权本息，但无权参与企业的经营管理和收益的分配，对企业的其他债务不承担责任。通过借入方式取得的资本（金）形成企业的负债，因此，当企业借入资本（金）时，一般应借记"银行存款"账户，贷记"长期借款"或"短期借款"等负债类账户。

【例4－5】海悦公司向本市建设银行申请获得期限3个月、金额100 000元的贷款，款项已存入海悦公司银行账户。

这项经济业务的发生，一方面使得公司的银行存款增加100 000元；另一方面使得公司的短期借款增加100 000元。该业务涉及"银行存款"和"短期借款"两个账户，应编制的会计分录如下：

借：银行存款　　100 000

　　贷：短期借款——建设银行　　100 000

【例4－6】海悦公司向本市商业银行申请获得期限2年、金额500 000元的贷款，款项已存入海悦公司银行账户。

这项经济业务的发生，一方面使得公司的银行存款增加500 000元；另一方面使得公司的长期借款增加500 000元。该业务涉及"银行存款"和"长期借款"两个账户，应编制的会计分录如下：

借：银行存款　　500 000

　　贷：长期借款——商业银行　　500 000

现将资本（金）筹集业务的核算过程绘成简图，如图4－1所示。

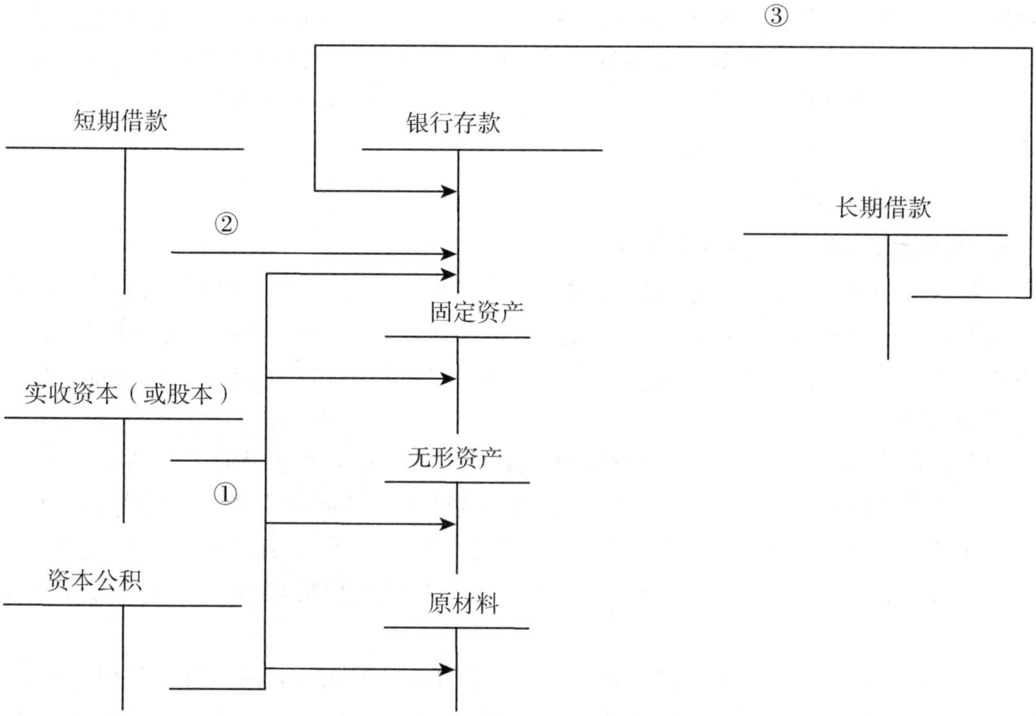

图4-1　资本（金）筹集业务的核算

说明：

①投入资本。②借入短期借款。③借入长期借款。

第二节　生产供应业务的核算

企业从各种渠道筹集到资本（金）后，既要购买原材料等各种材料物资，也要购建厂房、购买机器设备等固定资产，为制造产品做准备。随着供应业务的发生，资金就由货币资金形态转化为固定资金形态和储备资金形态。因此，企业供应过程及其业务核算的主要内容包括材料采购业务和固定资产购建业务等生产准备业务的核算。

一、材料采购业务的核算

原材料是企业生产产品不可缺少的劳动对象，购买和储备一定品种和数量的原材料，是企业进行正常的产品生产等经营活动的前提条件。对原材料的采购是供应过程中的重要任务之一，材料采购业务发生次数频繁。企业采购材料，首先要根据订单或市场需求确定产品品种和数量，组织原材料采购；当购进材料运达企业并验收入库时，表明企业拥有了该项财产的所有权，此时材料方可确认为企业的资产；待原材料入库存储后，还需要进行购货款、采购费用以及增值税等费用的结算。因此，材料采购业务至少包括订货采购、运输装卸、验收入库和结算付款等业务环节。在材料采购过程中，一方面从供应单位购进各种材料，企业要计算购进材料的采购成本；另一方面企业要按照经济合同和约定的结算办法，与供应单位发生货款结算，支付材料的买价和各种采购费用以及增值税进项税款。综上，材料采购成本的核算以及货款和增值税结算，是供应过程中材料采购业务核算的主要内容。

（一）设置账户

1. 核算材料采购成本设置的账户

材料订货采购、运输装卸，尚未验收入库前，企业需要归集材料的采购成本。订货采购、运输装卸，尚未验收入库前发生的买价、运杂费等费用，构成材料的采购成本，采购成本按历史成本计价。此时，应设置“在途物资”“材料采购”“材料成本差异”账户归集材料的采购成本。

（1）“在途物资”账户：资产类账户，用于核算企业采用实际成本（进价）进行材料、商品等物资的日常核算、但尚未验收入库的各种物资（即在途物资）的采购成本。借方登记企业购入的在途物资的实际成本；贷方登记验收入库的在途物资的实际成本；期末余额在借方，反映企业在途物资的采购成本。本账户应按供应单位和物资品种设置明细账户。

（2）“材料采购”账户：资产类账户，用来核算企业购买材料的买价和各种采购费用、但尚未验收入库的材料的采购成本的账户。其借方登记购入材料的实际买价和采购费用，贷方登记完成采购过程、验收入库材料的计划成本；期末余额在借方，表示尚未运达企业或者已经运达企业但尚未验收入库的在途材料的成本。“材料采购”账户应按照购入材料的品种或种类设置明细账户。

对于“在途物资”账户和“材料采购”账户，在具体使用时，要注意以下几个方面：

第一，企业采购材料时，既可以按照实际成本计价组织收发核算，也可以按照计划成本计价组织收发核算。当企业按照实际成本计价核算时，应设置“在途物资”账户归集材料的成本，当按照计划成本计价核算时，应设置“材料采购”账户归集材料的成本。

第二，当企业按照实际成本计价核算时，对于购入的原材料，在其尚未验收入库以前，所发生的买价及运杂费等款项，不论是否已经付款，应该先记入“在途物资”账户，待材料验收入库时，将其成本按实际成本转入“原材料”账户。而当企业按照计划成本计价核算时，对于购入的原材料，在其尚未验收入库以前，所发生的买价及运杂费等款项应该先记入“材料采购”账户，待材料验收入库时，其成本按计划成本转入“原材料”账户。

第三，对于按照计划成本计价核算的企业，应增设“材料成本差异”账户，用来核算材料实际成本与计划成本之间的差额，根据差异在会计期末对计划成本进行调整，以确定库存材料的实际成本和发出材料应负担的差异额，以此正确核算发出材料的实际成本。

（3）“材料成本差异”账户：资产类账户，用来核算材料实际成本与计划成本之间的差额。其借方登记入库材料实际成本大于计划成本的差异；贷方登记入库材料实际成本小于计划成本的差异。本账户应按“原材料”和“周转材料”等账户设置明细账户。

2. 核算材料验收入库业务设置的账户

当购入材料运达企业并验收入库时，方表明企业拥有这项财产的所有权，应将其作为企业的资产予以确认。这时应设置“原材料”账户进行核算。

“原材料”账户：资产类账户，用来核算企业库存材料成本的增减变动及其结存情况的账户。其借方登记已验收入库材料的成本的增加；贷方登记发出材料的成本；期末余额在借方，表示库存材料成本的期末结余额。“原材料”账户应按照材料的保管地点、种类设置明细账户。

3. 核算不同结算方式设置的账户

企业按照经济合同和约定的结算办法支付材料的买价和运杂费时，与供应单位发生货款的结算方式主要有以下三种情况：

第一，购进材料直接支付货款；

第二，购进材料未付货款；

第三，事先预付货款。

针对不同的结算方式，企业应设置“库存现金”账户、“银行存款”账户、“应付账款”账户、“应付票据”账户和“预付账款”账户进行核算。

（1）“应付账款”账户：负债类账户，用来核算企业因购买材料物资、接受劳务供应而与供应单位发生的结算债务的增减变动及其结余情况的账户。其贷方登记应付供应单位款项（买价、税金和代垫运杂费等）的增加；借方登记应付供应单位款项的减少（即偿还）；期末余额一般在贷方，表示尚未偿还的应付款的结余额。该账户应按照供应单位的名称设置明细账户。

（2）“应付票据”账户：负债类账户，是用来核算企业采用商业汇票结算方式购买材料物资等而开出、承兑商业汇票的增减变动及其结余情况的账户。其贷方登记企业开出、承兑商业汇票的增加；借方登记到期商业汇票的减少；期末余额在贷方，表示尚未到期的商业汇票的期末结余额。该账户按债权人设置明细账户。

（3）“预付账款”账户：资产类账户，用来核算企业按照合同规定向供应单位预付购料款而与供应单位发生的结算债权的增减变动及其结余情况的账户。其借方登记结算债权的增加即预付款的增加；贷方登记收到供应单位提供的材料物资而应冲销的预付款债权（即预付款的减少）；期末余额一般在借方，表示尚未结算的预付款的结余额。该账户应按照供应单位的名称设置明细账户。

4. 核算增值税相关业务设置的账户

根据《中华人民共和国增值税暂行条例》规定，凡在我国境内销售货物或者加工、修理修配劳务（以下简称劳务），销售服务、无形资产、不动产以及进口货物的单位和个人，为增值税的纳税人，应当缴纳增值税。因此企业在购买原材料时，除按照经济合同约定，对材料的买价和运杂费进行结算外，还涉及企业应缴纳的增值税的核算。这时，应设置“应交税费”账户和“应交税费——应交增值税”账户。

（1）“应交税费”账户：负债类账户，用来核算企业按税法规定应缴纳的各种税费（包括增值税、消费税、所得税、资源税、土地增值税、城市维护建设税、房产税、土地使用税、车船税、教育费附加等，印花税等不需要预计税额的税种除外）的计算与实际缴纳情况的账户。其贷方登记计算出的各种应交而未交税费的增加；借方登记实际缴纳的各种税费，包括支付的增值税进项税额；期末余额方向不固定，如果在贷方，表示尚未缴纳的税费；如果在借方，表示多缴或尚未抵扣的税费。本账户应按税费项目设置明细账户。图4－2显示了该账户的记账方向与记录的内容。

借方 应交税费	贷方
实际已交的各种税费	按规定计算应交的税费
多交或尚未抵扣的各种税费	企业尚未缴纳的各种税费

图4－2 “应交税费”账户的T型账户

（2）“应交税费——应交增值税”账户：负债类账户，是“应交税费”账户的明细账户，用来核算企业应交和实交增值税情况的账户。

根据税法规定，销售货物的增值税基本税率为13%。增值税的纳税人分为一般纳税人和小规模纳税人，纳税人向税务部门缴纳增值税时，其一般纳税人与小规模纳税人在计税方法上存在着明显差异，本章以一般纳税人企业为例阐述相关业务核算。一般纳税人向税务部门缴纳增值税时，企业购入货物或接受应税劳务支付的增值税（即进项税额），只要企业购入货物或接受劳务具备相应的凭证，可以从销售货物或提供劳务按规定收取的增值税（即销项税额）中抵扣。

因此，“应交税费——应交增值税”账户的借方登记企业因购买材料或接受应税劳务而应向供应单位连同买价一起支付的增值税额（即增值税进项税额）；贷方登记企业因销售产品或提供应税劳务应向购买单位收取的增值税额（增值税销项税额）、转出已支付或应负担的增值税；期末余额在借方时，反映企业多缴或尚未抵扣的增值税额；期末余额在贷方时，反映企业尚未向税务部门缴纳的增值税额。该账户应按增值税项目设置明细账户，进行明细分类核算。该账户的记账方向与记录的内容见图4－3。

借方 应交税费——应交增值税	贷方
进项税额和实际已缴的增值税	销项税额，转出已支付或应分担的增值税
多缴或尚未抵扣的增值税	尚未缴纳的增值税费

图4－3 “应交税费——应交增值税”的T型账户

可见，企业因购货发生增值税时，设置“应交税费——应交增值税（进项税额）”账户；因销货发生增值税时，设置“应交税费——应交增值税（销项税额）”账户。

根据材料采购业务的特征，把材料采购业务的核算分为材料采购成本的归集与核算、材料验收入库的核算。下面将结合这两类业务的核算内容，具体介绍账户在借贷记账法中的实际应用。

（二）材料采购成本的归集与核算

企业原材料采购业务的核算，非常重要的问题就是确定原材料的采购成本。企业采购材料时，需支付材料的买价以及因采购材料而发生的各种采购费用，将这些费用归集到各采购对象上，就形成了各种材料的采购成本。因此供应过程中材料采购费用的归集过程，实际上就是核算各采购对象实际采购成本的过程，需要计算购进各种材料的总成本和单位成本。

1. 材料采购成本的构成

对于购入的原材料，尽管材料由于产地不同，其买价和采购费用往往各异，但其实际成本应由以下几项内容组成：

（1）材料的买价，即购货发票注明的货款金额。

（2）采购费用，即采购过程中的运杂费，主要包括应由本企业负担的运输费、包装费、装卸费、保险费、仓储费等。

（3）材料在运输途中发生的合理损耗，即在运输途中所产生的定额内合理损耗。

（4）材料入库之前发生的整理挑选费用，这些整理挑选费用不仅包括材料入库前发生的技术性检验及整理挑选费用，还应包括挑选中发生的损耗，并扣除下脚料、废料的剩余价值。

（5）税费及其他费用即按规定应计入材料采购成本的各种税费和其他费用。这里其他费用包括大宗物资的市内运杂费等。但需要注意的是，市内零星运杂费、采购人员的差旅费以及采购机构的经费等不构成材料的采购成本，而应记入期间费用。

2. 归集与处理的一般原则

在核算材料的采购成本时，上述费用在归集和处理时，应区分直接计入费用与间接计入费用，采用不同的归集方式进行处理。

（1）直接计入费用是指能够确定该费用是为采购某种材料而发生的费用，应直接确认为该材料的采购成本，如材料的买价、采购该材料而发生的运杂费等。

（2）间接计入费用是指不能直接辨认是为采购某种材料而发生的间接费用，如采购过程中发生的由各采购对象共同负担的运输费等。在计算材料采购成本时，应将这部分间接计入费用在受益的各种材料之间，按一定的标准进行分配，以确定各种材料应负担的采购费用。采用的分配标准应能够表明各材料对该采购费用的合理分担关系，一般采用材料重量、体积或买价作为分配标准。分配方法如下：

$$\text{采购费用分配率} = \frac{\text{应分配的采购费用}}{\text{共同负担该费用的材料的分配标准总量（总重量或总体积或总买价）}}$$

$$\text{某材料应负担的采购费用} = \text{该材料的分配标准（重量或体积或买价）} \times \text{采购费用分配率}$$

（3）此时，应设置前面已述及的“在途物资”或“材料采购”账户来归集和核算未验收入库的材料采购成本。

对材料成本的归集与核算过程举例如下。

接前例，假设海悦有限责任公司采购原材料时，采用计划成本计价来组织收发核算。为简化计算，假设材料的计划成本与实际成本一致。

【**例4-7**】海悦公司从甲公司购入A材料一批，单价20元，重量5 000千克，共计100 000元，增值税专用发票注明增值税额为13 000元，款项已用银行存款支付。

这项经济业务的发生，一方面使得公司A材料的采购成本增加100 000元，增值税进项税额增加13 000元（100 000×13%）；另一方面使得公司的银行存款减少113 000元。该业务涉及“材料采购”“应交税费——应交增值税”“银行存款”三个账户，应编制的会计分录如下：

借：材料采购——A材料 100 000

　　应交税费——应交增值税（进项税额） 13 000

　　贷：银行存款 113 000

【**例4-8**】用银行存款支付上述A材料运费1 200元，用现金支付搬运费200元。

这项经济业务的发生，一方面使得公司购入A材料的采购成本（运杂费）增加1 400元；另一方面使得公司的银行存款减少1 200元，库存现金减少200元。该业务涉及“材料采购”“银行存款”“库存现金”三个账户，应编制的会计分录如下：

借：材料采购——A材料 1 400

　　贷：银行存款 1 200

　　　　库存现金 200

【**例4-9**】与甲公司签订购销合同购入D材料，按合同约定预付货款的30%计12 000元，用银行存款支付。

这项经济业务的发生，一方面使得公司预付的订货款增加12 000元；另一方面使得公司的银行存款减少12 000元。该业务涉及“预付账款”和“银行存款”两个账户，应编制的会计分录如下：

借：预付账款——甲公司 12 000

　　贷：银行存款 12 000

【**例4-10**】收到甲公司发运来的、前已预付货款的D材料，D材料的单价20元，重量2 000千克，共计40 000元，运输装卸费1 000元，增值税款5 200元。余款、运输装卸费和增值税款用银行存款支付。

包括以下两笔经济业务：

（1）D材料成本的核算。

这项经济业务的发生，一方面使得公司D材料的采购成本（D材料的买价和采购费用）增加41 000（40 000+1 000）元；另一方面使银行存款减少29 000（41 000-12 000）元，预付账款减少12 000元。该业务涉及“材料采购”“预付账款”“银行存款”三个账户，应编制的会计分录如下：

借：材料采购——D材料 41 000

　　贷：银行存款 29 000

　　　　预付账款——甲公司 12 000

（2）购买D材料增值税的核算。

这项经济业务的发生，一方面使得公司的增值税进项税额增加5 200元；另一方面使得公司的银行存款减少 5 200 元。该业务涉及“应交税费——应交增值税”“银行存款”两个账户，应编制的会计分录如下：

借：应交税费——应交增值税（进项税额）　　5 200

　　贷：银行存款　　5 200

【例 4－11】 海悦公司从乙公司购入 B 材料和 C 材料各一批。B 材料单价 10 元，重量 4 000 千克，共计 40 000 元；C 材料单价 5 元，重量 2 000 千克，共计 10 000 元，增值税税率 13%，收到增值税专用发票，款项尚未支付。

这项经济业务的发生，一方面使得 B 材料采购成本增加 40 000 元，C 材料采购成本增加 10 000 元，增值税进项税额增加 6 500 元（50 000 × 13%）；另一方面使得应付供应单位款项增加 56 500（50 000 + 6 500）元。该业务涉及“材料采购”“应交税费——应交增值税”“应付账款”三个账户，应编制的会计分录如下：

借：材料采购——B 材料　　40 000

　　　　　　——C 材料　　10 000

　　应交税费——应交增值税（进项税额）　　6 500

　　贷：应付账款——乙公司　　56 500

【例 4－12】 B、C 两种材料运抵公司，用银行存款支付运输装卸费 1 500 元。

（1）材料运输装卸费 1 500 元为间接计入费用，应在 B、C 材料中进行分配。

分配标准：选择材料重量进行分配：

分配率 = 1 500 ÷（4 000 + 2 000）= 0.25（元/千克）

B 材料应分摊运输装卸费 = 0.25 × 4 000 = 1 000（元）

C 材料应分摊运输装卸费 = 0.25 × 2 000 = 500（元）

（2）这项经济业务的发生，一方面使得公司的材料采购成本增加 1 500 元，其中 B 材料采购成本增加 1 000 元，C 材料采购成本增加 500 元；另一方面使得公司的银行存款减少 1 500元。该业务涉及“材料采购”和“银行存款”两个账户，应编制的会计分录如下：

借：材料采购——B 材料　　1 000

　　　　　　——C 材料　　500

　　贷：银行存款　　1 500

（三）材料验收入库的核算

购入材料运达企业并验收入库时，该项材料即作为企业资产予以确认。此时应设置前已述及的“原材料”账户，将材料的采购成本结转至“原材料”账户中。

对材料验收入库的核算举例如下。

【例 4－13】 接前例，30 日，上述 A 材料验收入库，结转材料的采购成本。

这项经济业务的发生，一方面使公司已验收入库材料的成本增加 101 400（100 000 + 1 400）元；另一方面使公司的材料采购支出减少 101 400 元。该业务涉及“原材料”和“材料采购”两个账户，应编制的会计分录如下：

借：原材料——A 材料　　101 400

　　贷：材料采购——A 材料　　101 400

【例4－14】30日，上述B、C材料验收入库，结转材料的采购成本。

这项经济业务的发生，一方面使得公司已验收入库材料的成本增加51 500元，其中B材料成本增加41 000（40 000＋1 000）元，C材料采购成本增加10 500（10 000＋500）元；另一方面使得公司的材料采购支出减少51 500元。该业务涉及“原材料”和“材料采购”两个账户。应编制的会计分录如下：

借：原材料——B材料　　41 000

　　　　　——C材料　　10 500

　贷：材料采购——B材料　　41 000

　　　　　　　——C材料　　10 500

【例4－15】30日，上述D材料验收入库，结转材料的采购成本。

这项经济业务的发生，一方面使得公司已验收入库材料的成本增加41 000（40 000＋1 000）元；另一方面使得公司的材料采购支出减少41 000元。该业务涉及“原材料”和“材料采购”两个账户，应编制的会计分录如下：

借：原材料——D材料　　41 000

　贷：材料采购——D材料　　41 000

此外，对上述业务的核算，要特别注意两个方面的问题。

一方面，对于材料采购成本的归集与核算，企业除应设置并登记总分类账户进行核算外，还应按照购入材料的品种、类别设置并登记材料采购明细分类账。

接前例，海悦有限责任公司根据公司的需要，按材料的品种和种类开设并登记材料明细分类账。公司的材料明细账如表4－1、表4－2、表4－3和表4－4所示。

表4－1　“材料采购”明细账

材料名称或类别：A材料　　单位：元

年		凭证号数	摘要	借方金额			贷方金额	结余金额
月	日			买价	采购费用	合计		
	30	略	购入5 000千克，单价20元	100 000		100 000		100 000
			支付运杂费用		1 400	1 400		101 400
			结转采购成本				101 400	–
			发生额和余额	100 000	1 400	101 400	101 400	–

表4－2　“材料采购”明细账

材料名称或类别：B材料　　单位：元

年		凭证号数	摘要	借方金额			贷方金额	结余金额
月	日			买价	采购费用	合计		
	30	略	购入4 000千克，单价10元	40 000		40 000		40 000
			支付运杂费用		1 000	1 000		41 000
			结转采购成本				41 000	–
			发生额和余额	40 000	1 000	41 000	41 000	–

表4－3　　“材料采购”明细账

材料名称或类别：C材料　　单位：元

年		凭证号数	摘要	借方金额			贷方金额	结余金额
月	日			买价	采购费用	合计		
	30	略	购入2 000千克，单价5元	10 000		10 000		10 000
			支付运杂费用		500	500		10 500
			结转采购成本				10 500	－
			发生额和余额	10 000	500	10 500	10 500	－

表4－4　　“材料采购”明细账

材料名称或类别：D材料　　单位：元

年		凭证号数	摘要	借方金额			贷方金额	结余金额
月	日			买价	采购费用	合计		
	30	略	购入2 000千克，单价20元	40 000		40 000		40 000
			支付运杂费用		1 000	1 000		41 000
			结转采购成本				41 000	－
			发生额和余额	40 000	1 000	41 000	41 000	－

另一方面，对于原材料验收入库，结转其采购成本的核算，企业除应设置并登记总分类账户进行核算外，相关人员还应根据材料采购明细账等资料，编制“材料采购成本计算表”，以反映材料采购的总成本和单位成本。

接前例，海悦有限责任公司根据材料明细分类账，编制“材料采购成本计算表”见表4－5所示。

表4－5　　材料采购成本计算

编制单位：海悦有限公司　　20××年×月　　单位：元

成本项目	A材料		B材料		C材料		D材料	
	总成本（5 000千克）	单位成本（元/千克）	总成本（4 000千克）	单位成本（元/千克）	总成本（2 000千克）	单位成本（元/千克）	总成本（2 000千克）	单位成本（元/千克）
买价	100 000	20.00	40 000	10.00	10 000	5.00	40 000	20.00
采购费用	1 400	0.28	1 000	0.25	500	0.25	1 000	0.50
采购成本	101 400	20.28	41 000	10.25	10 500	5.25	41 000	20.50

现将材料采购业务的核算绘成简图，如图4－4所示。

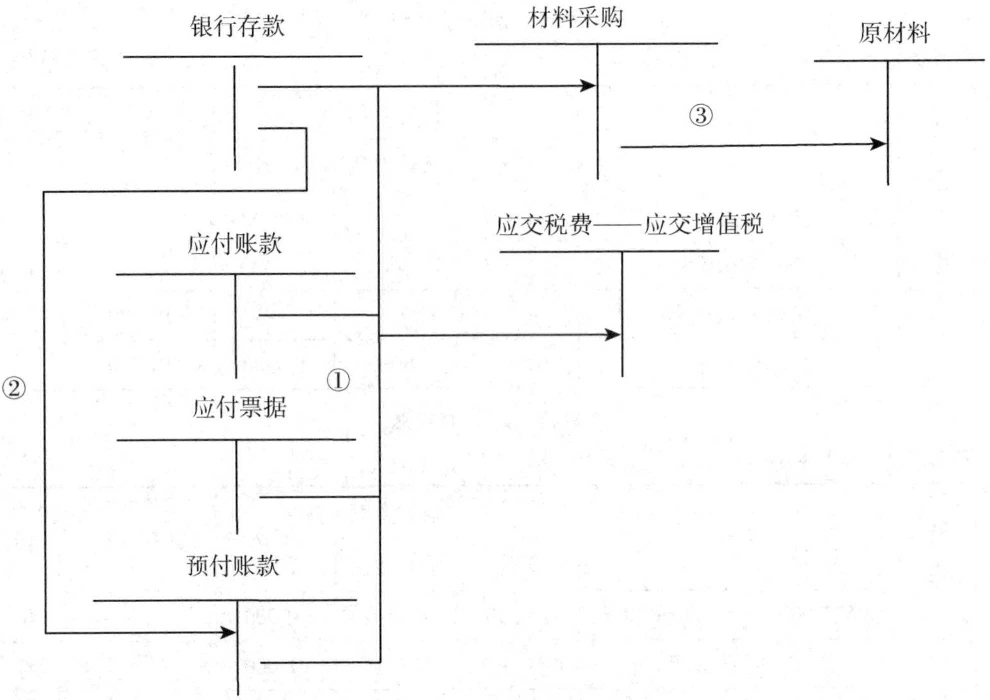

图4-4 材料采购业务的核算

说明：①购入原材料。②预付购料款。③材料采购验收入库。

二、固定资产购建业务的核算

固定资产一般是指使用期限比较长、单位价值比较高，能在若干个生产周期中发挥作用，并保持其原有实物形态的劳动资料。固定资产购建业务一般需经过采购、建造、安装、调试、计价及付款结算等一系列活动才能完成，其表现为环节多、内容复杂、投入资金数额大、涉及面广。因此，固定资产购建业务的会计核算较为复杂，特别是在固定资产确认和计价过程中，涉及的因素较多，需要依据一定的确认和计价标准，并采用一定的计价方法，会计处理也需设置专门的账户来完成。这里侧重介绍与固定资产购买或自行建造业务相关的账户设置及应用。

（一）设置账户

财政部、国家税务总局于2008年12月19日发布了《关于全国实施增值税转型改革若干问题的通知》，要求自2009年1月1日起，增值税一般纳税人购进或者自制固定资产发生的进项税额，可从销项税额中抵扣，其进项税额应当记入“应交税费——应交增值税（进项税额）”科目。结合该项改革的最新思想，固定资产购建业务的核算与其他资产一样，应该按照取得时的实际成本入账。实际成本包括能够使固定资产达到可使用之前的一切合理、必要的支出，包括买价、运杂费、包装费、安装费以及有关的税费等。固定资产一般分为不需安装和需安装两种形式，为了正确核算固定资产的购建业务，需要设置“在建工程”账户、“固定资产”账户和“应交税费——应交增值税”账户。

（1）如果企业购入的是不需要安装的固定资产，应设置“固定资产”账户。“固定资产”账户是资产类账户，用来核算企业固定资产的增减变动及其结果。账户借方登记增加固定资产的原始价值；账户的贷方登记减少固定资产的原始价值；期末余额在借方，反映现有固定资产的原始价值。按固定资产的品种设置明细分类账。

（2）如果企业购入的是需要安装的固定资产，还应设置“在建工程”账户。“在建工程”账户是资产类账户，用来核算尚未建造完工或虽已经购买但尚未处于可使用状态的固定资产的成本。借方用来登记建造固定资产的各项成本；贷方用来反映已经完工而结转的固定资产的成本；期末余额一般在借方，表示期末尚未完工的固定资产。

关于购建固定资产所支付的款项，按其支付方式不同，分别设置“银行存款”“应付账款”“预付账款”等账户进行核算，这些账户的结构和应用请见前文。

根据固定资产购建业务的特征，将固定资产购建业务的核算分为购入不需要安装的固定资产的核算和购入需要安装的固定资产的核算。下面将结合这两类业务的核算内容，具体介绍账户在借贷记账法中的实际应用。

（二）企业购入不需要安装的固定资产的核算

企业购入不需要安装的固定资产时，应按照购入时取得的增值税专用发票载明的金额，将固定资产价款和增值税额分别记入“固定资产”和“应交税费——应交增值税”两个账户的借方，按照支付方式贷记“银行存款”“应付账款”“应付票据”等账户。

【例4－16】海悦公司购入不需要安装的机器设备一台，增值税专用发票价款20 000元，增值税额2 600元，包装费、运杂费共计600元，款项尚未支付。

这项经济业务的发生，一方面使得公司的固定资产增加20 600元，同时可用于抵扣的应交税费——应交增值税（进项税额）增加2 600元；另一方面使得公司的应付账款增加23 200元。该业务涉及“固定资产”“应交税费——应交增值税（进项税额）”“应付账款”三个账户，应编制的会计分录如下：

借：固定资产　　20 600

　　应交税费——应交增值税（进项税额）　　2 600

　　贷：应付账款　　23 200

（三）企业购入需要安装的固定资产的核算

如果企业购入的是需要安装的固定资产，购入时和安装过程中发生的各项耗费，应通过“在建工程”账户进行核算，待工程达到预定可使用状态之后，方可将该工程成本从“在建工程”账户的贷方转入“固定资产”账户的借方。

【例4－17】海悦公司购入需要安装的机器设备一台，增值税专用发票上载明买价26 000元，增值税额3 380元，包装费、运杂费共计500元，全部款项已经用银行存款支付；此外，在安装过程中耗用材料1 200元，发生工人工资1 300元。安装完毕，经过验收合格已经交付使用。

本例包括以下三笔经济业务：

（1）安装完工交付使用前，设备达到预定可使用状态前的支出应先在“在建工程”账户中进行归集。

这项经济业务的发生，一方面使得公司的在建工程增加29 000元（26 000元+500元+1 200元+1 300元），另一方面使得公司的银行存款减少26 500元（26 000元+500元），使得企业的原材料减少1 200元，应付工资增加1 300元。该业务涉及“在建工程”“银行存款”“原材料”“应付职工薪酬”四个账户，应编制的会计分录如下：

借：在建工程　　29 000
　　贷：银行存款　　26 500
　　　　原材料　　1 200
　　　　应付职工薪酬　　1 300

（2）固定资产购入时可用于抵扣的增值税额（进项税额）业务。

这项经济业务的发生，一方面使得公司可用于抵扣的应交税费——应交增值税（进项税额）增加3 380元，另一方面使得公司的银行存款减少3 380元。该业务涉及“应交税费——应交增值税（进项税额）”和“银行存款”两个账户，应编制的会计分录如下：

借：应交税费——应交增值税（进项税额）　　3 380
　　贷：银行存款　　3 380

（3）固定资产验收交付使用后。工程安装完毕交付使用，意味着固定资产的取得成本已经形成，应将固定资产的全部成本由“在建工程”账户转入“固定资产”账户。

这项经济业务的发生，一方面使得公司的在建工程减少29 000元；另一方面使得公司的固定资产增加29 000元。该业务涉及“在建工程”和“固定资产”两个账户，应编制的会计分录如下：

借：固定资产　　29 000
　　贷：在建工程　　29 000

现将固定资产购置业务的核算绘成简图，如图4－5所示。

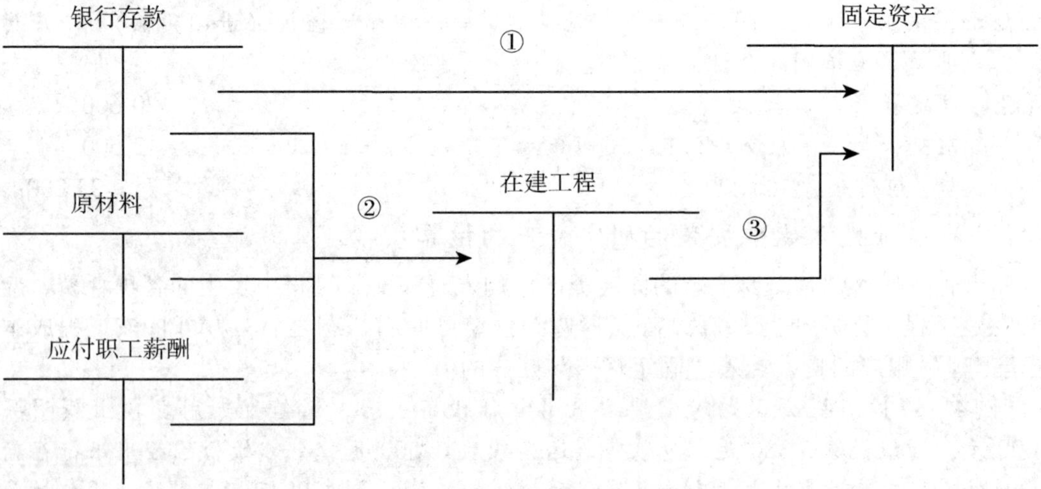

图4－5　固定资产购置业务的核算

说明：①购买不需安装的固定资本。②购买需安装的固定资本（安装前）。③在建工程转入固定资产（安装后）。

第三节　产品生产业务的核算

一、产品生产业务

制造业企业的产品生产过程，是劳动者利用劳动资料对劳动对象进行加工，制造出各种产品的过程。在这个过程中，企业通过投入原材料、人工和机器设备等资源，最终生产出社会需要的产品。

企业从原材料投入到产品完工验收入库的生产过程，既是产品价值的形成过程，也是各种消耗发生的过程。在生产过程中发生的各种消耗，主要表现为物化劳动消耗和活劳动消耗两个方面。物化劳动消耗主要指劳动对象和劳动资料的消耗。劳动对象的消耗主要表现为原材料的消耗，原材料消耗具有一次消耗、改变原有实物形态、构成产品实体的特点；而劳动资料的消耗主要表现为固定资产的磨损，其磨损价值以折旧方式予以反映。活劳动消耗是指为生产产品发生的人工消耗，以薪酬的形式按一定标准计算，支付给劳动者。企业在生产过程中发生的各项生产耗费，一部分耗费是直接或间接用于产品生产的费用，其消耗价值经归集、分配后，构成产品成本的一部分，并转移到产品的价值之中，一般称为产品生产费用；另一部分耗费是为组织和管理产品的生产所发生的费用，该费用的价值，不构成产品的生产成本，不能计入产品成本，一般称为期间费用。因此，在生产过程中发生的、能用货币额表现的耗费，它们经过归集、分配后，最终形成各种产品的成本和期间费用。会计期末产品完工并验收入库时，为制造产品发生的生产费用也随之结转；而管理和组织本期产品生产而发生的期间费用，直接冲减企业当期的损益。实际上，随着各种生产费用的发生，企业的资金经历了由储备资金形态转化为生产资金形态，由生产资金形态转化为成品资金形态的过程。综上所述，生产费用的发生、归集和分配，产品生产成本的计算以及完工产品的结转等业务构成了生产过程核算的基本内容。

二、产品生产业务的具体核算

（一）设置账户

1. 核算耗费项目设置的账户

制造业企业的生产过程，是发生耗费的过程。为正确监督、核算生产费用的发生与消耗，应设置“原材料”“应付职工薪酬”“累计折旧”等账户，分别归集并核算生产过程中的材料消耗、人工消耗和固定资产的消耗；同时应设置“银行存款”“库存现金”“其他应收款”等账户归集和核算生产过程中其他费用的消耗。前面已经介绍过的账户不再介绍。

（1）“应付职工薪酬”账户：负债类账户，用以核算支付给职工的各种报酬（包括工资、奖金、津贴和福利费），反映企业与职工个人的工资结算关系，并为成本计算提供资料。贷方登记企业按一定标准计算的应付的各种薪酬；借方登记向职工已发放的各种工资薪酬及已支付的工会经费、职工教育经费、缴纳的社会保险费和住房公积金等；余额在贷方，表示月末应付而未付的薪酬；如果出现借方余额，表明企业实际多支付了薪酬给职工。

（2）“累计折旧”账户：资产类账户，用以反映和监督固定资产使用中的磨损价值，并据以计算固定资产净值。贷方登记按固定资产原值和折旧率计算的折旧额，反映因损耗而减少的价值；借方登记报废或变卖的固定资产累计已计提的折旧额；余额在贷方，表示期末累计已计提的折旧额。

对于“累计折旧”账户，在具体使用时，要注意以下几个问题：

第一，固定资产是企业的主要劳动资料，在使用、维护得当的情况下，具有保持其原有的实物形态不变，但其价值将逐渐损耗的特点。根据这一特点，不仅需要设置“固定资产”账户，反映固定资产的原始价值，同时需要设置“累计折旧”账户，来反映固定资产价值的耗损（或减少）。

第二，由于固定资产净值 = 固定资产原值 − 折旧额，企业可以利用“固定资产”账户和“累计折旧”账户，计算固定资产净值，因此，在资产负债表上，该账户是固定资产的抵减账户。

第三，需要说明的是，“累计折旧”账户是一个特殊的资产类账户。其特殊性表现在它的余额在贷方，与一般的资产类账户的余额方向不同。

（3）“其他应收款”账户：资产类账户，是用来核算和监督企业除了应收账款、应收票据、预付账款等以外的其他各种应收、暂付款项。包括不设置“备用金”科目的企业拨出的备用金、应收的各种赔款、罚款、应向职工收取的各种垫付款项、应收出租包装物的租金、存出的保证金以及已不符合预付账款性质而按规定转入的预付账款等。借方登记其他各种应收暂付款项的增加数；贷方登记其他各种应收暂付款项的减少数；余额在借方表示其他应收未收的款项。

2. 核算产品成本和期间费用设置的账户

制造业企业的生产过程，是产品价值的形成过程，对于发生的生产费用，应根据生产费用的经济用途，将其正确归集到产品成本和期间费用中。为正确监督和核算产品成本和期间费用，应设置以下账户：

（1）“生产成本”账户：成本类账户，用以归集在生产过程中为产品生产而发生的直接材料费、直接人工费和制造费用，并计算产品的实际成本。借方登记企业为产品生产发生的各项生产费用；贷方登记转入“库存商品”账户的完工入库产品的生产成本；期末借方有余额表示尚未完工的在产品成本。应按生产产品的品种设置明细分类账户。

（2）“制造费用”账户：成本类账户，用以归集在生产过程中为制造产品发生的车间材料消耗、车间生产设备及设施的折旧费、车间管理人员工资等与产品生产相关的各种间接费用。上述各项费用发生时，记入借方；期末转入“生产成本”账户时，记入贷方；结转后期末无余额。应按车间设置明细账户，分费用项目核算，提供明细核算资料。

对于“生产成本”账户和“制造费用”账户，尽管两个账户核算的生产费用都是产品的成本项目，但两者有本质的区别，在具体使用时，应注意两者的不同。能够直接计入产品成本的直接生产费用的发生，应记入“生产成本”账户核算；不能直接记入产品成本，需分配后记入产品成本的各项间接生产费用，应记入“制造费用”账户核算 。

（3）“库存商品”账户：资产类账户，用以反映和监督完工并验收入库产品的收入、发出和结存情况。借方登记产品完工入库时的制造成本；贷方登记产品销售出去后转出的制造成本；期末余额在借方，表示企业库存商品的实际生产成本。该账户应按商品名称设置明细分类账户。

（4）“管理费用”账户：损益类账户，用以反映和监督企业在生产经营过程中为组织和管理企业生产经营活动发生的各项行政管理费用，包括行政管理人员的工资、办公费、管理部门固定资产折旧费及修理费等。上述各项费用发生记入借方；会计期末转销的管理费用记入贷方；本账户期末无余额。

（5）“财务费用”账户：损益类账户，用以反映和监督企业为筹集生产经营所需资金而发生的各种费用，包括利息支出（利息收入为减项）、汇兑损失（汇兑收益为减项）、相关手续费等。发生上述财务费用时记入借方；会计期末转销的财务费用记入贷方；本账户期末无余额。

根据产品生产业务的特征，将产品生产业务的核算分为生产费用的发生与核算、产品生产成本的归集与核算以及完工产品生产成本的核算。下面将结合这三类业务的核算内容，具体介绍账户在借贷记账法中的实际应用。

（二）生产费用的发生与核算

1. 材料费用的发生与核算

企业为生产产品及其他方面领用原材料时，就形成了材料费用。材料费用应按其经济用途分别计入产品成本和期间费用。直接用于某种产品生产的材料费用，属于直接生产费用，应直接记入该产品“生产成本”账户中；生产部门为创造生产条件等需要而间接消耗的各种材料属于间接生产费用，应先在“制造费用”账户中进行归集，然后按标准分配计入有关产品成本；管理部门消耗的材料属于组织和管理企业生产经营活动发生的各项行政管理费用，应记入“管理费用”账户。此时，应借记“生产成本”“制造费用”“管理费用”账户，贷记“原材料”账户。

【例4－18】本月仓库发出A、B、C材料情况汇总，如表4－6所示。

表4－6　材料发出汇总

项目	A材料		B材料		C材料		合计
	数量（千克）	金额（元）	数量（千克）	金额（元）	数量（千克）	金额（元）	金额（元）
生产Ⅰ型产品耗用	1 000	20 000	2 000	20 000	600	3 000	43 000
生产Ⅱ型产品耗用	2 000	40 000	1 000	10 000	800	4 000	54 000
车间一般耗用	400	8 000	200	2 000	–	–	10 000
管理部门领用	10	200	–	–	–	–	200
合计	3 410	68 200	3 200	32 000	1 400	7 000	107 200

由表4－6知，生产产品耗用材料97 000（43 000＋54 000）元，应记入“生产成本”账户的借方；车间管理部门耗用材料10 000元，应记入“制造费用”账户的借方；管理部门耗用材料200元，应记入“管理费用”账户的借方；对于仓库共发出原材料107 200元，应记入“原材料”账户的贷方。该业务涉及“原材料”“生产成本”“制造费用”“管理费用”四个账户，应编制的会计分录如下：

借：生产成本——Ⅰ型产品　　43 000
　　　　　　——Ⅱ型产品　　54 000
　　制造费用　　10 000
　　管理费用　　200
　　贷：原材料——A材料　　68 200
　　　　　　　——B材料　　32 000
　　　　　　　——C材料　　7 000

2. 人工费用的发生与核算

企业在生产过程中，向职工支付薪酬，就形成了人工费用。职工薪酬是指企业因使用职工提供的各种知识、技能、时间和精力等服务，而给予职工各种形式的报酬以及其他相关支出。包括：①职工工资、奖金、津贴和补贴；②职工福利费；③医疗保险费、养老保险费、失业保险费、工伤保险费和生育保险费等社会保险费；④住房公积金；⑤工会经费和职工教育经费；⑥非货币性福利；⑦因解除与职工的劳动关系给予的补偿；⑧其他与获得职工提供的服务相关的支出等。对于职工薪酬的核算，企业要重视职工福利费的提取与分配问题。按照相关的法规或制度的规定，企业应按工资总额的一定比例提取职工福利费，用于支付职工医药卫生补助、困难补助和其他福利补助以及医务、福利人员工资等。职工福利费一般于月末提取和分配，分配的去向与应付职工薪酬中职工工资的去向一致。

人工费用的发生应根据其经济用途分别计入产品成本和期间费用。一般认为，生产工人的计件工资和福利费等薪酬属于直接生产费用，直接记入“生产成本”账户；生产工人以外的生产管理人员的薪酬属于间接生产费用，记入“制造费用”账户后，按标准分配计入有关产品成本；管理部门人员的薪酬属于为组织和管理企业生产经营活动发生的各项行政管理费用，记入“管理费用”账户。此时，应借记“生产成本”“制造费用”“管理费用”账户，贷记“应付职工薪酬”账户。

【例4－19】 开出现金支票，从银行提取现金42 500元，准备发工资。

这项经济业务的发生，一方面使库存现金增加42 500元；另一方面使银行存款减少42 500元。该业务涉及“库存现金”和“银行存款”两个账户，应编制的会计分录如下：

借：库存现金　　42 500
　　贷：银行存款　　42 500

【例4－20】 结算本月工资，共计42 500元，其中：生产Ⅰ型产品的生产工人工资20 000元，生产Ⅱ型产品的生产工人工资15 000元，车间管理人员工资5 000元，公司行政管理人员工资2 500元。

这项经济业务中，生产工人工资应记入“生产成本”账户的借方；车间管理人员的工资应记入“制造费用”账户的借方；企业行政管理人员的工资应记入“管理费用”账户的借方；本月发生应付给职工的工资表明企业负债的增加，应记入“应付职工薪酬”账户的贷方。该业务涉及“生产成本”“制造费用”“管理费用”“应付职工薪酬”四个账户，应编制的会计分录如下：

借：生产成本——Ⅰ型产品　　20 000
　　　　　　——Ⅱ型产品　　15 000
　　制造费用　　5 000
　　管理费用　　2 500
　　贷：应付职工薪酬——工资　　42 500

【例 4－21】 以现金发放职工工资 42 500 元。

这项经济业务的发生，一方面使应付工资减少 42 500 元，另一方面使库存现金的减少 42 500元。该业务涉及“库存现金”和“应付职工薪酬”两个账户，应编制的会计分录如下：

借：应付职工薪酬——工资　　42 500
　　贷：库存现金　　42 500

【例 4－22】 按职工工资总额的 14% 计提职工福利费，共计 5 950 元，其中：生产Ⅰ型产品的生产工人福利费 2 800 元，生产Ⅱ型产品的生产工人福利费 2 100 元，车间管理人员福利费 700 元，公司行政管理人员福利费 350 元。

这项经济业务中，生产工人应计提福利费应记入“生产成本”账户的借方；车间管理人员应计提福利费应记入“制造费用”账户的借方；企业行政管理人员应计提福利费应记入“管理费用”账户的借方；计提职工福利费表明对职工负债的增加，应记入“应付职工薪酬”账户的贷方。该业务涉及“生产成本”“制造费用”“管理费用”“应付职工薪酬”四个账户，应编制的会计分录如下：

借：生产成本——Ⅰ型产品　　2 800
　　　　　　——Ⅱ型产品　　2 100
　　制造费用　　700
　　管理费用　　350
　　贷：应付职工薪酬——职工福利　　5 950

3. 固定资产折旧、修理费的发生与核算

尽管固定资产在使用期限内能保持原有实物形态，但其价值却会随着固定资产的损耗而逐渐减少，由于损耗而减少的价值就形成了固定资产折旧。企业通过在会计期末计提折旧费用的形式，反映其因损耗而减少的价值。计提的折旧费用可以根据固定资产原值、折旧率和实际使用年限等资料计算。固定资产折旧费用按照其经济用途，分别计入产品成本和期间费用。生产部门计提的折旧费用属于间接生产费用，记入“制造费用”账户后，按标准分配计入有关产品成本；管理部门计提的折旧费用属于为组织和管理企业生产经营活动发生的各项行政管理费用，记入“管理费用”账户；为销售本企业商品而专设的销售机构的折旧费用，记入“销售费用”账户（注：“销售费用”账户的性质、内容以及借贷方的具体记录方式详见本章第四节的相关内容）。此时，应借记“制造费用”“管理费用”

"销售费用"三个账户，贷记"累计折旧"账户。折旧费用的计提与分配，不但使企业在将来有能力重置固定资产，而且实现了期间收入和费用的正确配比。

企业向维修单位支付固定资产的维修费用，形成了固定资产修理费用。新准则规定，不满足固定资产准则第四条规定确认条件的固定资产修理费等，应当在发生时计入当期损益。按照新准则的思想，此时，企业生产车间（部门）和行政管理部门等发生的固定资产修理费用等后续支出，在"管理费用"账户中核算；企业发生的与专设销售机构相关的固定资产修理费用等后续支出，在"销售费用"账户（注："销售费用"账户的性质、内容以及借贷方的具体记录方式详见本章第四节的相关内容）中核算；此时，应借记"管理费用""销售费用"账户，贷记"银行存款"或"库存现金"账户。

【例4-23】 按照规定的固定资产折旧率，计提本月固定资产折旧5 430元，其中生产车间计提折旧5 200元，行政管理部门230元。

这项经济业务中，生产部门使用固定资产计提的折旧费应记入"制造费用"账户的借方；管理部门使用的固定资产损耗费，应记入"管理费用"账户的借方；计提固定资产折旧表明原有固定资产价值减少了，即累计折旧的增加，应记入"累计折旧"账户的贷方。该业务涉及"制造费用""管理费用""累计折旧"三个账户，应编制的会计分录如下：

借：制造费用	5 200	
管理费用	230	
贷：累计折旧		5 430

【例4-24】 以银行存款支付行政管理部门设备修理费用200元。

这项经济业务的发生，一方面使行政管理部门的管理费用增加200元，另一方面使银行存款由于支付而减少200元。该业务涉及"管理费用"和"银行存款"两个账户，应编制的会计分录如下：

借：管理费用	200	
贷：银行存款		200

4. 其他生产费用的发生与核算

制造业企业在生产经营过程中除了发生材料费用、人工费用、固定资产的折旧费用和修理费，企业还要支付各部门的办公费用、报纸杂志费用、水电费用以及借款利息等费用，形成其他生产费用。其他生产费用应根据其经济用途，分别计入产品成本和期间费用。生产部门的办公费用、报纸杂志费用、水电费用等属于间接生产费用，记入"制造费用"账户后，按标准分配计入有关产品成本；管理部门办公费用、报纸杂志费用、水电费用等属于为组织和管理企业生产经营活动发生的行政管理费用，记入"管理费用"账户。短期借款利息属于期间费用，记入"财务费用"账户。此时应借记"制造费用""管理费用""财务费用"账户，贷记"银行存款""库存现金""其他应收款"账户。

【例4-25】 以银行存款支付本月水电费用3 140元，其中生产车间2 740元，行政管理部门400元。

这项经济业务中，车间耗用的水电费，应记入"制造费用"账户的借方；管理部门耗用的水电费，应记入"管理费用"账户的借方；已支付的款项应记入"银行存款"账户的贷方。该业务涉及“制造费用”“管理费用”“银行存款”三个账户，应编制的会计分录如下：

借：制造费用　　2 740
　　管理费用　　400
　　贷：银行存款　　3 140

【例4-26】以银行存款支付本月报纸杂志费800元，其中生产车间300元，行政管理部门500元。

这项经济业务中，车间的报纸杂志费，应记入“制造费用”账户的借方；管理部门报纸杂志费，应记入“管理费用”账户的借方；已支付的款项应记入“银行存款”账户的贷方。该业务涉及“制造费用”“管理费用”“银行存款”三个账户，应编制的会计分录如下：

借：制造费用　　300
　　管理费用　　500
　　贷：银行存款　　800

【例4-27】以银行存款支付应由本期财务费用负担的短期借款利息3 000元。

这项经济业务中，短期借款利息应记入“财务费用”账户的借方，已支付的款项应记入“银行存款”账户的贷方。该业务涉及“财务费用”和“银行存款”两个账户，应编制的会计分录如下：

借：财务费用　　3 000
　　贷：银行存款　　3 000

【例4-28】企业行政管理部门职工预借差旅费900元。

这项经济业务中，预借差旅费使企业的其他应收款增加900元，应记入“其他应收款”账户的借方；同时，企业的库存现金减少900元，应记入“库存现金”账户的贷方。该业务涉及“其他应收款”和“库存现金”两个账户，应编制的会计分录如下：

借：其他应收款　　900
　　贷：库存现金　　900

【例4-29】该职工出差回企业报销差旅费400，返还现金500元。

这项经济业务中，报销的差旅费400应记入“管理费用”账户的借方，返还现金500元应记入“库存现金”账户的借方；同时企业的其他应收款减少900元，应记入“其他应收款”账户的贷方。该业务涉及“管理费用”“其他应收款”“库存现金”三个账户，应编制的会计分录如下：

借：管理费用　　400
　　库存现金　　500
　　贷：其他应收款　　900

（三）产品生产成本的归集与核算

企业产品的生产过程，既是生产费用的归集过程，也是产品成本计算的过程。成本计算是会计核算的专门方法，划清成本、费用和支出的界限，是成本计算的基本要求之一。

成本、费用和支出有着密切的联系，又有着明显的区别。支出是企业日常发生的全部支出，不论与产品的生产经营是否有关，都作为支出；费用是在一定期间为了进行生产经营活动而发生的各项耗费，但费用并不等于成本；成本则是为生产某一产品或提供某一劳务所消耗的费用，并且消耗应从产品销售或劳务收入中得到补偿的费用。因此，费用的发生过程也就是成本的形成过程，费用是产品成本形成的基础；但费用强调"期间"，是按一定会计期间汇集的资金耗费；而成本强调"对象"，与负担者直接相关，是以产品或劳务为对象进行归集的资金耗费。产品生产成本的归集与核算，就是将企业生产过程中为制造产品所发生的各种费用，按照所生产产品的品种，即成本计算对象，进行归集和分配，计算各种产品的总成本和单位成本。由于成本计算是一项非常复杂而细致的工作，这里仅介绍产品成本计算的基本原理和方法，侧重说明产品成本核算中有关账户设置和登记，以及账户设置、登记在产品成本核算中的应用。有关产品成本计算的详细内容将在专业会计中学习。

企业产品成本的计算一般包括确定成本计算对象、按成本项目归集和分配生产费用、计算产品生产成本等步骤。

1. 确定成本计算对象

所谓成本计算对象，就是指生产费用归属的对象。确定成本计算对象就是确定费用的承担者，是进行成本计算的起点。生产经营中的企业需要计算各种各样产品的成本，那么不同种类、不同品种的产品，就是企业的成本计算对象。成本计算对象的确定，可以使企业按产品的品种、种类设置产品成本明细账，分门别类归集生产中的费用，正确计算产品成本。因此，按照产品品种、种类计算产品成本，是产品成本计算最基本的方法和成本计算的起点。由于生产特点和管理要求各异，对于不同类型的企业，成本计算对象不同，成本计算方法也各具特色。

2. 按成本项目归集和分配生产费用

（1）可列入成本范围的生产费用。产品生产成本的核算过程，实际上就是生产费用的归集过程。其中，可列入成本范围的生产费用主要包括以下几个方面：

第一，原材料及辅助材料、燃料等劳动对象耗费的费用。

第二，固定资产折旧、租赁费等劳动资料耗费的费用。

第三，职工工资及福利费等活劳动消耗的费用。

第四，办公费用、报纸杂志费用、水电费用等用于产品生产的其他制造费用。

一般认为，企业为购建固定资产、无形资产和其他资产的支出，对外投资而发生的支出，被没收的财务损失、支付的滞纳金、罚款、违约金、赔偿金以及对外捐赠、赞助支出以及国家法律、法规规定以外的各种费用，国家规定不得列入成本的其他支出等内容不得列入成本范围。

（2）成本项目的组成及处理原则。

第一，成本项目的组成。所谓成本项目是对生产费用按其经济用途所作的项目分类。通过产品成本项目的分类与设置，能具体地反映生产费用的经济用途和产品成本的经济构成。因此，企业按照产品品种、种类计算产品成本时，计入产品成本的生产费用，应进一步按成本项目进行归集生产费用，计算产品成本。制造业企业一般设立直接材料、直接人工和制造费用三个成本项目。

直接材料，是指企业在生产产品和提供劳务的过程中所消耗的、直接用于产品生产，构成产品实体的各种原材料及主要材料、外购半成品以及有助于产品形成的辅助材料等。

直接人工，是指企业在生产产品和提供劳务过程中，直接从事产品生产的工人工资以及其他各种形式的职工薪酬。

制造费用，是指企业为生产产品和提供劳务而发生的各项间接费用，包括间接的工资、福利费、折旧费、办公费、水电费、机物料消耗、季节性停工损失等。

通常，直接材料、直接人工等称为直接费用，制造费用称为间接费用。直接费用和间接费用计入产品成本的方式并不相同，直接费用可直接计入产品成本；制造费用需选择一定的标准，按标准分配后才能计入产品的成本。因此，企业产品生产成本的计算，应进一步按直接材料、直接人工和制造费用归集生产费用，以分别计算各种产品的总成本和单位成本。

第二，成本项目的一般处理原则。企业按照成本项目将发生的生产费用归集到具体的成本计算对象上，就形成了该对象的生产成本。在实际的生产企业中，当企业或车间只生产一种产品时，则成本计算对象只有一个，因此，所发生的全部生产费用按上述成本项目进行归集后，就形成了该产品的生产成本，此时生产费用不存在分配的问题。当企业或车间同时生产多种产品时，由于拥有两个以上的成本计算对象，对于所发生的生产费用，其处理方式有所不同。归纳起来，主要表现有以下两个方面：

一方面，发生的生产费用，凡是能分清为某种成本计算对象（即某种产品）所耗用的，应直接计入该产品的成本；凡是不能区分属某种成本计算对象（即某种产品）的共同费用（包括因生产多种产品而共同发生的制造费用或几种产品共同耗用的原材料、生产工人工资等费用），应采用一定的分配方法在相关产品之间进行分配。

另一方面，对于因生产多种产品而消耗的制造费用，包括生产部门耗用的材料、生产部门管理人员工资、生产部门固定资产折旧、租赁费和低值易耗品的摊销费以及其他制造费用等，企业应先归集到当期的“制造费用”账户，月末按适当的分配标准在各受益对象之间进行分配，并结转至各相关产品“生产成本”账户。此时，应借记“生产成本”账户，贷记“制造费用”账户，月末“制造费用”账户结转后无余额。

（3）“制造费用”分配的计算方法。

第一，分配标准的选择。选择分配标准时，既要体现标准与所分配的费用之间有较密切的关系，又要体现分配的结果能反映受益原则，即受益大的产品多负担费用；反之，则少负担费用。制造费用分配标准有：生产工人工时、生产工人薪酬、机器工时、直接原材料成本和直接总成本等。在实际的生产企业中，选择按生产工人薪酬进行分配的比较多，原因是操作过程简单易行。当然，由于生产特点和管理要求各异，对于不同类型的企业，要根据企业的实际情况选用分配标准。

第二，计算制造费用分配率并分配制造费用。企业计算制造费用分配率并分配制造费用时，其计算方法如下：

制造费用分配率 = 制造费用总额/某一“标准”总量

某产品应分配的制造费用 = 制造费用分配率 × 某种产品的“标准”量

值得注意的是，企业为反映当期发生的制造费用的分配过程及其结果，一般会编制“制造费用分配表”，并根据“制造费用分配表”编制结转分录。同时，企业归集、分配生产费用时，要按照产品的品种、类别设置并登记生产成本明细分类账，在明细账中按成本项目设置专栏或专行来归集应计入各种产品的生产费用。

3. 产品生产成本的核算

如果月末某种产品全部完工，该种产品明细账所归集的生产费用总额，就是该种完工产品的总成本，除以该种产品的总产量就可计算出产品的单位成本；如果月末某种产品全部未完工，该种产品成本明细账所归集的生产费用总额，就是该种产品在产品的总成本；如果月末某种产品一部分完工一部分未完工，这时，归集在该产品明细账中的生产费用总额，还要采用适当的分配方法在完工产品和在产品之间进行分配，然后才能计算出完工产品的总成本和单位成本。生产费用如何在完工产品和在产品之间进行分配，是成本会计核算中的一个既重要又复杂的问题，有关这方面的内容将在专业会计课程中详细讲述。

【例 4 – 30】 接前例，经查海悦公司本月投产Ⅰ型产品 1 000 件和Ⅱ型产品 800 件。月末，按生产工人薪酬分配本月发生的制造费用，并转入Ⅰ型产品和Ⅱ型产品的生产成本。

（1）在“制造费用”总分类账中归集企业当期发生的制造费用，如表 4 – 7 所示。

表 4 – 7　　制造费用总分类账　　单位：元

20××年		业务号	摘要	借方	贷方	借或贷	余额
月	日						
略	略	略	月初余额	–	–	–	–
			车间一般耗用材料	10 000		借	10 000
			本月车间管理人员工资	5 000		借	15 000
			本月车间管理人员福利费	700		借	15 700
			本月生产车间固定资产折旧	5 200		借	20 900
			本月生产车间水电费	2 740		借	23 640
			生产车间报纸杂志费	300		借	23 940
			分配结转制造费用		23 940	平	–

（2）在“制造费用”账户中归集后，按生产工人薪酬在Ⅰ型产品和Ⅱ型产品中进行分配。

①分配标准：生产工人薪酬，其中，Ⅰ型产品生产工人薪酬 22 800 元，Ⅱ型产品生产

工人薪酬 17 100 元。

②制造费用的分配：

制造费用分配率 = 制造费用总额/某一“标准”总量，则：

=23 940/（22 800 +17 100）

=0.6

某产品应分配的制造费用 = 制造费用分配率 × 某种产品的“标准”量，则：

Ⅰ型产品应负担的制造费用 =0.6 ×22 800 =13 680（元）

Ⅱ型产品应负担的制造费用 =0.6 ×17 100 =10 260（元）

③根据制造费用分配过程及其结果编制“制造费用分配表”，如表 4 –8 所示。

表 4 –8　　制造费用分配表

产品	生产工人薪酬（单位：元）	制造费用总额（单位：元）	分配率	应负担的制造费用（单位：元）
Ⅰ型产品	22 800	23 940	0.6	13 680
Ⅱ型产品	17 100			10 260
合计	39 900			23 940

④根据“制造费用分配表”结转本月制造费用至生产成本。结转后，“制造费用”账户期末无余额。这项经济业务中，产品应负担的制造费用应记入“生产成本”账户的借方；结转制造费用后制造费用减少，应记入“制造费用”账户的贷方。该业务涉及“生产成本”和“制造费用”两个账户，应编制的会计分录如下：

借：生产成本——Ⅰ型产品　　13 680

——Ⅱ型产品　　10 260

贷：制造费用　　23 940

上述归集、分配生产费用，计算产品生产成本的过程中，海悦有限责任公司分别设置Ⅰ型产品和Ⅱ型产品生产成本明细分类账，在明细账中按成本项目设置专栏或专行归集应计入各种产品的生产费用，计算Ⅰ型产品和Ⅱ型产品的生产成本。假设，海悦有限责任公司本月投产的Ⅰ型产品和Ⅱ型产品，均为本月投产，产品没有期初余额，并且本月投产的 1 000 件Ⅰ型产品全部制造完工，Ⅱ型产品尚未制造完工。此时，海悦有限责任公司根据Ⅰ型产品和Ⅱ型产品本期发生的生产费用登记“Ⅰ型产品生产成本明细账”和“Ⅱ型产品生产成本明细账”，如表 4 –9、表 4 –10 所示。表 4 –9、表 4 –10 显示，本月投产的 1 000 件完工Ⅰ型产品的实际生产成本为 79 480 元，而本月投产的Ⅱ型产品尚未制造完工，因此，月末“生产成本”账户的借方余额 81 360 元是Ⅱ型产品的在产品实际生产成本。

表 4－9 “生产成本”明细分类账

产品名称：Ⅰ型产品 单位：元

20××年		凭证数号	摘 要	借方（成本项目）				贷方	借或贷	余额
月	日			直接材料	直接人工	制造费用	合计			
略	略	略	月初余额	－	－	－	－	－	－	－
			领用材料	43 000			43 000		借	43 000
			生产工人工资		20 000		20 000		借	63 000
			生产工人福利费		2 800		2 800		借	65 800
			分配制造费用			13 680	13 680		借	79 480
			结转完工产品生产成本					79 480	平	－
			本期发生额和余额	43 000	22 800	13 680	79 480	79 480	平	－

表 4－10 “生产成本”明细分类账

产品名称：Ⅱ型产品 单位：元

20××年		凭证数号	摘 要	借方（成本项目）				贷方	借或贷	余额
月	日			直接材料	直接人工	制造费用	合计			
略	略	略	月初余额	－	－	－	－	－	－	－
			领用材料	54 000			54 000		借	54 000
			生产工人工资		15 000		15 000		借	69 000
			生产工人福利费		2 100		2 100		借	71 100
			分配制造费用			10 260	10 260		借	81 360
			本期发生额和余额	54 000	17 100	10 260	81 360		借	81 360

（四）完工产品生产成本的核算

完工产品是指已经完成全部生产过程并已验收入库，可以作为商品对外销售的产品。因此，在会计期末，对于已经完工的产品，应将完工产品验收入库，同时结转已经完工产品的实际生产成本。在这个过程中，要注意两个问题：

第一，对于完工产品生产成本的计算，企业的相关人员应编制“产品生产成本计算表”，以完整反映完工产品的成本信息。

第二，设置前已述及的“库存商品”账户，并根据“产品生产成本计算表”的资料，将完工产品的实际生产成本结转至“库存商品”账户，此时借记“库存商品”账户，贷记“生产成本”账户，实现完工产品生产成本结转的账务处理。

【例4－31】 月末，Ⅰ型产品本月投产1 000件，全部完工并已验收入库；Ⅱ型产品本月投产800件，全部未完工。

（1）此时，企业编制“产品生产成本计算表”，如表4－11所示。

表4－11 **产品生产成本计算** 单位：元

成本项目	Ⅰ型产品（完工产品）	
	总成本（1 000件）	单位成本
直接材料	43 000	43.00
直接人工	22 800	22.80
制造费用	13 680	13.68
合计	79 480	79.48

（2）根据“产品生产成本计算表”按Ⅰ型产品的实际成本将其结转到“库存商品”账户。

这项经济业务的发生，使企业的库存产品增加，应记入“库存商品”账户的借方；同时，由于结转完工入库产品的实际生产成本使生产过程中占用的资金减少，应记入“生产成本”账户的贷方。该业务涉及“库存商品”和“生产成本”账户，应编制的会计分录如下：

借：库存商品——Ⅰ型产品　　79 480

　　贷：生产成本——Ⅰ型产品　　79 480

由于本月投产的800件Ⅱ型产品全部未完工，因此，月末Ⅱ型产品“生产成本”账户的借方余额81 360元为Ⅱ型产品的在产品实际生产成本，月末无须结转。

现将产品生产业务的核算绘成简图，如图4－6所示。

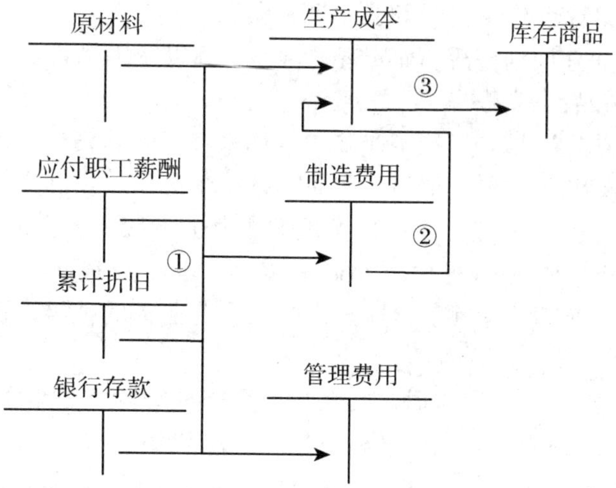

图4－6　生产业务的核算

说明：①发生的材料、工资、折旧和其他费用。②分配制造费用。③结转完工产品生产成本。

第四节 销售业务的核算

一、销售过程的主要经济业务

制造业企业必须通过销售活动，有计划地、积极地将商品销售出去，收回货款，才能重新获得货币资金，这是企业实现经营目标的前提条件。从广义的角度分析，制造业企业的销售活动是指企业与外部各单位所发生的所有买卖活动，其销售业务既包括对外出售完工产品或提供劳务的销售业务（或主营业务），也包括对外出售剩余的原材料或对外转让无形资产等其他销售业务（或其他业务）。销售过程是商品价值的实现过程，企业通过销售，按商品的销售价格和购买方办理结算，取得相应的营业收入，实现了经营资金形态重新向货币资金形态的转化；为获取营业收入而出售的商品，需要结算售出商品的营业成本，此成本应当从该营业收入中获得补偿；同时企业为了推销商品还会发生包装费、运输费、广告费等销售费用，由于销售费用与组织当期销售有关，故作为期间费用处理销售费用。此外，企业在取得营业收入时，还应按国家税法规定的税率和实现的营业收入计算销售税金等。综上所述，确认产品销售收入和其他销售收入并办理与购买单位的货款结算、计算并结转产品销售成本和其他销售成本、归集并结算销售费用、计算和交纳销售税金等就构成了销售过程中主要的经济业务及核算内容。

二、销售业务的具体核算

（一）设置账户

1. 核算营业收入及货款结算方式设置的账户

为了反映和监督企业因销售活动而实现的营业收入以及因销售而与购买单位之间发生的货款结算业务，应设置下列账户：

（1）“主营业务收入”账户：损益类账户，用来核算企业销售产品、提供劳务所实现收入以及结转情况的账户，主要包括销售产品、自制半成品、代制品、代修品、提供工业性劳务等取得的收入。其贷方登记企业已实现的主营业务收入；借方登记发生销售退回、销售折让时应冲减本期的主营业务收入和期末转入“本年利润”账户的主营业务收入净额；结转后该账户月末应没有余额。该账户应按照主营业务的种类设置明细账户，进行明细分类核算。

（2）“其他业务收入”账户：损益类账户，用来核算除主营业务以外的其他业务收入的实现及其结转情况的账户，包括材料销售、代购代销、包装物出租等收入。其贷方登记已实现的其他业务收入；借方登记期末转入“本年利润”账户的其他业务收入额；结转后期末没有余额。本账户应按照其他业务的种类设置明细账户，进行明细分类核算。

（3）“应交税费——应交增值税（销项税额）”账户：负债类账户，用来反映和监督企业销售商品和提供劳务等应向购货方收取的增值税销项税额的账户。企业销售商品和提供劳务等应收取的销项税额记入该账户的贷方；销售退回或折让应退回并冲销的销项税额用红字记在该账户的贷方。

（4）“应收账款”账户：资产类账户，是用来核算因销售商品和提供劳务等而应向购货单位或接受劳务单位收取货款的结算情况（结算债权）的账户。其借方登记由于销售商品以及提供劳务等而发生的应收账款；贷方登记已经收回的应收账款；期末余额在借方，表示尚未收回的应收账款。该账户应按不同的购货单位或接受劳务单位设置明细账户，进行明细分类核算。

（5）“应收票据”账户：资产类账户，是用来核算企业因销售商品和提供劳务而收到的商业汇票的账户。借方登记收到的商业汇票；贷方登记到期收回货款而转销的商业汇票。本账户按购货单位的名称设置明细账户，进行明细分类核算。

值得注意的是，企业在实际的经营活动中收到商业汇票时，除了设置“应收票据”总分类账户外，还应设置“应收票据备查登记簿”，将商业汇票的详细资料登记到“应收票据备查登记簿”中。

（6）“预收账款”账户：负债类账户，用来核算企业按照合同规定预收购买单位订货款的增减变动及其结余情况的账户。其贷方登记预收购买单位的订货款；借方登记销售实现时冲减的预收货款；期末余额在贷方，表示企业尚未用商品或劳务偿付的预收账款。本账户应按照购货单位设置明细账户，进行明细分类核算。对于预收账款业务不多的企业，可以不单独设置“预收账款”账户，而将预收的款项直接记入“应收账款”账户，此时，应收账款账户就成为双重性质的账户。

2. 核算营业成本设置的账户

为了反映和监督与营业收入相对应的已售商品的实际生产成本，应设置下列账户：

（1）“主营业务成本”账户：损益类账户，是用来核算企业已销售产品的实际生产成本或劳务的实际成本的发生和结转情况的账户。借方登记主营业务发生的实际成本；贷方登记期末转入“本年利润”账户的主营业务成本；经过结转之后，该账户期末没有余额。该账户应按照主营业务的种类设置明细账户，进行明细分类核算。

（2）“其他业务成本”账户：损益类账户，用来核算企业除了主营业务成本以外的其他销售或其他业务所发生的支出的账户，包括其他销售成本、提供劳务而发生的相关成本费用。借方登记其他业务成本的发生；贷方登记期末转入“本年利润”账户的其他业务成本；结转后期末没有余额。本账户应按照其他业务的种类设置明细账户，进行明细分类核算。

3. 核算销售费用设置的账户

为反映和监督与组织当期销售有关的期间费用即销售费用，应设置“销售费用”账户。

“销售费用”账户：损益类账户，用来反应和监督企业在销售过程中所发生的各种销售费用；包括广告费、产品销售过程中发生的运输费、装卸费、包装费、展览费等以及企业专设销售机构经费（包括销售机构的职工薪酬、业务招待费、折旧费、固定资产修理费等经常性费用）的发生和结转情况的账户。借方登记企业所发生的各项销售费用；贷方登记期末结转入“本年利润”账户的销售费用；结转后本账户应无余额。该账户应按费用项目设置专栏，进行明细分类核算。

4. 核算相关税金设置的账户

为正确反映和监督除增值税以外的其他销售税金及附加，企业应当设置“税金及附加”账户。

“税金及附加”账户：损益类账户，用来核算应由企业经营业务负担的各种税金及附加以及其结转情况的账户，包括除增值税以外的消费税、城市维护建设税、资源税以及教育费附加等相关税费（注意：不包括增值税，是因为增值税是价外税，应由消费者负担，不应当作为营业收入的抵减项目）。借方登记按照税法规定的计税依据计算得出的各种税金及附加额；贷方登记期末转入“本年利润”账户的税金及附加金额；结转后该账户期末没有余额。本账户按税种及附加项目设置明细账户，进行明细核算。在应用该账户时，特别要注意，企业的增值税直接转入“应交税费”账户，不通过本账户核算。

根据销售业务的特征，将销售业务的核算分为营业收入的归集与核算、营业成本的结转与核算、销售费用的归集与核算以及税金及附加的归集与核算。下面将结合这四类业务的核算内容，具体介绍账户在借贷记账法中的实际应用。

（二）营业收入的归集与核算

制造业企业的营业收入包括主营业务收入和其他业务收入。主营业务收入主要包括销售产品、自制半成品、代制品、代修品、提供工业性劳务等取得的收入；其他业务收入主要包括销售材料、技术转让（包括转让无形资产的使用权）取得的收入、出租固定资产及包装物的租金收入等。

对企业生产经营活动的收入进行确认，是进行销售业务核算的关键。我国《企业会计准则》规定，对于营业收入的确认，应当以权责发生制原则为基础，对收入的实现情况加以确认、计量和报告。具体来说，在权责发生制下，各会计期间是以收款权利的取得来确认收入，即不论款项是否收到，只要能够确定企业已经取得了收款的权利，就可确认为企业的收入；确认的收入与其相关的成本、费用相对应，便能计算本期损益。按照《企业会计准则第14号——收入》的规定，企业应当在履行了合同中的履约义务，即在客户取得相关商品控制权时确认收入。取得相关商品控制权，是指能够主导该商品的使用并从中获得几乎全部的经济利益。企业销售商品时应满足上述条件才能确认收入，没有满足条件时即使收到货款，也不能确认收入。

对于制造业企业正常的销售商品活动，按确认的收入金额与应收取的增值税税额，借记“银行存款”“应收账款”“应收票据”等账户，按确定的收入金额，贷记“主营业务收入”账户，按应收取的增值税税额，贷记“应交税费——应交增值税”账户。

【例4-32】 接前例，海悦公司向海天公司出售Ⅰ型产品300件，每件售价130元，增值税税率13%，货已发出，按合同规定购货方在收到货物的20天内支付款项。

这项经济业务的发生，一方面使得公司的应收款增加44 070元；另一方面使得公司主营业务收入增加39 000元，增值税销项税额增加5 070（39 000×13%）元。该业务涉及“应收账款”“主营业务收入”“应交税费——应交增值税”三个账户，应编制的会计分录如下：

借：应收账款——海天公司　　　　　　　　　　44 070
　　贷：主营业务收入——Ⅰ型产品　　　　　　　　　39 000
　　　　应交税费——应交增值税（销项税额）　　　　　5 070

【例4－33】海悦公司向蓝乡公司出售Ⅰ型产品200件，每件售价130元，增值税税额3 380元，货到后，收到蓝乡公司开出的3个月承兑的商业票据。

这项经济业务的发生，一方面使得公司的应收票据增加29 380元；另一方面使得公司主营业务收入增加26 000元，增值税销项税额增加3 380元。该业务涉及“应收票据”“主营业务收入”“应交税费——应交增值税”三个账户，应编制的会计分录如下：

借：应收票据——蓝乡公司　　　　　　　　　　29 380
　　贷：主营业务收入——Ⅰ型产品　　　　　　　　　26 000
　　　　应交税费——应交增值税（销项税额）　　　　　3 380

对于收到的蓝乡公司的商业汇票，同时应在“应收票据备查登记簿”中进行备查登记。

【例4－34】月初按合同规定预收心海公司购买100件Ⅰ型产品20%的货款计2 600元，当即存入银行。

这项经济业务的发生，一方面使得公司的银行存款增加2 600元，另一方面使得公司预收账款增加2 600元。该业务涉及“银行存款”“预收账款”两个账户，应编制的会计分录如下：

借：银行存款　　　　　　　　　　　　　　　　2 600
　　贷：预收账款——心海公司　　　　　　　　　　　2 600

【例4－35】月末向心海公司发运Ⅰ型产品100件，单价130元，增值税专用发票上注明的价款13 000元，增值税1 690元，共计14 690元。扣除月初预收的货款2 600元外，应向心海公司收取余款12 090元。货到心海公司后，心海公司开出转账支票支付余款。

包括以下两笔经济业务：

（1）确认主营业务收入。

这项经济业务的发生，一方面使得公司的银行存款增加10 400（12 090－1 690）元，预收账款减少2 600元；另一方面使得公司主营业务收入增加13 000元。该业务涉及“应收账款”“预收账款”“主营业务收入”三个账户，应编制的会计分录如下：

借：银行存款　　　　　　　　　　　　　　　　10 400
　　预收账款——心海公司　　　　　　　　　　　2 600
　　贷：主营业务收入——Ⅰ型产品　　　　　　　　　13 000

（2）确认应交增值税（销项税额）。

这项经济业务的发生，一方面使得公司的银行存款增加1 690元，另一方面使得公司应交税费——应交增值税（销项税额）增加1 690元。该业务涉及“银行存款”和“应交税费——应交增值税（销项税额）”两个账户，应编制的会计分录如下：

借：银行存款　　1 690

　　贷：应交税费——应交增值税（销项税额）　　1 690

对于制造企业销售原材料等其他业务产生的收入，按确定的收入金额，与应收取的增值税税额，借记“银行存款”“应收账款”“应收票据”等账户，贷记“其他业务收入”账户和“应交税费——应交增值税”账户。

【例4-36】 企业对外出售不需用的C材料一批，售价2 000元，增值税税率13%，款项已收并存入银行。

这项经济业务的发生，一方面使得公司的银行存款增加2 260元；另一方面使得公司其他业务收入增加2 000元，增值税销项税额增加260元。该业务涉及“银行存款”“其他业务收入”“应交税费——应交增值税”三个账户，应编制的会计分录如下：

借：银行存款　　2 260

　　贷：其他业务收入——C材料　　2 000

　　　　应交税费——应交增值税（销项税额）　　260

（三）营业成本的结转及核算

在企业营业收入确认的同时，应遵循配比原则的要求，结算其对应的营业成本。营业成本包括主营业务成本和其他业务成本。因销售产品、自制半成品、代制品、代修品、提供工业性劳务等取得的主营业务收入，按照配比原则应将销售发出的产品生产成本结转为主营业务成本；因销售材料、技术转让（包括转让无形资产的使用权）、出租固定资产及包装物等取得其他业务收入，按照配比原则应将销售中发生的其他业务支出，包括销售材料的成本支出、出租固定资产的折旧额、出租无形资产的摊销额、出租包装物应摊销的成本支出等结转为其他业务成本。按照配比原则的要求，不仅营业成本的结转应与营业收入在同一会计期间加以确认，而且应与营业收入在数量上保持一致。

对于销售产品、销售原材料等业务的主营业务成本和其他业务成本的计量，通常的计算公式为：

本期应结转的主营业务（或其他业务）成本＝本期销售商品的数量×单位商品的生产成本

从计算式可以看出，主营业务成本和其他业务成本的大小，取决于发出存货的实际成本。由于受加工材料成本、人工和机物料消耗等因素的影响，每批存货的实际成本不同，因此，销售的产品或原材料的实际成本的确认，受到发出存货成本的实际计算方法的影响。按现行的会计制度规定，可以分别采用个别计价法、加权平均法和先进先出法等方法确定发出存货的实际成本。

1. 个别计价法

个别计价法，也称分批确认法，是以某批存货收入时的实际单位成本作为该批存货发出实际单位成本，并据以计算发出存货成本的计价方法。即：

商品销售成本＝每批发出存货数量×该批存货实际单位成本

2. 加权平均法

加权平均法又称为全月一次加权平均法，是按本期收入存货及期初结存存货成本之和，并以其数量为权数，月末一次计算加权平均单价，据以计算发出存货及结存存货成本的计价方法。即：

$$\text{存货加权平均单价}=\left(\text{期初存货实际成本}+\text{本期收入存货实际成本}\right)\div\left(\text{期初存货结存数量}+\text{本期收入存货数量}\right)$$

$$\text{商品销售成本}=\text{发出存货数量}\times\text{加权平均单价}$$

3. 先进先出法

先进先出法是以先收到的存货先发出为假定前提，发出存货按最先一次收入存货单价计算其价值的计价方法。当然，若发出存货涉及几批收入存货，则分别按几批存货单价分别计价。这种方法具有使存货库存账面结存价值接近市场价格的特点。

值得注意的是，企业在实际的计算中，计价方法一经确定，不得随意变动。关于发出商品计价方法的具体内容，将在专业会计课程中予以介绍。

制造业企业正常的销售商品活动产生的成本，按企业会计制度规定的存货的计价方法，确定发出库存商品的成本，此时，借记“主营业务成本”账户，贷记“库存商品”账户。

【例 4－37】 接前例，月末结转已售Ⅰ型产品共计 600 件，经计算应结转的实际销售成本 47 688 元。

这项经济业务的发生，一方面使得公司的主营业务成本增加 47 688 元，另一方面使得公司的库存商品减少 47 688 元。该业务涉及“主营他业务成本”和“库存商品”两个账户，应编制会计分录如下：

借：主营业务成本——Ⅰ型产品	47 688	
贷：库存商品——Ⅰ型产品		47 688

对于企业销售原材料等其他业务产生的成本，按企业会计制度规定的存货的计价方法，确定发出原材料的成本，此时，借记“其他业务成本”账户，贷记“原材料”等账户。

【例 4－38】 月末，结转已售的不需要使用的 C 材料的实际销售成本 1 500 元。

这项经济业务的发生，一方面使得公司的其他业务成本增加 1 500 元，另一方面使得公司的库存材料减少 1 500 元。该业务涉及“其他业务成本”和“原材料”两个账户，应编制会计分录如下：

借：其他业务成本	1 500	
贷：原材料——C 材料		1 500

（四）销售费用的归集与核算

销售费用是指企业在销售商品、提供劳务等日常经营过程中发生的各项费用以及专设销售机构（含销售网点、售后服务网点等）的各项经费。包括商品销售中发生的运输费、装卸费、包装费、保险费、商品维修费、预计商品质量保证损失，商品促销发生的展览费、广告费、租赁费，以及为销售本企业商品而专设的销售机构的职工薪酬、业务招待费、折旧费、固定资产修理费等经常性费用。按照权责发生制和配比原则的要求，企业在确认收入的同时，不仅要确认与各项收入相配比的各项销售成本，同时还应确认销售费用，这时应按发生销售费用的金额借记“销售费用”账户，贷记“银行存款”“应付账款”等账户。

【例4－39】公司以银行存款支付广告费1 000元。

这项经济业务的发生，一方面使得公司的销售费用增加1 000元，另一方面使得公司的银行存款减少1 000元。该业务涉及“销售费用”和“银行存款”两个账户，应编制会计分录如下：

借：销售费用　　1 000

　　贷：银行存款　　1 000

（五）税金及附加的归集与核算

在销售商品过程中，企业取得商品销售收入时，应按税法规定缴纳各种销售税金及附加，包括除增值税以外的消费税、城市维护建设税、资源税以及教育费附加等税金及附加，应当抵扣当期损益。计算本期应缴纳的各种税金及附加，原则上是根据当月销售额或应纳税额，按照规定的税率计算，于下月初缴纳。由于这些税金及附加是在当月计算而在下个月缴纳的，因而计算税金及附加时，一方面形成企业的一项负债，另一方面作为企业发生的一项费用支出，故应按照计算的税金及附加金额，借记“税金及附加”账户，贷记“应交税费”账户。

【例4－40】按国家规定的税率，计算已销Ⅰ型产品应交消费税2 900元。

这项经济业务的发生，一方面使得公司的税金及附加增加2 900元，另一方面使得公司的应交税费增加2 900元。该业务涉及“税金及附加”“应交税费”两个账户，应编制会计分录如下：

借：税金及附加　　2 900

　　贷：应交税费——应交消费税　　2 900

【例4－41】按国家规定的税率，计算已销Ⅰ型产品应交教育费附加1 000元。

这项经济业务的发生，一方面使得公司的税金及附加增加1 000元，另一方面使得公司的应交税费增加1 000元。该业务涉及“税金及附加”“应交税费”两个账户，应编制会计分录如下：

借：税金及附加　　1 000

　　贷：应交税费——应交教育费附加　　1 000

现将销售业务的核算绘成简图，如图4－7所示。

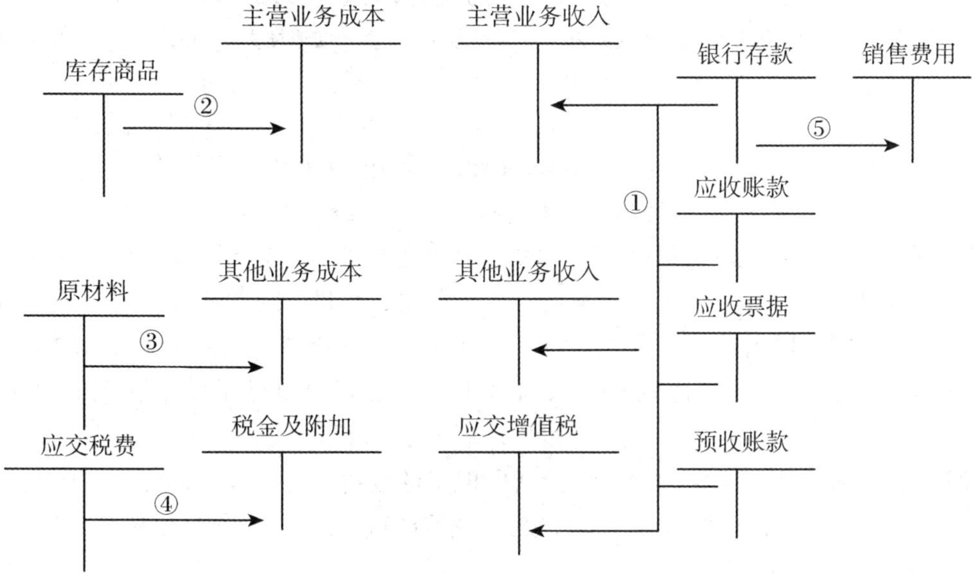

图4－7 销售业务的核算

说明：① 销售产品和多余原材料。② 结转销售产品的生产成本。③结转销售多余原材料的成本。④计算税金及附加。⑤支付销售费用。

第五节 利润形成及分配业务的核算

一、利润形成及分配业务

利润是指企业在一定会计期间的经营成果，表现为企业在一定的会计期间内，按照配比原则的要求，将期内存在因果关系的收入与费用进行配比而产生的结果。收入大于费用支出的差额部分为利润，反之则为亏损。它是综合反映企业在一定时期生产经营成果的重要指标。

（一）利润形成业务

我国《企业会计准则》规定，利润在数量上等于在会计期间内，企业收入与各项费用相抵后的净额、直接计入当期利润的利得和损失等。企业一般应当按月核算利润，按月核算利润有困难的，经批准，也可以按季或者按年核算利润。

企业的利润总额按其形成的来源不同，分为营业利润、利润总额和净利润三部分。

1. 营业利润

营业利润一般指企业在日常生产经营活动中获得的利润。计算公式为：

营业利润＝营业收入－营业成本－税金及附加－销售费用－管理费用－研发费用－财务费用＋其他收益＋投资收益（损失以“－”号填列）＋净敞口套期收益

（损失以“－”号填列）＋公允价值变动收益（损失以“－”号填列）＋
信用减值损失（损失以“－”号填列）＋资产减值损失（损失以“－”号填列）＋
资产处置收益（损失以“－”号填列）

其中：

营业收入＝主营业务收入＋其他业务收入

营业成本＝主营业务成本＋其他业务成本

研发费用，反映企业进行研究与开发过程中发生的费用化支出，以及计入管理费用的自行开发无形资产的摊销。该项目应根据“管理费用”科目下的“研究费用”明细科目的发生额，以及“管理费用”科目下的“无形资产摊销”明细科目的发生额分析填列。

其他收益，反映计入其他收益的政府补助，以及其他与日常活动相关且计入其他收益。

投资收益是指企业以各种方式对外投资所取得的收益。对外投资，可能给企业带来收益（股利、利息等），也可能给企业带来损失。投资净收益就是投资收益超过损失的差额；反之，收益不足以抵补损失，则为投资净损失。

净敞口套期收益，反映净敞口套期下被套期项目累计公允价值变动转入当期损益的金额或现金流量套期储备转入当期损益的金额。

公允价值变动收益是指企业按规定应当计入当期损益的资产和负债公允价值变动收益，包括交易性金融资产、交易性金融负债，以及采用公允价值模式计量的投资性房地产、衍生工具、套期保值业务等公允价值变动形成的应计入当期损益的利得或损失。

信用减值损失，反映企业按照《企业会计准则第 22 号——金融工具确认和计量》的要求计提的各项金融工具信用减值准备所确认的信用损失。

资产减值损失是指企业各项资产发生的减值损失，主要包括：存货跌价准备、长期股权投资减值准备、投资性房地产减值准备、固定资产减值准备、在建工程减值准备、生产性生物资产减值准备、无形资产减值准备、商誉减值准备等。

资产处置收益，反映企业出售划分为持有待售的非流动资产（金融工具、长期股权投资和投资性房地产除外）或处置组（子公司和业务除外）时确认的处置利得或损失，以及处置未划分为持有待售的固定资产、在建工程、生产性生物资产及无形资产而产生的处置利得或损失。

2. 利润总额

利润总额又称为税前利润，是指企业一定会计期间所取得的财务成果。其计算公式为：

利润总额＝ 营业利润＋ 营业外收入－营业外支出

营业外收入，反映企业发生的除营业利润以外的收益，主要包括与企业日常活动无关的政府补助、盘盈利得、捐赠利得（企业接受股东或股东的子公司直接或间接的捐赠，经济实质属于股东对企业的资本性投入的除外）等。

营业外支出，反映企业发生的除营业利润以外的支出，主要包括公益性捐赠支出、非常损失、盘亏损失、非流动资产毁损报废损失等。

3. 净利润

企业的净利润又称为税后利润，是利润总额减去所得税费用后的余额，是企业真正的财务成果。其计算公式为：

净利润 = 利润总额 – 所得税费用

（二）利润分配业务

企业实现的利润，一部分以所得税的形式上缴国家，形成国家的财政收入；剩余部分即净利润，要按规定的程序在各有关方面进行合理分配。

企业在会计期间实现的净利润，按规定应在企业和投资者之间予以分配。分配的形式和主要内容体现为以下几个方面：

（1）企业提取盈余公积金。按照《公司法》规定，股份公司按照净利润的 10% 提取法定盈余公积金。法定盈余公积金可以用于弥补亏损、转增资本。公司经股东大会决议，还可以提取任意盈余公积金，其用途与法定盈余公积金相同。

（2）企业向投资者分配利润。

（3）公司按照规定向股东分配利润后，若有利润剩余，利润剩余部分以未分配利润的形式存在，便于企业各年度间调剂余缺或进行再投资，作为企业抵抗风险之用。

因此，通过利润分配，一部分资金退出企业；另一部分资金以公积金等形式继续参加企业的资金循环与周转。综上所述，利润形成及分配过程的主要任务是准确核算利润（或亏损），并按规定进行利润分配。

二、利润形成业务的核算

（一）设置账户

为了反映和监督利润总额及净利润的形成与实现过程，企业应设置“主营业务收入”“其他业务收入”“主营业务成本”“其他业务成本”“税金及附加”“销售费用”“管理费用”“财务费用”“其他收益”“投资收益”“净敞口套期损益”“公允价值变动损益”“信用减值损失”“资产减值损失”“资产处置损益”等账户外，还应设置“营业外收入”“营业外支出”“所得税费用”“本年利润”等账户，前已述及的账户不再解释。

（1）“本年利润”账户：所有者权益类账户，用以反映和监督企业当期的利润形成过程及结果的情况。其贷方登记“主营业务收入”“其他业务收入”“其他收益”“投资收益”“净敞口套期损益”“公允价值变动损益”“资产处置损益”“营业外收入”等账户贷方余额转入的各项金额；其借方登记“主营业务成本”“其他业务成本”“税金及附加”“销售费用”“管理费用”“财务费用”“投资收益”“净敞口套期损益”“公允价值变动损益”“资产处置损益”“信用减值损失”“资产减值损失”“营业外支出”“所得税费用”等账户借方余额转入的各项金额。该账户期末余额如果在贷方，表示实现的累计净利润；如果在借方，表示累计发生的亏损。本账户一般不设明细账户。图 4 – 8 显示了“本年利润”账户的结构特征。

借	本年利润 贷
期末转入的各项支出： （1）主营业务成本 （2）其他业务成本 （3）税金及附加 （4）销售费用 （5）管理费用 （6）财务费用 （7）投资收益（为损失时） （8）净敞口套期损益（损失） （9）公允价值变动损益（损失） （10）信用减值损失 （11）资产减值损失 （12）资产处置损益（损失） （13）营业外支出 （14）所得税费用	期末转入的各项收益： （1）主营业务收入 （2）其他业务收入 （3）其他收益 （4）投资收益 （5）净敞口套期损益（收益） （6）公允价值变动损益（收益） （7）资产处置损益（收益） （8）营业外收入
期末余额：累计亏损	期末余额：累计净利润

图4-8 “本年利润”账户的结构

利用“本年利润”账户进行核算时，要注意：

第一，期末，通过“本年利润”账户借、贷方的记录结算出累计余额，贷方余额表示实现的累计净利润，借方余额表示累计发生的净亏损。

第二，年末终了，应将“本年利润”账户的余额转入“利润分配”账户。如果是净利润，应将实现的净利润转入“利润分配”账户的贷方，如果是净亏损，应将发生的净亏损转入“利润分配”账户的借方，该账户年末结转后没有余额。

（2）“投资收益”账户：损益类账户，用来核算企业对外投资所获得收益的实现或损失的发生及其结转情况的账户。其贷方登记实现的投资收益和期末转入“本年利润”账户的投资净损失；借方登记发生的投资损失和期末转入“本年利润”账户的投资净收益；该账户期末结转后没有余额。该账户应按照投资的种类设置明细账户，进行明细分类核算。

（3）“营业外收入”账户：损益类账户，用以反映和监督企业发生的与生产经营无直接关系的各项收入的实现和结转情况的账户。其贷方登记营业外收入的实现额；借方登记会计期末转入“本年利润”账户的营业外收入额；该账户期末结转后没有余额。营业外收入账户应按收入的具体项目设置明细账户，进行明细分类核算。

（4）“营业外支出”账户：损益类账户，用以反映和监督企业发生的与生产经营无直接关系的各项支出和结转情况的账户。借方登记实际发生的各项营业外支出；贷方登记期末转入“本年利润”账户的数额；期末结转后应无余额。该账户应按照支出的具体项目设置明细账户，进行明细分类核算。

（5）“所得税费用”账户：损益类账户，用来核算企业按照有关规定应在当期损益中扣除的所得税费用的计算及其结转情况的账户。其借方登记按照应纳税所得额计算出的所得税费用额；贷方登记期末转入“本年利润”账户的所得税费用额；该账户期末结转后没有余额。

根据利润形成业务的特征，将利润形成业务的核算分为利润总额的归集与核算以及净利润的核算。下面将结合这两类业务的核算内容，具体介绍账户在借贷记账法中的实际应用。

（二）利润总额的归集与核算

遵循会计准则的要求，按照企业会计制度的规定，在会计期末（月末），企业将本期除“所得税费用”账户以外的其余所有损益类账户的余额结转到“本年利润”账户，通过“本年利润”账户借、贷方的记录结算出本期利润总额和本年累计利润总额。此时，编制的结账分录，包括两个方面：

一是将“主营业务收入”“其他业务收入”“营业外收入”等收入类账户的余额结转至“本年利润”账户的贷方，即借记“主营业务收入”“其他业务收入”“营业外收入”等账户，贷记“本年利润”账户；

二是将“主营业务成本”“其他业务成本”“税金及附加”“销售费用”“管理费用”“财务费用”“营业外支出”等费用类账户余额结转至“本年利润”账户的借方，即借记“本年利润”账户，贷记“主营业务成本”“其他业务成本”“税金及附加”“销售费用”“管理费用”“财务费用”“营业外支出”等账户。

期末结转业务完成后，本期所有损益类账户期末无余额。此时，结算出“本年利润”账户的累计余额，贷方余额表示当期实现的利润总额，借方余额表示当期发生的亏损额。现举例如下。

【例4-42】接前例，海悦公司向客户出租包装物，收取押金500元，存入银行。

这项经济业务的发生，一方面使得企业的银行存款增加500元，另一方面使得企业的其他应付款增加500元。该业务涉及“银行存款”和“其他应付款”两个账户，应编制的会计分录如下：

借：银行存款	500	
贷：其他应付款		500

【例4-43】出租包装物逾期未收回，按合同规定没收押金500元。

这项经济业务的发生，一方面使得企业与生产经营无直接关系的收入增加500元，另一方面使得企业的其他应付款减少500元。该业务涉及“营业外收入”和“其他应付款”两个账户，应编制的会计分录如下：

借：其他应付款	500	
贷：营业外收入		500

【例4－44】以现金支付交通违规罚款100元。

这项经济业务的发生，一方面使得企业与生产经营无直接关系的支出增加100元，另一方面使得企业的库存现金减少100元，涉及“营业外支出”和“库存现金”两个账户，应编制的会计分录如下：

借：营业外支出　100

　　贷：库存现金　100

【例4－45】结转海悦公司本月各损益类账户（“所得税费用”账户除外），并计算本月利润总额。

（1）包括以下两笔经济业务：

①将“主营业务收入”“其他业务收入”“营业外收入”账户的余额结转至“本年利润”账户的贷方。

这项经济业务的发生，一方面使得企业的有关损益类账户所记录的各种收入减少，另一方面使得企业的利润额增加，涉及“主营业务收入”“其他业务收入”“营业外收入”“本年利润”等账户，应编制的会计分录如下：

借：主营业务收入　78 000

　　其他业务收入　2 000

　　营业外收入　500

　　贷：本年利润　80 500

②将“主营业务成本”“其他业务成本”“营业外支出”“税金及附加”“管理费用”“财务费用”“销售费用”等账户余额结转至“本年利润”账户的借方。

这项经济业务的发生，一方面使有关损益类账户中的各项支出予以转销，另一方面使得公司的利润减少，涉及“本年利润”“主营业务成本”“其他业务成本”“税金及附加”“管理费用”“财务费用”“销售费用”“营业外支出”等账户，应编制的会计分录如下：

借：本年利润　61 968

　　贷：主营业务成本　47 688

　　　　其他业务成本　1 500

　　　　税金及附加　3 900

　　　　销售费用　1 000

　　　　管理费用　4 780

　　　　财务费用　3 000

　　　　营业外支出　100

（2）计算本月实现利润。

①海悦公司本月实现营业利润的计算：

营业收入＝主营业务收入＋其他业务收入

　　　　＝78 000＋2 000＝80 000（元）

营业成本 = 主营业务成本 + 其他业务成本

= 47 688 + 1 500 = 49 188（元）

海悦公司本月实现营业利润 = 营业收入 − 营业成本 − 税金及附加 − 销售费用 − 管理费用 − 财务费用

= 80 000 − 49 188 − 3 900 − 1 000 − 4 780 − 3 000

= 18 132（元）

②利润总额 = 营业利润 +（营业外收入 − 营业外支出）

海悦公司本月利润总额 = 18 132 +（500 − 100）= 18 532（元）

（三）净利润的核算

企业的净利润又称为税后利润，是利润总额减去所得税费用后的余额。

1. 所得税费用的核算

所得税是企业按照国家税法的有关规定，对企业某一经营年度实现的经营所得及其他所得，按照规定的所得税税率计算缴纳的一种税款。通常是按年计算，分期预交，年末汇算清缴。其计算公式为：

所得税税额 = 应纳税所得额 × 所得税税率

应纳税所得额 = 会计利润总额 ± 所得税前利润中予以调整的项目金额

此时，为反映企业本期应缴纳的所得税额，应借记“所得税费用”账户，贷记“应交税费——应交所得税”账户（为简化计算，举例时按月计算所得税）。

【例 4－46】 该企业本月实现的利润总额为 18 532 元，计算海悦公司应交所得税，公司所得税税率 25%。为简便计算，假设应纳税所得额和会计利润总额相等。

（1）计算所得税。

海悦公司应交所得税 = 18 532 × 25% = 4 633（元）

（2）编制会计分录。

这项经济业务的发生，一方面使得公司的所得税费用增加 4 633 元，另一方面使得公司的应交税费增加 4 633 元该业务涉及“所得税费用”和“应交税费”两个账户，应编制的会计分录如下：

借：所得税费用　　4 633

　　贷：应交税费——应交所得税　　4 633

2. 净利润的核算

会计期末，将“所得税费用”账户余额结转到“本年利润”账户，此时，应借记“本年利润”，贷记“所得税费用”。所得税费用转入“本年利润”账户之后，可以根据“本年利润”账户的借、贷方记录的各项支出和收入计算确定企业的净利润额。

【例 4－47】 会计期末将计算出的所得税费用转入“本年利润”账户。

这项经济业务的发生，一方面使得公司的所得税费用减少 4 633 元，另一方面使得公司的利润额减少 4 633 元该业务涉及“所得税费用”和“本年利润”两个账户，应编制的会计分录如下：

借：本年利润　　　　4 633

　　贷：所得税费用　　　　4 633

结转后，海悦公司本月的净利润＝利润总额－所得税费用

＝18 532－4 633

＝13 899（元）

三、利润分配业务的核算

会计年度终了，企业实现的净利润即税后利润，在企业和投资者之间进行合理分配。为反映和监督企业净利润的分配过程，应设置“利润分配”“盈余公积”“应付股利”账户。

（1）“利润分配”账户：所有者权益类账户，反映和监督企业在会计年度内实现利润的分配情况或发生亏损的弥补情况的账户。其贷方登记年末由“本年利润”账户转入的本年实现的净利润以及盈余公积弥补的亏损数；其借方登记提取的盈余公积、应付股利等利润分配的数额；贷方余额表示企业未分配利润，借方余额表示未弥补亏损。本账户应按“提取法定盈余公积”“提取任意盈余公积”“应付股利”“转作股本的股利”“盈余公积补亏”“未分配利润”等分配项目设置明细账户，进行明细分类核算。年度终了，企业应将“利润分配”科目所属其他明细科目的余额转入“利润分配——未分配利润”明细科目。结转后，“利润分配”科目除“利润分配——未分配利润”明细科目外，其他明细科目应无余额。

（2）“盈余公积”账户：所有者权益类账户，用以反映和监督企业从净利润中提取的盈余公积金增减变动和结存情况的账户。其贷方登记从税后利润中提取的盈余公积数；其借方登记转增资本数或弥补企业的亏损数；期末余额在贷方，表示期末盈余公积金的结余额。本账户按法定盈余公积、任意盈余公积等项目设置明细账户，进行明细分类核算。

（3）“应付股利”账户：负债类账户，用以核算企业经董事会或股东大会决议确定分配的现金股利或利润的账户。其贷方登记企业按一定标准应支付给投资者的股利或利润；其借方登记实际支付给投资者的股利或利润；期末余额在贷方，表示企业尚未向投资者分配的股利或利润。本账户按股东名称设置明细账户，进行明细核算。

下面将结合利润分配业务的核算内容，具体介绍账户在借贷记账法中的实际应用。

【例4－48】 期末，根据上述资料计算出本月实现的净利润13 899元，将其转入“利润分配”账户。结转后，“本年利润”账户无余额。

这项经济业务的发生，一方面使得公司的净利润额从“本年利润”账户中转销13 899元，另一方面使得公司的可供分配的利润增加13 899元。该业务涉及“本年利润”和“利润分配”两个账户，应编制的会计分录如下：

借：本年利润　　　　13 899

　　贷：利润分配——未分配利润　　　　13 899

【例4-49】 按本期实现净利润的10%计提法定盈余公积金1 389.90元。

这项经济业务的发生，一方面使得公司以盈余公积的形式分配的利润增加，另一方面也使企业提取的积累盈余公积增加，涉及“利润分配”和“盈余公积”两个账户，应编制的会计分录如下：

借：利润分配——提取法定盈余公积　　1 389.90

　　贷：盈余公积——法定盈余公积金　　1 389.90

【例4-50】 期末，计算应支付投资者股利总额6 000元，按投资比例分配：张力1 800元，田月1 200元，喜洋洋公司3 000元。

这项经济业务的发生，一方面使得公司应付投资者股利增加，另一方面应付股利是从利润中支付。该业务涉及“利润分配”和“应付股利”两个账户，应编制的会计分录如下：

借：利润分配——应付股利　　6 000

　　贷：应付股利——张力　　1 800

　　　　　　　　——田月　　1 200

　　　　　　　　——喜洋洋公司　　3 000

【例4-51】 结转以上已分配利润。

这项经济业务的发生，涉及“利润分配——未分配利润”“利润分配——提取法定盈余公积”“利润分配——应付股利”三个账户。应编制的会计分录如下：

借：利润分配——未分配利润　　7 389.90

　　贷：利润分配——提取法定盈余公积　　1 389.90

　　　　利润分配——应付股利　　6 000

企业结转后，海悦公司本月未分配利润 = 本月实现净利润 - 已分配利润

= 13 899 - 7 389.90

= 6 509.10（元）

现将利润形成及分配业务核算绘成简图，如图4-9所示。

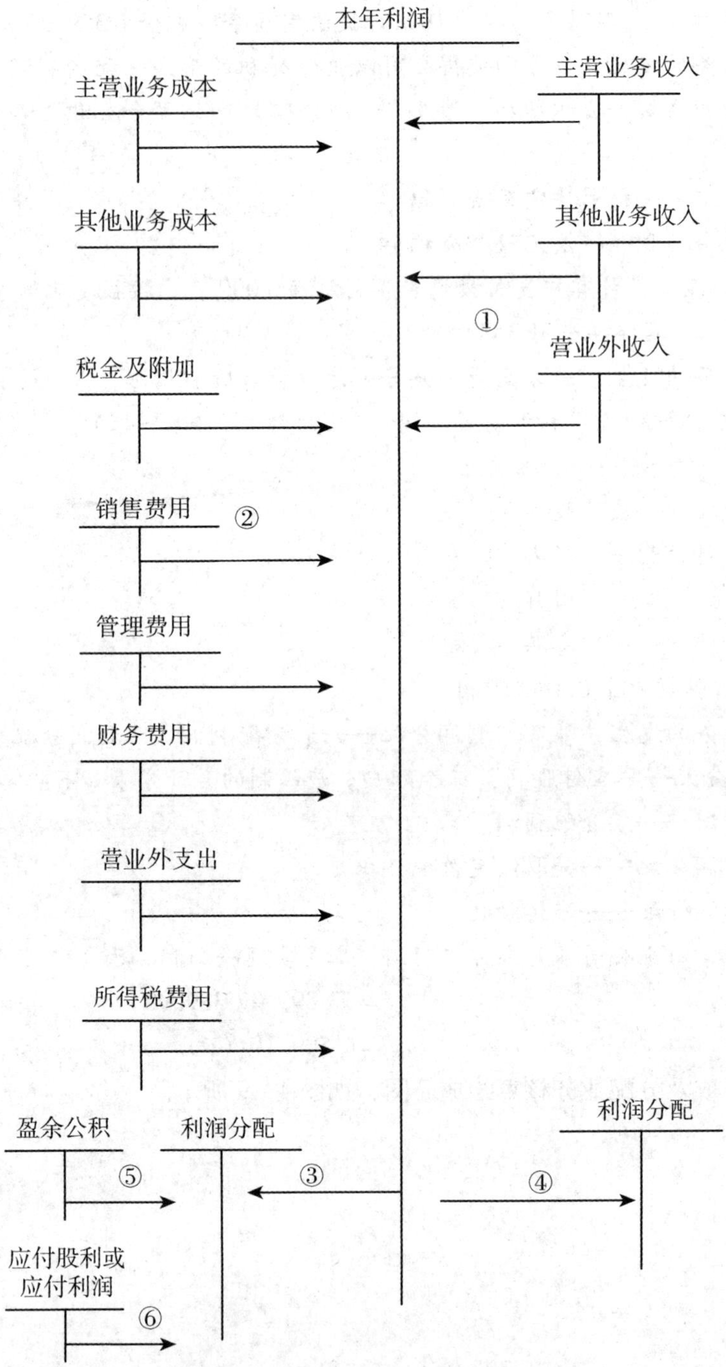

图 4－9 利润形成及分配业务的核算

说明：①结转各项收益。②结转各项损失费用。③年终结转累计实现的净利润。④年终结转累计发生的净亏损。⑤提取盈余公积。⑥向投资者分配利润。

【复习思考题】

1. 简要说明制造业企业的经营活动包括哪些主要内容。
2. 试说明企业筹集资本的渠道主要有哪两个方面。
3. 在原材料的采购业务中，对材料的采购成本包括哪些内容？
4. 如何正确理解生产费用和产品生产成本的含义及相互关系？
5. 请分别从账户记录的经济内容以及账户的用途和结构两方面理解“累计折旧”账户。
6. 什么是成本项目？制造业企业的成本项目一般可以包括哪几个？
7. 对于收入和费用的确认，企业应采用权责发生制还是收付实现制？比较权责发生制和收付实现制的区别。
8. 简要说明企业利润分配的基本程序。
9. 会计期末时，企业应如何对损益类账户进行核算？
10. 制造业企业的利润由哪几部分构成？

本章练习题

一、习题一

1. 目的：练习供应过程原材料的采购业务的核算及采购成本的计算。

2. 资料：某企业（一般纳税人）对原材料一直按计划成本计价组织收发核算，20××年6月份发生以下经济业务。为简化计算，假设企业材料的计划成本与实际成本一致。

（1）从南翔公司购入甲、乙两种材料。甲材料400千克，单价50元，计20 000元；乙材料800千克，单价100元，计80 000元，增值税税率为13%。上述材料的买价和增值税额已用银行存款支付。

（2）以银行存款支付购入上述甲、乙两种材料的运杂费5 520元。

（3）将上述材料验收入库，结转甲、乙两种材料的采购成本。

（4）从科达公司购进丙材料1 000千克，单价60元，计60 000元，增值税进项税额7 800元，开出6个月的商业承兑汇票一张，货款和增值税用商业承兑汇票结算。丙材料尚未运达本企业。

（5）丙材料运达企业，用现金支付丙材料的运费及装卸费3 000元。

（6）丙材料发生入库前的挑选整理费3 250元，用现金支付。

（7）将本期购进的丙材料验收入库，结转材料的采购成本。

3. 要求：

（1）根据上述经济业务编制会计分录，分录要求写出明细分类账户（运杂费按材料重量分摊计入材料的采购成本）。

（2）根据有关会计分录，开设并登记“材料采购”总账和明细账。

二、习题二

1. 目的：练习生产过程生产业务的核算和产品生产成本的计算。

2. 资料：假设某企业目前有一个生产车间，生产A、B两种产品，耗用甲、乙、丙三种材料。该企业8月份发生下列经济业务：

（1）公司办公室主任王春预借差旅费2 000元，以现金支付。

（2）根据本月发料凭证汇总表，共耗用甲材料70 000元，其中，A产品耗40 000元，B产品耗用30 000元；共耗用乙材料40 000元，其中，A产品耗用20 000元，B产品耗用20 000元；车间一般耗用耗用丙材料10 000元。

（3）从银行提取现金60 000元，准备发放职工工资。

（4）根据本月“工资核算汇总表”，本月应发工资总额为60 000元。其中生产A产品的生产工人的工资30 000元，生产B产品的生产工人的工资20 000元，生产车间管理人员的工资4 000元，公司管理人员的工资6 000元。

（5）按规定根据工资总额的14%计提职工福利费，共计8 400元。其中A产品生产工人福利费4 200元，B产品生产工人福利费2 800元，生产车间管理人员福利费560元，公司管理人员福利费840元。

（6）以现金发放职工工资。

（7）公司办公室主任王春出差回来报销差旅费1 640元，余额归还。

（8）按规定的固定资产折旧率，计算本月固定资产应提折旧8 600元，其中，生产车间用固定资产应提6 000元，公司行政管理部门用固定资产应提2 600元。

（9）以银行存款支付设备的修理费。其中：车间用修理费8 000元，行政管理部门修理费1 600元。

（10）以银行存款支付应由本期财务费用负担的短期借款利息费用500元。

（11）用银行存款支付车间用办公用品费740元、水电费1 800元、劳动保护费600元。

（12）月末，将本月发生的制造费用总额分配转入“生产成本”账户。按生产工人薪酬比率分配计入A、B两种产品成本。

（13）假设本月生产的A、B两种产品，期初无在产品。月末结算本月A、B两种产品的生产成本。本月A产品150件，B产品100件，均已全部制造完成，并验收入库。计算并结转已完工验收入库产成品的生产成本。

3. 要求：

（1）根据上述经济业务编制会计分录，分录要求写出明细分类账户。

（2）根据有关会计分录，开设并登记“生产成本”“制造费用”总分类账和“生产成本”明细分类账。

（3）编制A、B两种产品“产品生产成本计算表”，格式见表4－12。

表4－12　　产品生产成本计算表

产品名称　　　　单位：元

成本项目	完工产品数量（件）	
	总成本	单位成本
直接材料		
直接人工		

续表

成本项目	完工产品数量（件）	
	总成本	单位成本
制造费用		
合计		

三、习题三

1. 目的：练习按收付实现制和权责发生制确认当期收入和费用。

2. 资料：某企业 12 月份发生下列经济业务：

（1）销售产品 70 000 元，其中 30 000 元已收到存入银行，其余 40 000 元尚未收到。

（2）收到现金 800 元，系上月提供的劳务收入。

（3）用现金支付本月份的水电费 900 元。

（4）本月应计劳务收入 1 900 元。

（5）用银行存款预付下年度房租 18 000 元。

（6）用银行存款支付上月份借款利息 500 元。

（7）预收销售货款 26 000 元，已通过银行收妥入账。

（8）本月负担年初已支付的保险费 500 元。

（9）上月预收货款的产品本月实现销售收入 18 000 元。

（10）本月负担将在下月支付的修理费 1 200 元。

3. 要求（计算时不必编制会计分录）：

（1）按收付实现制计算 12 月份的收入、费用。

（2）按权责发生制计算 12 月份的收入、费用。

四、习题四

1. 目的：练习销售业务的核算。

2. 资料：假设某公司 9 月份发生下列经济业务：

（1）向海天公司销售 A 产品 100 件，单价 1 000 元，增值税发票上注明价款 100 000 元，增值税 13 000 元，款项已通过银行转账收讫。

（2）向天宇公司销售 B 产品 20 件，单价 2 000 元，增值税发票上注明的价款 40 000 元，增值税 5 200 元。货已发出，款项尚未收到。

（3）企业对外出售不需要的丙材料 500 千克，单价 100 元，增值税发票上注明的价款为 50 000 元，增值税 6 500 元，计 56 500 元。款项已通过银行收取。

（4）用银行存款支付广告费 5 000 元和销售过程中的运杂费 600 元。

（5）按规定计算本月应缴的城市维护建设税 2 142 元。

（6）结算本月销售机构职工工资 1 000 元，应付职工福利费 140 元。

（7）计算并结转本月上述已销 100 件 A 商品和 20 件 B 产品的销售成本。其中，A 产品的销售成本为 60 000 元，B 产品的销售成本为 19 800 元。

（8）计算并结转本月上述已销售的丙材料的实际成本为 30 000 元。

3. 要求：根据上述经济业务编制会计分录，分录要求写出明细分类账户。

五、习题五

1. 目的：练习综合业务的核算。

2. 资料：某公司12月份发生下列经济业务：

（1）销售A产品200件，单价960元，货款192 000元，销项税24 960元，款项已存入银行。

（2）销售B产品750件，单价1 360元，计1 020 000元，销项税132 600元，款项尚未收到。

（3）用银行存款支付销售费用计1 350元。

（4）用银行存款支付本月借款利息1 200元。

（5）结转已销产品生产成本，A产品124 760元，B产品690 000元。

（6）计算应交城市维护建设税1 100元，教育费附加610元。

（7）销售丙材料400千克，单价13元，计5 200元，增值税税率13%，货款已存入银行，其采购成本为4 900元。

（8）盘盈现金2 800元，无法查明原因，经批准作为营业外收入处理。

（9）以现金260元支付延期提货的罚款。

（10）月末将各损益类账户余额结转至“本年利润”账户，计算12月份的利润总额（“管理费用”账户余额为7 600元）。

（11）计算并结转本月应交所得税，税率为25%。

（12）将本月实现的净利润转入“利润分配”账户。

（13）按税后利润的10%提取盈余公积。

（14）该企业决定向投资者分配利润15 000元。

（15）将利润分配所属其他明细科目的余额结转至“未分配利润”明细科目。

3. 要求：

（1）根据上述经济业务编制会计分录，分录要求写出明细分类账户。

（2）开设并登记“本年利润”和“利润分配”账户（“T型”账户）。

六、习题六

1. 目的：练习制造业企业综合业务的核算。

2. 资料：假设西湖春天公司20××年11月30日各总分类账余额及有关账户明细资料如表4－13所示。

表4－13　　有关账户明细资料　　单位：元

账户名称	借方余额	账户名称	贷方余额
库存现金	2 000	短期借款	39 300
银行存款	140 900	应付账款	3 000
应收账款	4 000	其他应付款	1 500
原材料	120 000	应交税费	1 200

续表

账户名称	借方余额	账户名称	贷方余额
库存商品	162 000	实收资本	980 000
固定资产	884 000	盈余公积	33 700
利润分配	326 100	本年利润	426 300
		累计折旧	154 000
合　计	1 639 000	合　计	1 639 000

“库存商品”账户余额162 000元，其中：A商品4 500件，单价21元，计94 500元；B商品5 625件，单价12元，计67 500元。

“应收账款”账户余额4 000元，是胜利公司欠款。

“应付账款”账户余额3 000元，是欠湖光公司货款。

公司12月份发生下列经济业务：

（1）经批准向工商银行借入期限为6个月的贷款50 000元，当即存入银行。

（2）以银行存款偿还已到期短期借款20 000元。

（3）公司收到投资者投入的机器设备评估作价100 000元；专利技术一项评估作价50 000元。

（4）从和睦公司购进丙材料1 000千克，每千克5元，材料的运杂费500元，增值税进项税额650元。材料尚未运到企业，货款及税款均未付。

（5）上述向和睦公司购入的丙材料1 000千克已运到企业，并验收入库。结转其采购成本。

（6）从湖光公司购进甲材料4 000千克，每千克7元，合计28 000元；乙材料6 000千克，每千克9元，合计54 000元。购入两种材料的运杂费2 600元，增值税进项税额10 660元。所有款项已用银行存款支付。材料已运达企业并验收入库，结转其采购成本。

（7）本月生产经营领用材料及用途，如表4－14所示。

表4－14　　领用材料汇总　　单位：元

项　目	甲材料	乙材料	丙材料	合计
生产产品耗用	21 000	20 000	3 000	44 000
其中：A产品	11 000	15 000	2 000	28 000
B产品	10 000	5 000	1 000	16 000
车间一般耗用	1 000	2 000	800	3 800
公司管理部门耗用	500	1 000	300	1 800
合计	22 500	23 000	4 100	49 600

（8）收到胜利公司还来的欠款4 000元，存入银行。

（9）根据“职工薪酬结算汇总表”，本月份应付职工工资28 600元，其中，A产品生产工人工资16 000元，B产品生产人员工资8 000元，车间管理人员工资3 000元，公司行政管理人员工资1 600元。

（10）签发现金支票从银行提取现金28 600元，准备用于发放工资。

（11）按规定的比例从工资总额中计提职工福利费用计4 004元，其中，A产品生产工人福利费2 240元，B产品生产工人福利费1 120元，车间管理人员福利费420元，公司行政管理人员福利费224元。

（12）公司以库存现金28 600元发放职工工资。

（13）以银行存款支付上月应交税费1 000元。

（14）根据“固定资产折旧计算表”本月车间固定资产折旧1 000元，公司行政管理用固定资产折旧580元。

（15）以银行存款支付车间房屋修理费用210元，公司行政管理部门的办公用房修理费用90元。

（16）以银行存款支付临时借款的利息1 500元。

（17）以银行存款购买办公用品1 000元，其中，车间领用300元，公司行政管理部门领用700元。

（18）将本月发生的制造费用按照生产工人工资比例分配转入A、B两种产品的生产成本。

（19）A产品2 000件全部完工，并已经验收入库，按其实际生产成本转账。

（20）本月销售商品给胜利公司。其中，A产品1 800件，每件售价30元；销售B产品1 000件，每件售价25元；增值税税率13%。以上款项尚未收到。

（21）结转上述已销A、B产品的销售成本。其中，销售A产品1 800件，每件生产成本21元；销售B产品1 000件，每件生产成本16元。

（22）以银行存款支付销售产品的包装费1 100元。

（23）计算本月应交的城市维护建设税1 185元，教育费附加395元。

（24）销售多余原材料，价款2 000元，增值税税率13%，款项收到存入银行。

（25）结转本月销售多余原材料的成本1 200元。

（26）没收某单位包装物逾期未还的押金1 500元。

（27）公司以现金支付交通罚款300元。

（28）计算并结转12月份利润总额。

（29）按12月份利润总额的25%计提并结转所得税。

（30）按12月净利润的10%计提盈余公积。

3. 要求：

（1）根据上述经济业务编制会计分录，分录要求写出明细分类账户。

（2）开设T型总分类账户并登记账户。

（3）根据总分类账户编制本期发生额及金额平衡表。

第二篇　会计循环过程

第五章　会计凭证

☞ **学习目标**

本章阐述了填制和审核会计凭证的基础知识。通过学习，要求了解会计凭证的概念和填制、审核会计凭证的意义，掌握会计凭证的种类，掌握原始凭证、记账凭证的填制内容，熟练掌握原始凭证和记账凭证的填制和审核方法。

第一节　会计凭证的作用和种类

一、会计凭证的概念

会计凭证是记录经济业务、明确经济责任并作为记账依据的书面证明。会计管理要求会计核算提供真实的会计资料，强调记录的经济业务必须有根有据。因此，任何企业、事业和行政单位，每发生一笔经济业务，都必须由执行或完成该项经济业务的有关人员取得或填制会计凭证，并在凭证上签名或盖章，以对凭证上所记载的内容负责。例如，购买商品、材料由供货方开出发票；付出款项由收款方开出收据；接收商品、材料入库要有收货单；发出商品要有发货单；发出材料要有领料单等。这些发票、收据、收货单、发货单、领料单都是会计凭证。

对于所有的会计凭证都必须认真填制，并经过财会部门严格审核。只有经审核无误的会计凭证才能作为经济业务发生或完成的证明，并进一步作为编制记账凭证或登记账簿的依据。

二、会计凭证的作用

填制和审核会计凭证是会计核算工作的起点，也是会计核算工作的基础。因此，填制和审核会计凭证，对完成会计工作任务、实现会计职能、发挥会计作用具有重要的意义。

（一）为会计核算提供原始依据

认真填制和严格审核会计凭证，可以为记账、算账提供真实、可靠的数据资料，从而保证会计核算的准确性。

任何一笔经济业务的发生，都必须填制会计凭证。会计凭证上记录着经济业务发生的时间、内容，通过认真填制和严格审核会计凭证，保证经济业务如实地反映在会计凭证上，并为账簿记录提供真实可靠的依据，使账簿记录与实际情况相符，这样就保证了会计核算资料的真实性和准确性，并为分析和检查经济活动与财务收支情况提供确切可靠的原始资料。

（二）发挥会计监督作用

认真填制和严格审核会计凭证，可以检查和监督经济业务活动的合理性、合法性，充分发挥会计的监督作用。

会计凭证记录和反映了经济业务活动的发生、进程和完成情况等具体内容，通过对会计凭证的严格审核，可以检查每笔经济业务是否合理、合规和合法。由于一切经济活动都必须认真填制会计凭证，不论是现金收支、财产增减，还是商品进出、款项结算及费用开支，都在会计凭证上进行了记录，对其内容的严格审核，可以查明每笔经济业务活动是否执行了计划、预算，是否符合有关政策、法令、制度的规定，有无违法乱纪和铺张浪费行为，从而可以严肃财经纪律，限制和防止各种违法行为，充分发挥会计的监督作用。

（三）加强岗位责任制、强化企业内部控制

认真填制和严格审核会计凭证，可以明确有关部门和有关人员在办理经济业务中的责任，控制经济运行。

由于会计凭证记录了每笔经济业务的内容，并由有关部门和有关人员签章，这就要求有关部门和有关人员对经济业务的真实性、准确性和合法性负责。这样就能加强有关部门和有关人员的责任感，促使他们严格按照政策、法令、制度、计划和预算办事，防止违法乱纪和铺张浪费行为。

三、会计凭证的种类

经济业务的纷繁复杂决定了会计凭证是多种多样的。为了正确地使用和填制会计凭证，必须对会计凭证进行分类。会计凭证按照填制的程序和用途不同，可分为原始凭证和记账凭证。

（一）原始凭证

原始凭证是在经济业务发生或完成时由相关人员取得或填制的，用以记录或证明经济业务发生或完成情况并明确有关经济责任的具有法律效力的书面证明。任何经济业务发生都必须填制或取得原始凭证，原始凭证是组织会计核算的原始资料和重要依据。原始凭证按不同标准进行分类，可以分为不同的种类。

1. 原始凭证按其来源不同分类

原始凭证按其来源不同分类，可以分为外来原始凭证和自制原始凭证两种。

外来原始凭证是在经济业务活动发生或完成时，从其他单位或个人直接取得的原始凭证。例如“增值税专用发票”（见图5－1）、“普通发票”（见图5－2）以及运输部门的火车票和汽车票等凭证都是外来原始凭证。

自制原始凭证是在经济业务活动发生或完成时，由本单位经办业务的人员自行填制的原始凭证，例如收料单（见表5－1）、领料单（见表5－2）、产品入库单（见表5－3）。

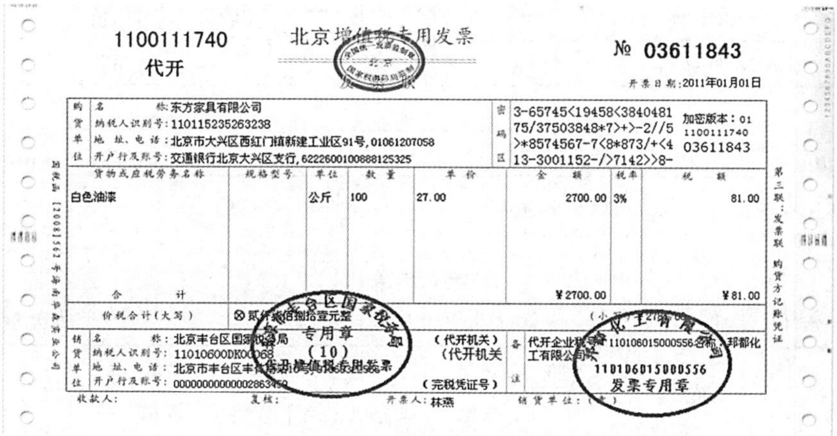
1100111740 代开

北京增值税专用发票

№ 03611843

开票日期：2011年01月01日

购货单位：名称：东方家具有限公司；纳税人识别号：110115235263238；地址、电话：北京市大兴区西红门镇新建工业区91号，01061207058；开户行及账号：交通银行北京大兴区支行，6222600100888125325

密码区：3-65745<19458<3840481 75/37503848*7>+>-2//5 >*8574567-7<8*873/+<4 13-3001152-/>7142>>8- 加密版本：01 1100111740 03611843

货物或应税劳务名称	规格型号	单位	数量	单价	金额	税率	税额
白色油漆		公斤	100	27.00	2700.00	3%	81.00
合计					¥2700.00		¥81.00

价税合计（大写）：⊗贰仟柒佰捌拾壹元整

销货单位：名称：北京丰台区国家税务局；纳税人识别号：11010600DK00068；地址、电话：北京市丰台区……；开户行及账号：000000000000002863459

备注：代开企业税号：110106015000556 名称：……邦都化工有限公司

收款人： 复核： 开票人：林燕 销货单位：（章）

第三联：发票联 购货方记账凭证

图5－1 增值税专用发票

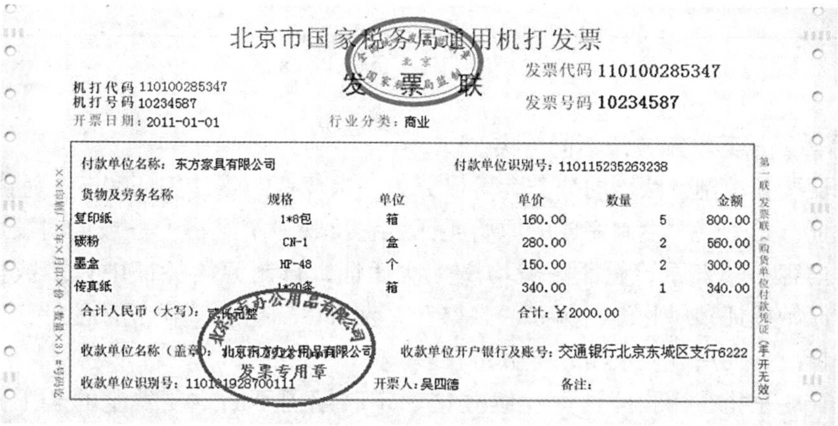
北京市国家税务局通用机打发票

发票联

机打代码 110100285347 机打号码 10234587 开票日期：2011-01-01

发票代码 110100285347 发票号码 10234587 行业分类：商业

付款单位名称：东方家具有限公司 付款单位识别号：110115235263238

货物及劳务名称	规格	单位	单价	数量	金额
复印纸	1*8包	箱	160.00	5	800.00
碳粉	CN-1	盒	280.00	2	560.00
墨盒	HP-48	个	150.00	2	300.00
传真纸	1*20卷	箱	340.00	1	340.00

合计人民币（大写）：贰仟元整 合计：¥2000.00

收款单位名称（盖章）：北京东方办公用品有限公司 收款单位开户银行及账号：交通银行北京东城区支行6222

收款单位识别号：110101928700111 开票人：吴四德 备注：

第二联 发票联（购货单位付款凭证）（手开无效）

图5－2 普通发票

表5－1 收料单

供货单位：××× 凭证编号：×××

发票号码：××× 20××年×月×日 收料仓库：×××

材料编号	材料规格及名称	计量单位	数量		价格	
			应收	实收	单价	金额
×××	甲种材料	吨	50	50	500	25 000
备注					合计	25 000

第×联

仓库负责人：××× 记账：××× 仓库保管：××× 收料：×××

表5-2　　**领料单**

领料部门：×××　　　　凭证编号：×××

用　　途：×××　　20××年×月×日　　收料仓库：×××

材料编号	材料规格及名称	计量单位	数量		价格	
			应收	实收	单价	金额
×××	A种材料	吨	2	2	500	1 000
备　注					合计	1 000

第×联

仓库负责人：×××　　发料：×××　　审批：×××　　领料：×××

表5-3　　**产品入库单**　　凭证编号：×××

交库单位：×××　　20××年×月×日　　产品仓库：×××

产品编号	产品名称	规格	单位	交付数量	检验结果		实收数量	单价	金额
					合格	不合格			
×××	A产品	×××	台	50	√		50	300	15 000
备　注									

第×联

记账：×××　　检验：×××　　仓库：×××　　经手：×××

2. 原始凭证按其填制方法不同分类

原始凭证按其填制方法不同分类，可以分为一次凭证、累计凭证和汇总凭证三种。

一次凭证，是指一次填制完成的原始凭证，它反映一笔经济业务或同时反映若干同类经济业务的内容。外来原始凭证一般均属一次凭证，自制原始凭证中大多数也是一次凭证。日常的原始凭证多属此类，例如“发票”“收料单”等。一次凭证能够清晰地反映经济业务活动情况，使用方便灵活，但数量较多。

累计凭证，是指在一张凭证上连续登记一定时期内不断重复发生的若干同类经济业务，直到期末才能填制完毕的原始凭证。累计凭证可以连续登记相同性质的经济业务，随时计算出累计数及结余数，期末按实际发生额记账。例如“费用限额卡”“限额领料单”（见表5-4）等。

汇总凭证，也叫原始凭证汇总表，是根据许多同类经济业务的原始凭证或会计核算资料定期加以汇总而重新编制的原始凭证。例如“发出材料汇总表”（见表5-5）、“差旅费报销单”等。汇总凭证既可以提供经营管理所需要的总量指标，又可以大大简化核算手续。

3. 原始凭证按用途不同分类

原始凭证按其用途不同分类，可以分为通知凭证、执行凭证和计算凭证三种。

通知凭证，是指要求、指示或命令企业进行某项经济业务的原始凭证，例如“罚款通知书”“付款通知单”“银行进账单”（见表5-6）等。

表 5－4　　**限额领料单**

领料部门：一车间　　凭证编号：×××

用途：电动机　　20××年10月　　发料仓库：×××

材料类别	材料编号	材料名称及规格	计量单位	领用限额	实际领用	单价	金额	备注
××	××	A种钢材	吨	10	8	500	4 000	

供应部门负责人：×××　　生产计划部门负责人：×××

日期	数量		领料人签章	发料人签章	扣除代用数量	退料			限额结余
	请领	实发				数量	收料人	发料人	
2	1	1	×××	×××					9
5	2	2	×××	×××		1	×××	×××	8
20	6	6	×××	×××					2
合计	9	9				1			2

表 5－5　　**发料凭证汇总表**

20××年×月×日

会计科目	领料部门	领料单张数	原材料	燃料	××	合计
生产成本	一车间	20	35 000			35 000
	二车间	10	15 000			15 000
	小计	30	50 000			50 000
制造费用	一车间	10	20 000			20 000
	二车间	10	15 000			15 000
	小计	20	35 000			35 000
合计		50	85 000			85 000

会计主管：×××　　记账：×××　　复核：×××　　制表：×××

表 5－6　　**××银行进账单（回单或收款通知）**

第×号

收款人	全称	甲公司	付款人	全称	乙公司
	账号	×××		账号	×××
	开户银行	×××		开户银行	×××

人民币（大写）捌仟伍佰元整	千	百	十	万	千	百	十	元	角	分
				¥	8	5	0	0	0	0

票据种类	支票	收款人开户银行盖章
票据张数	壹张	
单位主管　会计　复核　记账		

执行凭证，是指用来证明某项经济业务发生或已经完成的原始凭证，例如“销货发票”“材料验收单”“领料单”等。

计算凭证，是指根据原始凭证和有关会计核算资料而编制的原始凭证。计算凭证一般是为了便于以后记账和了解各项数据来源和产生的情况而编制的。例如“制造费用分配表”“产品成本计算单”“工资结算表”等。

4. 原始凭证按其格式不同分类

原始凭证按其格式不同分类，可以分为通用凭证和专用凭证两种。

通用凭证，是指全国或某一地区、某一部门统一格式的原始凭证。例如由银行统一印制的结算凭证、税务部门统一印制的发票等。

专用凭证，是指一些单位具有特定内容、格式和专门用途的原始凭证。例如高速公路通过费收据、养路费缴款单等。

上述内容是按不同的标准对原始凭证进行分类的结果，尽管原始凭证按照不同的分类标准分别属于不同的种类，而实际上各种类别之间既相互依存又密切联系。通常，外来的凭证大多为一次凭证，而计算凭证、累计凭证大多为自制原始凭证。

原始凭证分类结果可以归纳为如图 5 – 3 所示。

- 原始凭证
  - 按来源划分
    - 外来原始凭证
    - 自制原始凭证
  - 按填制方法划分
    - 一次凭证
    - 累计凭证
    - 汇总凭证
  - 按用途划分
    - 通知凭证
    - 执行凭证
    - 计算凭证
  - 按格式划分
    - 通用凭证
    - 专用凭证

图 5 – 3 原始凭证的分类

（二）记账凭证

记账凭证是财会部门根据审核无误的原始凭证进行归类、整理，记载经济业务简要内容，确定会计分录的会计凭证。显然，记账凭证是登记会计账簿的直接依据，由于会计凭证记录和反映的经济业务多种多样，因此，记账凭证也是多种多样的。记账凭证按不同的标准进行分类，可以分为不同的种类。

（1）记账凭证按其反映的经济内容不同，可以分为收款凭证、付款凭证和转账凭证三种。

收款凭证，是用于现金和银行存款收入业务的记账凭证，如表 5 – 7 所示。

付款凭证，是用于现金和银行存款支出业务的记账凭证，如表 5 – 8 所示。

转账凭证，是用于不涉及现金和银行存款收付业务的其他转账业务所用的记账凭证，如表 5 – 9 所示。

为了便于识别，各种凭证印制成不同的颜色。在会计实务中，对于现金和银行存款之间的收付款业务，为了避免重复记账，一般只编制付款凭证，不编制收款凭证。

表 5-7

收款凭证

______字第______号

借方科目：________ 年 月 日 附 件______张

摘要	贷方科目		金额										√
	总账科目	明细科目	千	百	十	万	千	百	十	元	角	分	
合计													

会计主管： 记账： 出纳： 复核： 制单：

表 5-8

付款凭证

______字第______号

贷方科目：________ 年 月 日 附 件______张

摘要	借方科目		金额										√
	总账科目	明细科目	千	百	十	万	千	百	十	元	角	分	
合计													

会计主管： 记账： 出纳： 复核： 制单：

表 5-9

转账凭证

______字第______号

年 月 日 附 件______张

摘要	总账科目	明细科目	借方金额											贷方金额											√
			亿	千	百	十	万	千	百	十	元	角	分	亿	千	百	十	万	千	百	十	元	角	分	
合计																									

会计主管： 记账： 出纳： 复核： 制单：

收款凭证、付款凭证和转账凭证，又称为专用记账凭证。实际工作中，货币资金的管理是财会人员的一项重要工作，为了单独反映货币资金收付情况，在货币资金收付业务量较多的单位，往往对货币资金的收付业务编制专用的收、付款凭证；有些经济业务简单或收、付款业务不多的单位，可以使用一种通用格式的记账凭证。这种通用记账凭证既可用于收、付款业务，又可用于转账业务，所以称为通用记账凭证。

（2）记账凭证按其填制方式不同，可分为单式记账凭证和复式记账凭证两种。

单式记账凭证是按一项经济业务所涉及的会计科目填制，每张凭证只填制一个会计科目，借方科目填制借项凭证，贷方科目填制贷项凭证，如表 5－10、表 5－11 所示。其优点是：内容单一，便于记账工作的分工，也便于按科目汇总，并可加速凭证的传递。其缺点是：凭证张数多，内容分散，在一张凭证上不能完整地反映一笔经济业务的全貌。故需加强凭证的复核、装订和保管工作。

复式记账凭证是将一项经济业务所涉及的对应科目填制在一张凭证上，如表 5－12 所示。其优点是：能完整地反映一笔经济业务的全貌，及经济业务所涉及的全部账户及其对应关系，且填写方便，附件集中，便于凭证的分析和审核。其缺点是：不便于记账工作的分工，也不便于按科目汇总。

表 5－10　借项记账凭证

对应科目：　　　　年　月　日　　　　编号

摘要	一级科目	二级或明细科目	金额	记账

附件　张

会计主管　　记账　　出纳　　复核　　制单

表 5－11　贷项记账凭证

对应科目：　　　　年　月　日　　　　编号

摘要	一级科目	二级或明细科目	金额	记账

附件　张

会计主管　　记账　　出纳　　复核　　制单

表 5－12　记账凭证

年　月　日　　　　编号

摘要	一级科目	二级或明细科目	借方金额	贷方金额	记账
合计					

附件　张

会计主管　　记账　　出纳　　复核　　制单

（3）记账凭证按汇总方法不同，可分为分类汇总凭证和全部汇总凭证两种。

会计通过确认、计量和报告等手段收集信息，根据实际发生的情况，有时为提高企业的管理水平与工作效率，需要适当简化登记总账的工作。若将凭证按一定的标准汇总，依据汇总后的凭证登记账簿，会减少登记账簿的次数，有利于简化账簿的登记工作。因此，在会计实务中，为简化账簿的登记工作，通常将凭证按一定的标准汇总，按汇总后的信息而编制的记账凭证，一般称为汇总凭证。而所谓汇总凭证信息的方式，是指将同类经济业务的记账凭证或多类经济业务的记账凭证上的信息逐日或定期（3 天、5 天、10 天等）加以汇总。按照汇总凭证的方法不同，可以分为分类汇总凭证和全部汇总凭证。

分类汇总凭证是指定期将反映同类经济业务的记账凭证汇总编制成汇总记账凭证。分类汇总凭证既可以定期按现金、银行存款及转账业务进行分类汇总，也可以按收款凭证、付款凭证、转账凭证分别汇总。例如，可以将一定时期的收款凭证、付款凭证、转账凭证分别汇总，编制汇总收款凭证、汇总付款凭证、汇总转账凭证。

全部汇总凭证是指将单位一定时期内所有记账凭证，依据编制的会计分录，按相同会计科目的借方和贷方分别汇总，全部汇总在一张记账凭证上，编制记账凭证汇总表（或称科目汇总表），如表 5－13 所示。

表 5－13　记账凭证汇总表

年　月　日　　　　字第　号

会计科目	借方金额	记账	贷方金额	记账
库存现金				
应收账款				
短期借款				
…	…	…	…	…
实收资本				
合计				

会计主管　　记账　　审核　　制表

上述记账凭证分类的结果，可以归纳如图 5－4 所示。

- 记账凭证
  - 按经济内容不同划分
    - 收款凭证
    - 付款凭证
    - 转账凭证
  - 按填制方式不同划分
    - 单式记账凭证
    - 复式记账凭证
  - 按汇总方式不同划分
    - 分类汇总凭证
    - 全部汇总凭证

图 5－4　记账凭证的分类

第二节　会计凭证的填制和审核

填制和审核会计凭证是会计工作的起点，也是会计核算的基础。会计凭证的质量在一定意义上决定了分类核算和会计报表的质量。因此会计机构必须对原始凭证进行审核，并根据经过审核的原始凭证及有关资料编制记账凭证。

一、原始凭证的填制与审核

（一）原始凭证的基本内容

原始凭证记录的经济业务种类繁多，但无论是哪一种原始凭证，都应具备一些基本内容，这些基本内容包括如下几项：

（1）原始凭证的名称。

（2）填制原始凭证的日期和凭证编号。

（3）接受凭证的单位名称。

（4）经济业务内容，如品名、数量、单价、金额大小写。

（5）填制原始凭证的单位名称和填制人姓名。

（6）经办人员的签名或盖章。

有些原始凭证，不仅要满足会计工作的需要，还应满足其他管理工作的需要。因此，在有些凭证上，除具备上述内容外，还应具备其他一些项目，例如与业务有关的经济合同、结算方式、费用预算等，以更加完整、清晰地反映经济业务。

在实际工作中，各单位根据会计核算和管理的需要，可自行设计印制适合本单位需要的各种原始凭证。但是对于在一个地区范围内经常发生的大量同类经济业务，应由各主管部门统一设计印制原始凭证。例如银行统一印制的银行汇票、转账支票和现金支票等，由铁路部门统一印制的火车票，由税务部门统一印制的有税务登记的发票，财政部门统一印制的收款收据等。这样，不但可以使原始凭证的内容格式统一，而且便于加强监督管理。

（二）原始凭证的填制

填制原始凭证，要由填制人员将各项原始凭证要素按规定方法填写齐全，办妥签章手续，明确经济责任。为了保证原始凭证能清晰地反映各项经济业务的真实情况，原始凭证的填制必须符合以下要求：

1. 记录要真实

原始凭证的填制，要由填制人或经办人根据经济业务的实际执行和完成情况填写，不得伪造涂改。

2. 内容要完整、手续要完备

原始凭证填制的内容必须完整、齐全。凭证的填制日期、经济业务的内容、数量和金额都必须认真填写，不得遗漏。经办人员及有关单位、人员要签名盖章，做到手续完备。

3. 书写要规范

文字摘要要简练，数量、单价、金额计算要正确；各种凭证必须连续编号，以便考查；凭证如果已有预先编号的，在写错作废时，应加盖“作废”戳记并保存，不得销毁；书写要符合规定。大小写要按规定使用蓝黑、碳素墨水，字迹要工整、清晰。各种原始凭证不能随意涂改，应按正确方法更正。

4. 填制要及时

各种原始凭证必须在经济业务发生时及时填写，并应按规定的程序及时送交财务部门，由财务部门加以审核并据以编制记账凭证。

（三）原始凭证的审核

为了正确反映和监督各项经济业务，财务部门对取得的原始凭证，必须进行严格审核和核对，保证核算资料的真实、合法、完整。只有经过审查无误的原始凭证，才能作为编制记账凭证和登记账簿的依据。原始凭证的审核，是会计监督工作的一个重要环节，一般应从以下方面进行：

1. 审核原始凭证的真实性

审核原始凭证的日期、业务内容、数据等是否真实。

2. 审核原始凭证记录经济业务的合法性和合理性

对原始凭证进行审核时，应以财经政策法令、规章制度和企业的计划、预算和合同为依据，进行合法性和合理性的审核。

3. 审核原始凭证的完整性

审核原始凭证上所填写的经济业务是否符合实际情况，凭证必须具备的基本内容是否齐全。

4. 审核原始凭证的正确性

在原始凭证上，填写的数量、单价、金额等数据都必须清楚且计算正确。

总之，原始凭证经过审核后，对于符合要求的原始凭证，及时编制记账凭证并登记账簿；对于手续不完备、内容记载不全或数字计算不正确的原始凭证，应退回有关经办部门或人员补办手续或更正；对于伪造、涂改或经济业务不合法的凭证，应拒绝受理，并向本单位领导汇报，提出拒绝执行的意见；对于弄虚作假、徇私舞弊、伪造涂改凭证等违法乱纪行为，必须及时揭露并严肃处理。

二、记账凭证的填制与审核

（一）记账凭证的基本内容

记账凭证是会计人员根据审核无误的原始凭证进行归类、整理，并确定会计分录而编制的会计凭证，是登记账簿的依据。由于原始凭证只表明经济业务的内容，而且种类繁多、数量庞大、格式不一，因而不能直接记账（注：自制的原始凭证汇总表除外，因为该种凭证是原始凭证和记账凭证相结合的凭证，可以代替记账凭证，作为记账依据）。为了分类反映经济业务的内容，必须按会计核算方法的要求，将其归类、整理、编制记账凭证，标明经济业务应记入的账户名称及应借应贷的金额，作为记账的直接依据。所以，记账凭证必须具备以下内容：

（1）记账凭证的名称。

（2）填制凭证的日期、凭证编号。

（3）经济业务的内容摘要。

（4）经济业务应记入账户的名称、记账方向和金额。

（5）所附原始凭证的张数和其他附件资料。

（6）会计主管、记账、复核、出纳、制单等有关人员签名或盖章。

记账凭证和原始凭证同属于会计凭证，但二者有着明显的不同。原始凭证是由经办人员填制，记账凭证一律由会计人员填制；原始凭证根据发生或完成的经济业务填制，记账凭证根据审核后的原始凭证填制；原始凭证仅用以记录、证明经济业务已经发生或完成，记账凭证要依据会计科目对已经发生或完成的经济业务进行归类、整理。

（二）记账凭证的填制

1. 记账凭证的填制要求

填制记账凭证是一项重要的会计工作，为了便于登记账簿，保证账簿记录的正确性，填制记账凭证应符合以下要求：

（1）正确填写会计分录。必须按照会计准则统一规定的会计科目填写，不得任意简化和改动，不得只写科目编号、不写科目名称；同时注明记账方向，以便于记账。

（2）各种记账凭证的使用格式应相对稳定。特别是在同一会计年度，不宜随意更换，以免引起编号、装订、保管方面的不便与混乱。

（3）记账凭证的摘要应简明扼要，字迹清晰，准确表达经济业务的主要内容。既要防止简而不明，又要防止过于烦琐。

（4）记账凭证应附有原始凭证，并注明张数。除期末转账和更正错误的记账凭证可以没有原始凭证外，其他记账凭证都必须有原始凭证。如果两张或两张以上的记账凭证依据同一原始凭证，则应在未附有原始凭证的记账凭证上注明：原始凭证 × 张，附于第 × × 号凭证后。

（5）记账凭证上必须有填制人员、审核人员、记账人员和会计主管签章。对收款凭证和付款凭证，必须先审核，审核后再办理收、付款业务。出纳人员应在有关凭证上签章，以明确经济责任。对已办理收款或付款的凭证和所附的原始凭证，出纳人员要立即加盖"收讫"或"付讫"，以免重收、重付。

填制记账凭证时如果发生错误，应当重新填制。已经登记入账的记账凭证在当年内发生错误的，如果是使用的会计科目或记账凭证方向有错误，可以用红字金额填制一张与原凭证内容相同的记账凭证，在摘要栏注明"注销某月某日某号凭证"字样，同时再用蓝字重新填制一张正确的记账凭证，在摘要栏注明"更正某月某日某号凭证"字样；如果会计科目和记账方向都没有错误，只是金额错误，可以按正确数字和错误数字之间的差额，另编一张调整的记账凭证，调增金额用蓝数字，调减金额用红数字。发现以前年度的金额有错误时，应当用蓝字填制一张更正的记账凭证。

记账凭证中，文字、数字和货币符号的书写要求，与原始凭证相同。实行会计电算化的单位，其机制记账凭证应当符合对记账凭证的基本要求，打印出来的机制凭证上，要加盖制单人员、审核人员、记账人员和会计主管人员印章或者签字，以明确责任。

2. 记账凭证的填制方法

（1）单式记账凭证的填制。单式记账凭证，就是在一张凭证上只填列一个会计科目。一项经济业务的会计分录涉及几个会计科目，就填几张记账凭证。为了保持会计科目间的对应关系，便于核对，在填制一个会计分录时编一个总号，再按凭证张数编几个分号，如第 4 笔经济业务涉及三个会计科目，编号则为 $4\frac{1}{3}$，$4\frac{2}{3}$，$4\frac{3}{3}$。

单式记账凭证中，填列借方账户名称的称为借项记账凭证，填列贷方账户名称的称为贷项记账凭证。为了便于区别，两者常用不同的颜色印制。

（2）复式记账凭证的填制。复式记账凭证就是在一张记账凭证上记载一笔完整的经济业务所涉及的全部会计科目。为了清晰地反映经济业务的来龙去脉，不能将不同的经济业务合并填制。

收款凭证、付款凭证和转账凭证属于复式记账凭证，其中，收款凭证和付款凭证根据现金和银行存款收付业务有关的原始凭证进行填制，转账凭证根据有关转账业务的原始凭证填制。

（三）记账凭证的审核

记账凭证编制以后，必须由专人进行审核，借以监督经济业务的真实性、合法性和合理性，并检查记账凭证的编制是否符合要求。审核的内容主要有以下几个方面：

（1）记账凭证是否附有原始凭证，原始凭证是否齐全、内容是否合法，记账凭证所记录的经济业务与所附原始凭证所反映的经济业务是否相符，是否合法。

（2）记账凭证应借、应贷的会计科目是否正确，账户的对应关系是否清晰，所使用的会计科目及其核算内容是否符合会计制度的规定，金额计算是否准确。

（3）摘要是否填写清楚、项目填写是否齐全，如日期、凭证编号、二级和三级明细会计科目、附件张数以及有关人员签章等。

（4）实行会计电算化的单位，对于机制记账凭证，要认真审核，做到会计科目使用正确，数字准确无误。打印出来的机制记账凭证要加盖制单人员、稽核人员、记账人员及会计机构负责人、会计主管人员印章或者签字。

在审核过程中，如果发现不符合要求的地方，应要求有关人员采取正确的方法进行更正。只有经过审核无误的记账凭证，才能作为登记账簿的依据。

第三节　会计凭证的传递与保管

一、会计凭证的传递

会计凭证的传递，是指从原始凭证的填制或取得时开始，经过填制、稽核、记账，直到归档保管为止的整个过程中，在本单位内部有关职能部门和人员之间的传递路线、传递时间和处理程序。

各种会计凭证所记载的经济业务不同，涉及的部门和人员不同，办理的业务手续也不同，因此，应当为各种会计凭证规定一个合理的传递程序，即一张会计凭证填制后应交到哪个部门、哪个岗位，由谁办理业务手续，直到归档保管为止。

正确、合理地组织会计凭证的传递，有利于有关部门和有关人员及时地了解经济业务活动的情况，加速对经济业务的处理。同时，有利于加强各部门的经济责任，也有利于实现会计监督，以充分发挥会计的监督作用。

由于企业生产经营的组织不同，经济业务的内容不同，企业管理的要求也不尽相同。在会计凭证的传递中，也应根据具体情况，确定每一种凭证的传递程序和方法，作为业务部门和会计部门处理会计凭证的工作规范。

各单位要根据经济业务的特点、企业机构的设置和人员分工的情况及经营管理上的需要，恰当地规定各种会计凭证的格式、份数、传递的程序。会计凭证的传递，既要满足会计核算的要求，也要兼顾计划、统计、管理上的需要；既要避免凭证上的不必要的传递环节，又要不影响按规定手续进行处理和审核。

关于会计凭证的传递时间，各单位要根据有关部门和人员对经济业务办理必要手续（如计量、检验、审核、登记等）的需要，确定凭证在各个环节停留的时间，保证业务手续的完成。但又要防止不必要的耽搁，从而使会计凭证以最快速度传递，以充分发挥及时传递经济信息的作用。

为了确保会计凭证的安全和完整，各单位要建立凭证交接的签收制度，在各个环节中都应指定专人办理交接手续，做到责任明确，手续完备、严密、简便易行。

会计凭证的传递程序、传递时间和衔接手续明确后，各单位可制成会计凭证流转图，制定会计凭证传递程序，规定会计凭证传递的路线、环节，在各环节上的时间、处理内容及交接手续，使会计凭证传递工作有条不紊、迅速有效地进行。

二、会计凭证的保管

会计凭证的保管是指会计凭证记账后的整理、装订、归档和存查工作。

会计凭证是记录经济业务、明确经济责任、具有法律效力的证明文件，又是登记账簿的依据，所以，它是重要的经济档案和历史资料。任何企业在完成经济业务手续和记账之后，必须按规定立卷归档，形成会计档案资料，妥善保管，以便日后随时查阅。

1. 原始凭证的保管

原始凭证应附在记账凭证后面，要求粘贴的原始凭证应真实、合法、完整、正确，粘贴要干净整洁，排列有序。

对于纸张面积过小的原始凭证，可先按一定次序和类别排列，再粘在一张同记账凭证大小相同的白纸上，粘贴时宜用胶水。证票应分张排列，同类、同金额的单据尽量粘在一起，并在一旁注明张数和合计金额。如果是板状票证，可以将票面票底轻轻撕开。

对于纸张面积略小于记账凭证的原始凭证，可先用回形针或大头针别在记账凭证后面，待装订时再抽去回形针或大头针。

对于纸张面积大于记账凭证的原始凭证，可按记账凭证的面积尺寸，先自右向后，再自下向后两次折叠。注意应把凭证的左上角或左侧面让出来，以便装订后，还可以展开查阅。

2. 记账凭证的保管

每月记账完毕，要将本月各种记账凭证加以整理，检查有无缺号，附件是否齐全，然后按顺序号排列，加具封面、封底，装订成册。如果在一个月内，凭证数量过多，可分装若干册，在封面上加注“共几册”字样。

封面上应注明：单位的名称、所属的年度和月份、起讫的日期、记账凭证的种类、起讫号数。封面上应由会计主管和保管人员签章。装订凭证的厚度以 1.5 ~ 2cm 为宜，一般为 30 张记账凭证装订一本，装订时要考虑到凭证的整齐均匀，特别是装订线的位置，如果太薄时可用纸折一些三角形纸条，均匀地垫在此处，以保证它的厚度与凭证中间的厚度一致。

在装订线上加贴封签，并在封签处加盖会计主管的骑缝图章。在装订好的凭证本的脊背上面写上“某年某月第几册共几册”的字样。现金凭证、银行凭证和转账凭证应依次顺序编号，一个月从头编一次序号，如果单位的凭证少，可以全年顺序编号。

如果某些记账凭证所附原始凭证数量过多，也可以单独装订保管，但应在其封面及有关记账凭证上加注说明。对重要原始凭证，如合同、契约、押金收据以及需要随时查阅的收据等在需要单独保管时，应编制目录，并在有关的记账凭证上注明附件另行保管，以便查核。

装订成册的会计凭证应集中保管，并指定专人负责。查阅时，要有一定的手续制度。会计凭证的保管期限和销毁手续，必须严格执行会计制度。在保管期限内的凭证，不得任意销毁。对于达到保管期限要进行销毁的会计凭证，应开列清单，并经单位领导审核报经上级主管部门批准后，方可对其进行销毁。

【复习思考题】

1. 什么是会计凭证，会计凭证的作用有哪些？
2. 什么是原始凭证？原始凭证如何进行分类？原始凭证的基本内容有哪些？
3. 什么是记账凭证？记账凭证如何进行分类？记账凭证的基本内容有哪些？
4. 简述原始凭证如何进行填制？原始凭证的审核要求有哪些？
5. 简述记账凭证如何进行填制？记账凭证的审核要求有哪些？
6. 如何组织企业会计凭证的传递？
7. 会计凭证的保管有哪些基本要求？

本章练习题

一、单项选择题

1. 为保证会计账簿记录的正确性，会计人员编制记账凭证时必须依据（　　）。

A. 金额计算正确的原始凭证　　B. 填写齐全的原始凭证

C. 审核无误的原始凭证　　D. 盖有填制单位财务公章的原始凭证

2. 下列会计凭证中，只需反映价值量不反映实物量的是（　　）。
   A. 材料入库单　　B. 实存账存对比表
   C. 工资分配汇总表　　D. 限额领料单
3. 下列原始凭证中，属于累计凭证的是（　　）。
   A. 收料单　　B. 发货票
   C. 领料单　　D. 限额领料单
4. 对于将现金送存银行的业务，会计人员应填制的记账凭证是（　　）。
   A. 银行收款凭证　　B. 现金付款凭证
   C. 银行收款凭证和现金付款凭证　　D. 转账凭证
5. 下列内容不属于记账凭证审核内容的是（　　）。
   A. 凭证是否符合有关的计划和预算
   B. 会计科目使用是否正确
   C. 凭证的内容与所附原始凭证的内容是否一致
   D. 凭证的金额与所附原始凭证的金额是否一致
6. 下列记账凭证中可以不附原始凭证的是（　　）。
   A. 所有收款凭证　　B. 所有付款凭证
   C. 所有转账凭证　　D. 用于结账的记账凭证
7. 原始凭证按其来源和用途不同，分为（　　）。
   A. 外来凭证和自制凭证　　B. 原始凭证和记账凭证
   C. 专用记账凭证和通用记账凭证　　D. 一次使用凭证和累计使用凭证
8. 关于会计凭证的传递与保管，以下说法不正确的是（　　）。
   A. 保证会计凭证在传递过程中的安全、及时、准确和完整
   B. 要建立会计凭证交接的签收手续
   C. 会计凭证记账完毕后，应当按分类和编号装订成册
   D. 原始凭证不得外借，也不得复制
9. 会计日常核算工作的起点是（　　）。
   A. 填制和审核会计凭证　　B. 财产清查
   C. 设置会计科目和账户　　D. 登记账簿
10. 下列各项中，不属于原始凭证审核内容的是（　　）。
   A. 原始凭证的真实性　　B. 原始凭证的合法性
   C. 原始凭证的完整性　　D. 会计科目的正确性

二、多项选择题

1. 下列单据中属于原始凭证的有（　　）。
   A. 借款单　　B. 发票
   C. 收料单　　D. 领料单
   E. 对账单
2. 各种原始凭证必须具备的基本内容有（　　）。

A. 凭证的名称

B. 经济业务事项名称、数量、单价和金额

C. 填制凭证的单位名称或者填制人姓名

D. 应借应贷账户的名称和方向

E. 填制凭证的日期

3. 记账凭证的基本内容包括（　　）。

A. 凭证的名称和编号

B. 经济业务事项摘要

C. 会计科目的名称、方向和金额

D. 凭证填制的日期和有关人员的签章

E. 所附原始凭证张数

4. 下列经济业务中，应填制转账凭证的有（　　）。

A. 国家以厂房对企业投资

B. 外商以货币资金对企业投资

C. 购买材料未付款

D. 销售商品收到商业汇票一张

E. 支付前欠某单位账款

5. 下列经济业务中，应填制付款凭证内容的有（　　）。

A. 提现金备用

B. 购买材料预付定金

C. 购买材料未付款

D. 以存款支付前欠某单位账款

E. 将现金存入银行

6. 会计凭证可以（　　）。

A. 记录经济业务

B. 明确经济责任

C. 登记账簿

D. 编制报表

E. 财产清查

7. 下列原始凭证中，属于外来凭证的有（　　）。

A. 购入材料取得的增值税专用发票

B. 出差的住宿费收据

C. 银行结算凭证

D. 收料单

E. 入库单

8. 下列凭证中，属于汇总原始凭证的有（　　）。

A. 发料凭证汇总表

B. 制造费用分配表

C. 科目汇总表

D. 差旅费报销单

E. 限额领料单

9. 下列说法正确的有（　　）。

A. 原始凭证必须记录真实，内容完整

B. 一般原始凭证发生错误，必须按规定办法更正

C. 有关现金和银行存款的收支凭证，如果填写错误，必须作废

D. 购买实物的原始凭证，必须有验收证明

E. 一式几联的原始凭证，应当注明各联的用途，只能用一联作为报销凭证

10. 记账凭证的填制要求包括（　　）。

A. 凭证摘要简明　　　　B. 业务记录明确

C. 科目运用准确　　　　D. 附件数量完整

E. 填写内容齐全

三、判断题

1. 原始凭证仅是填制记账凭证的依据，不能作登记账簿的依据，只有记账凭证才是登记账簿的依据。（　　）

2. 企业每项交易或事项的发生都必须从内部取得原始凭证。（　　）

3. 从会计循环来看，取得、填制和审核会计凭证是会计工作的开始环节。（　　）

4. 涉及现金和银行存款增减的业务编制收款凭证或付款凭证，不涉及现金和银行存款的业务编制转账凭证。（　　）

5. 单式记账凭证便于分工记账，复式记账凭证不便于分工记账。（　　）

6. 在填制记账凭证时，可以只填会计科目的编号，不填会计科目名称，以简化记账凭证的编制。（　　）

7. 为了避免重复记账，企业将现金存入银行或从银行提取现金的事项，一般只编制收款凭证，不同时编制付款凭证。（　　）

8. 出纳人员在办理收款或付款业务后，应在凭证上加盖"收讫"或"付讫"的戳记，以避免重收或重付款项。（　　）

9. 会计机构、会计人员对记载不准确、不完整的原始凭证予以退回，并要求按照国家统一的会计制度的规定更正、补充。（　　）

10. 原始凭证对于发生和完成的经济业务具有法律证明效力。（　　）

四、业务题

1. 目的：练习收款凭证、付款凭证和转账凭证的编制。

2. 资料：长江公司20××年4月份发生的部分经济业务（均已取得或填制原始凭证）如下：

（1）4月3日，从银行取得生产经营用借款200 000元，借款期限为6个月，月利率0.4%，该项借款的本金到期后一次归还，利息分月预提，按季支付。借款已存入银行存款户。

（2）4月3日，销售A产品一批，开出的增值税专用发票上注明的售价为304 000元，增值税额为39 520元，款项已存入银行存款户。

（3）4月3日，从银行提取现金2 000元备用。

（4）4月3日，用银行存款归还前欠A公司货款102 000元。

（5）4月3日，用银行存款支付广告费250 000元。

（6）4 月 3 日，从银行取得借款 500 000 元，借款期限为 3 年，年利率为 8.4%，到期一次还本付息，借款已存入银行存款户。

（7）4 月 3 日，购买不需安装的设备一台，取得的增值税专用发票上注明的货款为 400 000 元，增值税额为 52 000 元，另支付运杂费 2 000 元，款项通过银行支付，设备已投入使用。

（8）4 月 8 日，向新兴公司购入甲材料一批，取得的增值税专用发票上注明的货款为 200 000 元，增值税额为 26 000 元，另新兴公司代垫运杂费 400 元，材料已验收入库，款项尚未支付。

（9）4 月 9 日，企业行政管理人员张某出差回来报销差旅费 1 500 元，原预支 2 000 元。

（10）4 月 24 日，销售原材料 500 元，现金收讫。

（11）4 月 30 日，A 产品本月制造完工 1 000 件，已验收入库。实际成本为 580 000 元，予以结转。

（12）4 月 30 日，结转本月销售 A 产品的成本 220 400 元。

3. 要求：根据上述经济业务取得或填制的原始凭证，填制收款凭证、付款凭证和转账凭证。

第六章　会计账簿

☞ **学习目标**

本章阐述了设置和登记会计账簿的基础知识。通过学习，要求了解设置和登记会计账簿的意义和会计账簿的种类，掌握各类账簿的格式和内容，熟练掌握和运用登记会计账簿的方法和规则、更正错账的方法以及对账与结账等方面的知识和技能。

第一节　设置会计账簿的意义和种类

会计账簿是以会计凭证为依据，对各项经济业务进行全面、连续、系统的记录和核算的簿籍，由专门的格式及一定形式联结在一起的账页所组成。在形式上，会计账簿是若干账页的组合；在实质上，会计账簿是会计信息形成的重要环节，是会计资料的主要载体之一，也是会计资料的重要组成部分。

会计账簿是账户的表现形式，两者既有区别又有联系。账户是在账簿中以规定的会计科目开设户头，用以规定不同的账簿所记录的内容，账户存在于账簿之中，账簿中的每一账页就是账户的存在形式和信息载体。如果没有账户也就没有所谓的账簿；如果没有账簿，账户也成了一种抽象的东西，无法存在。但是账簿只是一种外在形式，账户才是它的真实内容。账簿序时分类地记载经济业务，是在个别账户中完成的，也可以说，账簿是由若干张账页组成的一个整体，而开设于账页上的账户则是这个整体上的个别部分。因此，账簿和账户的关系，是形式和内容的关系。

一、设置和登记会计账簿的意义

合理地设置和登记账簿，能系统地记录和提供企业经济活动的各种数据。它对加强企业经济核算、改善和提高经营管理有着重要意义，主要表现在以下几个方面：

（1）通过设置和登记账簿，可以系统、完整地归纳和积累会计核算资料，反映企业经营管理全貌，为改善企业经营管理，合理使用资金提供资料。通过账簿的序时核算和分类核算，把企业经营活动情况，收入的构成和支出的情况，财产物资的购置、使用、保管情况，全面、系统地反映出来，用于监督计划、预算的执行情况和资金的合理有效使用，促使企业改善经营管理。

（2）通过设置和登记账簿，利用账簿的核算资料，可以为会计分析和会计检查提供依据，便于检查核对企业财产物资情况。通过对账簿资料的检查分析，可以了解企业贯彻有关方针、政策、制度的情况，可以考核各项计划的完成情况。另外，对资金使用是否合理、费用开支是否符合标准、经济效益是否提高、利润的形成和分配是否符合规定等做出分析、评价，从而找出差距，挖掘潜力，提出改进措施。

（3）通过设置和登记账簿，可以为编制财务报表提供依据。根据账簿记录的费用、成本和收入、成果资料，可以计算一定时期的财务成果，检查费用、成本、利润计划的完成情况。经核对无误的账簿资料及其加工的数据，为编制财务报表提供总括和具体的资料，是编制财务报表的重要依据。

二、会计账簿的分类

在会计账簿体系中，有各种不同功能和作用的账簿，它们各自独立，又互为补充。为了便于理解和使用，可以从不同的角度对会计账簿进行分类。

（一）会计账簿按用途分类

会计账簿按其用途不同，可分为序时账簿、分类账簿和备查账簿。

1. 序时账簿

序时账簿又称日记账，是按经济业务发生或完成时间的先后顺序进行登记的账簿。按其记录的内容不同，序时日记账又分为普通日记账和特种日记账。

（1）普通日记账是指用来逐笔记录全部经济业务的序时账簿。即把每天发生的各项经济业务逐日逐笔地登记在日记账中，并确定会计分录，然后据以登记分类账。

（2）特种日记账是用来逐日逐笔记录某一类经济业务的序时账簿。特种日记账簿兼有序时和分类的作用。目前在我国，大多数单位一般只设现金日记账和银行存款日记账。

2. 分类账簿

这是对全部经济业务按照会计要素的具体类别而设置的分类账户进行分类登记的账簿。按照总分类账户分类登记经济业务事项的是总分类账簿，简称总账；按照明细分类账户分类登记经济业务事项的是明细分类账簿，简称明细账。分类账簿提供的核算信息是编制财务报表的主要依据。

在实际工作中，序时账簿和分类账簿还可以结合为一本，既进行序时登记，又进行总分类登记的联合账簿，称为“日记总账”。

3. 备查账簿

备查账簿简称备查账，是对某些能在序时账簿和分类账簿等主要账簿中进行登记或者登记不够详细的经济业务事项进行补充登记时使用的账簿，又称为辅助账簿。这些账簿可以对某些经济业务的内容提供必需的参考资料，但是它记录的信息无须编入财务报表中，所以也称表外记录。备查账簿没有固定格式，可由各单位根据管理的需要自行设置与设计。如租入固定资产登记簿、应收票据备查簿、受托加工来料登记簿等。

（二）会计账簿按外形特征分类

会计账簿按其外形特征不同，可以分为订本式账簿、活页式账簿和卡片式账簿。

1. 订本式账簿

订本式账簿也称订本账，是指在账簿启用前就把具有账户基本结构并连续编号的若干张账页固定地装订成册的账簿。这种账簿的优点是：可以避免账页散失，防止账页被随意抽换，比较安全；其缺点是：由于账页固定，不能根据需要增加或减少，不便于按需要调整各账户的账页，也不便于分工记账。这种账簿一般用于总分类账、现金日记账和银行存款日记账。

2. 活页式账簿

活页式账簿也称活页账，是指年度内账页不固定装订成册，而是将其放置在活页账夹中的账簿。当账簿登记完毕之后（通常是一个会计年度结束之后），才能将账页予以装订，加具封面，并给各账页连续编号。这种账簿的优点是：随时取放，便于账页的增加和重新排列，便于分工记账和记账工作电算化；缺点是：账页容易散失和被随意抽换。活页账在年度终了时，应及时装订成册，妥善保管。各种明细分类账一般采用活页账式。

3. 卡片式账簿

卡片式账簿又称卡片账，是指由许多具有一定格式的卡片组成，存放在一个卡片箱内的账簿。卡片账的卡片一般装在卡片箱内，不用装订成册，随时可存放，也可跨年度长期使用。这种账簿的优点是：便于随时查阅，也便于按不同要求归类整理，不易损坏；其缺点是：账页容易散失和被随意抽换。因此，在使用时应对账页连续编号，并加盖有关人员图章，卡片箱应由专人保管，更换新账后也应封扎保管，以保证其安全。在我国，单位一般只对固定资产和低值易耗品等资产的明细账采用卡片账形式。

（三）会计账簿按账页的格式分类

会计账簿按其账页的格式不同，可以分为两栏式账簿、三栏式账簿、多栏式账簿、数量金额式账簿和平行式账簿。

1. 两栏式账簿

两栏式账簿，是指其账页的格式只有借方和贷方两个基本金额栏目的账簿。普通日记账一般采用两栏式。

2. 三栏式账簿

三栏式账簿，是指其账页的格式主要部分为借方、贷方和余额三栏，或者收入、支出和余额三栏的账簿。这种三栏式账页的格式还可分别设计为有对方科目和无对方科目两种。有“对方科目”栏的，称为设对方科目的三栏式账簿；无“对方科目”栏的，称为不设对方科目的三栏式账簿。三栏式的格式是账页格式中最基本的形式，它主要适用于各种日记账、总分类账以及资本、债权债务明细账等。

3. 多栏式账簿

多栏式账簿，是指根据经济业务的内容和管理的需要，在账页的“借方”和“贷方”栏内再分别按照明细科目或某明细科目的各明细项目设置若干专栏的账簿。这种账簿可以按“借方”和“贷方”分别设专栏，也可以只设“借方”专栏，“贷方”的内容在相应的借方专栏内用红字登记，表示冲减。收入、费用明细账一般均采用这种格式的账簿。

4. 数量金额式账簿

数量金额式账簿，是指在账页中分设“借方”“贷方”“余额”三大栏，或者“收入”“发出”“结存”三大栏，并在每一大栏内分设数量、单价和金额三小栏的账簿。数量金额式账簿能够反映出财产物资的实物数量和价值量。原材料和库存商品、产成品等明细账一般采用数量金额式账簿。

5. 平行式账簿

平行式账簿又称为横线登记式账簿，是指账页分为借方和贷方两个基本栏目，每一个栏目再根据需要分设若干栏次，在账页两方的同一行，记录某一经济业务自始至终所有事项的账簿。它主要适用于需要逐笔结算的经济业务的明细账，例如“在途物资”明细账一般采用平行式账簿。

第二节　会计账簿的设置与登记

会计账簿的设置，包括确定账簿的种类，设计账页的格式、内容和规定账簿登记的方法。

各单位应根据经济业务的特点和管理要求，科学、合理地设置账簿。账簿的设置要组织严密、体系完整，有关账簿之间要有统驭关系或平衡的制约关系，以提供科学完整的核算指标，满足有关各方对会计信息提供的要求。账簿的设置要在满足实际需要的前提下，考虑节省人力、物力，防止重叠设账、重复记账；同时，账簿格式的设计要力求简便实用，避免烦琐复杂，以提高会计工作效率。账簿的设置要保证能正确及时地提供编制会计报表所需要的资料。账簿设置要符合单位的实际情况，有利于财会部门的内部分工和加强岗位责任制，便于进行记账、算账、报账工作。单位规模大小、会计机构和人员配备的不同，账簿设置也应有所不同。

会计账簿的基本内容主要包括封面（含封底）、扉页和账页。封面（含封底）起保护账页的作用，封面上一般写账簿的名称及单位的名称。扉页主要用来登载“账簿启用表”和“账户目录”，明确账簿启用日期、记账人员等内容。账页是会计账簿的主体部分，账页具有一定的格式，用来连续系统地进行会计核算。现以制造业企业为例，说明日记账和分类账设置、登记的一般方法。

一、日记账的设置和登记

日记账是用来逐日逐笔序时地反映全部经济业务的账簿。因此，日记账需逐笔过账，工作量相当大，也不便于会计人员的分工记账。随着管理上对会计所提供的信息和分工记账的要求不断提高，在会计实务中日记账也经历了一个由简单到复杂的发展过程，即从普通日记账发展到专栏式日记账，进而又发展到特种日记账。因此，现在常见的日记账簿有普通日记账和特种日记账两类。

（一）普通日记账

普通日记账是逐日登记一般经济业务的序时账簿。在不设特种日记账的企业，要序时地逐笔登记企业的全部经济业务。因其中的主要内容是会计分录，因此普通日记账也称分录簿。

经济业务发生时，应按先后顺序将会计处理结果逐日记入普通日记账，再根据日记账过入分类账，并在“过账”栏内注明“√”符号，表示已经过账（这样就可使记账的错误和遗漏减到最小限度，并便于事后根据业务发生的时间次序进行查账）。

普通日记账的格式如表6－1所示。它一般设有借方和贷方两个金额栏，所以又称为两栏式日记账。这种日记账的优点是可以将每天发生的经济业务逐笔加以反映，但不结出余额。由于不便于分工记账，而且又不能将经济业务加以分类归集，所以过账的工作量会比较大。

表6－1 普通日记账（二栏式） 第　页

20××年		凭证		会计科目	摘要	借方金额	贷方金额	过账
月	日	字	号					
3	1	转	1	在途物资	购入材料	15 000		
				应交税费	增 值 税	255		
				应付账款	××公司		15 255	

（二）特种日记账

特种日记账是用来专门记录某一类经济业务的日记账。企业最常见的特种日记账有现金日记账和银行存款日记账，根据格式的不同又可以分为三栏式和多栏式两种形式。在企业、行政、事业单位中，进行现金日记账和银行存款日记账的登记，有利于加强货币资金的日常核算和监督，更好地贯彻执行国家规定的货币资金管理制度。

1. 现金日记账

现金日记账是用来核算和监督库存现金每日的收入、支出和结存状况的日记账簿。它由出纳人员根据现金收款凭证、现金付款凭证和银行存款付款凭证，按经济业务发生时间的先后顺序，逐日逐笔进行登记。在实际工作中，如果企业的经济业务复杂，并且现金业务对应的会计科目较多时，企业也可以分设现金收入日记账和现金支出日记账。

现金日记账账页的格式可以采用三栏式的格式。最常见是采用“借”“贷”“余”三栏式的现金日记账，如表6－2所示。三栏式现金日记账能全面反映每项现金收支的来龙去脉，便于分析和汇总对应科目及其金额。

表6－2 现金日记账（三栏式） 第　页

20××年		凭证号码		对方科目	摘要	借方金额	贷方金额	余额
月	日	字	号					
5	1				月初余额			1 500
	2	银付		银行存款	从银行提现	500		2 000
	3	现付		其他应收款	预支差旅费		300	1 700
	4	现付		管理费用	购买办公用品		50	1 650
	5	现收		其他应收款	交回差旅款余额	18		1 668
	6	现收		营业外收入	出售废旧物资	20		1 688

现金日记账账页的格式也可以采用多栏式的格式，但如果企业现金业务对应的会计科目较多时，多栏式现金日记账将会导致账页篇幅太大。此时，企业一般会将多栏式现金日记账分开设置为两本日记账，即多栏式现金收入日记账和多栏式现金支出日记账。多栏式现金收入日记账的格式，如表6－3所示；多栏式现金支出日记账的格式，如表6－4所示。当企业分别设置多栏式现金收入日记账和多栏式现金支出日记账的情况时，企业现金的结余数额按规定一般在多栏式现金收入日记账中反映。此时，企业的出纳人员每日除了根据审核无误的现金收款凭证、现金付款凭证和银行存款付款凭证，逐日逐笔登记多栏式现金收入日记账和多栏式现金支出日记账，每日终了时，还需将多栏式现金支出日记账中当天支出现金的合计数，过账记入多栏式现金收入日记账中的“支出合计”栏中。

表6－3　　现金收入日记账（多栏式）　　第　页

200×年		凭证号码		摘要	贷方科目			收入合计	支出合计	余额
月	日	字	号		银行存款	其他应收款	营业外支出			
5	1		1	月初余额						1 500
	2	银付		从银行提现	500			500		2 000
	2			转记					300	1 700
	5			转记					50	1 650
	6	现收	5	交回差旅费余额	18			18		1 668
	6	现收	6	出售废旧物资			20	20		1 688

表6－4　　现金支出日记账（多栏式）　　第　页

20××年		凭证号码		摘要	结算凭证		借方科目			
月	日	字	号		种类	号数	其他应付款	管理费用		支出合计
5	2	现付	2	预支差旅费			300			300
	5	现付	3	购买办公用品				50		350

2. 银行存款日记账

银行存款日记账是用来核算和监督银行存款每日的收入、支出和结存情况的日记账簿。它是由出纳人员根据银行存款收款凭证、银行存款付款凭证和现金付款凭证按经济业务发生时间的先后顺序，逐日逐笔进行登记的序时账簿。银行存款日记账应按企业在银行开立的账户和币种分别设置，每个银行存款账户设置一本银行存款日记账。

银行存款日记账账页的格式同现金日记账相似，既可以采用三栏式的格式，也可以采用多栏式的格式。但银行存款日记账通常多采用“借”“贷”“余”三栏式的格式，由出纳人员根据银行存款的收、付款凭证，逐日逐笔按顺序登记；对于将现金存入银行的业务，因习惯上只填制现金付款凭证，不填制银行存款收款凭证，所以此时的银行存款收入的数额，应根据相关的现金付款凭证登记。另外，因在办理银行存款收、付业务时，均根据银行结算凭证办理，为便于和银行对账，银行存款日记账还设有“结算凭证种类和号数”栏，单独列出每项存款收付所依据的结算凭证种类和号数。银行存款日记账和现金日记账一样，每日终了时要结出余额，做到日清，以便检查监督各项收支款项，避免出现透支现象，同时也便于同银行对账单进行核对。

当然，为了加强对现金日记账和银行存款日记账的管理，现金日记账和银行存款日记账都必须使用订本式账簿，由各企、事业单位的出纳人员负责货币资金的收、付及日记账的登记工作。根据我国《会计法》中的规定：出纳人员不得兼任稽核、会计档案保管和收入、支出、费用、债权债务账目的登记工作。因此，出纳人员仅负责登记现金日记账和银行存款日记账，除此之外的账簿登记工作应该由其他的会计人员负责。

二、分类账的设置和登记

分类账有总分类账和明细分类账两类。

（一）总分类账

总分类账也称总账，是按总分类科目开设账页、进行分类登记，总括地反映和记录具体经济内容的增减变动情况的账簿。总分类账簿是编制财务报表的重要依据，一般采用三栏式账页格式。由于总分类账能全面地、总括地反映和记录经济业务引起的资金运动和财务收支情况，并为编制财务报表提供数据，因此，任何单位都必须设置总分类账。

总分类账一般采用订本式账簿形式，按照会计科目的编码顺序分别开设账户，并为每个账户预留若干账页。由于总分类账只进行货币度量的核算，因此最常用的格式是三栏式，如表 6－5 所示。在账页中设置借方、贷方和余额三个基本金额栏，而“借或贷”栏是指账户的余额在借方还是在贷方。

总分类账的登记，可以根据记账凭证逐笔登记，也可以通过一定的方式分次或按月一次汇总成汇总记账凭证或科目汇总表，然后据以登记，还可以根据多栏式现金、银行存款日记账在月末时汇总登记。总分类账登记的依据和方法，取决于企业采用的账务处理程序。

表 6－5 **总分类账（三栏式）**

会计科目：原材料 第 页

20××年		凭证号数	摘要	借方	贷方	借或贷	余额
月	日						
7	1		月初余额			借	50 000
	2	转 1	材料验收入库	25 000		借	75 000
	5	转 2	领用材料		30 000	借	45 000

（二）明细分类账

明细分类账是根据明细科目开设账页，分类地登记经济业务具体内容，以提供明细资料的账簿。根据实际需要，各种明细账分别按二级科目或明细科目开设账户，并为每个账户预留若干账页，用来分类、连续记录有关资产、负债、所有者权益、收入、费用、利润等详细资料。设置和运用明细分类账，有利于加强对各会计要素的管理和使用，并为编制财务报表提供必要的资料。因此，各单位在设置总分类账的基础上，还要根据经营管理的需要，对部分总账科目设置相应的明细账，以形成既能提供经济活动总括情况，又能提供详细数据的账簿体系。

明细账的格式，应根据它所反映经济业务的特点，以及财产物资管理的不同要求来设计，一般有三栏式明细账、数量金额式明细账、多栏式明细账和平行式明细分类账四种。

1. 三栏式明细分类账

三栏式明细分类账账页的格式同总分类账的格式基本相同，它只设借方、贷方和金额三个金额栏，不设数量栏。所不同的是，总分类账簿为订本账，而三栏式明细分类账簿多为活页账。这种账页适用于采用金额核算的应收账款、应付账款等账户的明细核算。

2. 数量金额式明细账

数量金额式明细账账页格式在收入、发出、结存三栏内，再分别设置“数量”“单价”“金额”等栏目，以分别登记实物的数量和金额。

数量金额式明细账的格式，如表6－6所示。

表6－6　原材料明细分类账

会计科目：原材料　　第　页

类别：钢材　　品名及规格：×××　　计量单位：千克　　存放地点：××

20××年		凭证号码	摘要	收入			发出			结存		
月	日			数量	单价	金额	数量	单价	金额	数量	单价	金额
8	1		月初余额							1 000	100	100 000
	2	收1	购入	2 000	100	200 000				3 000	100	300 000
	5	转5	领用				500	100	50 000	2 500	100	250 000

3. 多栏式明细分类账

多栏式明细账的格式视管理需要而呈多种多样。它在一张账页上，按明细科目分设若干专栏，集中反映有关明细项目的核算资料。如“制造费用明细账”，它在借方栏下，可分设若干专栏，依据制造费用的来源，可设置如工资和福利费、折旧费、办公费等内容。企业发生的间接生产费用，借记“制造费用”科目；将“制造费用”分配计入有关成本核算对象时，贷记“制造费用”科目。除季节性生产企业外，“制造费用”科目在月末分配结转后应无余额。这类账页，多用于关于费用、成本、收入等类型科目的明细核算。

多栏式明细分类账的格式，如表6－7所示。

表 6－7 **制造费用明细分类账（多栏式）**

明细科目：制造费用 第　页

20××年		凭证号码	摘要	借方					贷方	余额
月	日			工资和福利费	折旧费	报纸杂志费	办公费	水电费		
8	5	现付 1	支付工资	3 500						3 500
	8	现付 3	支付报纸杂志费			500				4 000
	10	现付 5	支办公费				350			4 350
	15	转 10	支水电费					400		4 750
	30	转 20	支付折旧		2 000					6 750
	31	转 30	转入生产成本						6 750	0

多栏式明细分类账是由会计人员根据审核无误的记账凭证或原始凭证，按照经济业务发生的时间先后顺序逐日逐笔进行登记的。对于成本费用类账户，只在借方设专栏，平时在借方登记费用和成本的发生额，贷方登记月末借方发生额分配转出的数额。但对于贷方发生额，在登记明细账时，由于明细账簿未设置贷方栏，所以要用“红字”金额在借方有关栏内登记，表示应从借方发生额中冲减。同样，对于收入、成果类账户，其明细账只在贷方设专栏，平时在贷方登记收入和成果的发生额。对于借方发生额或转出额，则要用“红字”金额在贷方有关栏内登记。

4. 平行式明细分类账

平行式明细分类账也称横线登记式明细分类账，它的账页结构特点是：将前后密切相关的经济业务在同一横行内进行详细登记，以检查每笔经济业务完成及变动情况。该种账页一般用于“在途物资”等明细分类账。

平行式明细分类账的格式，如表 6－8 所示。

表 6－8 **在途物资明细分类账（平行式）**

材料名称：钢材——××× 第　页

20××年		凭证号码	摘要	借方金额			贷方金额				结余金额
月	日			买价	采购费用	合计	月	日	凭证号码	金额	
8	1		月初余额								0
	3		购入	5 500	300	5 800	8	5		5 800	
	5	（略）	购入	7 200	400	7 600		7	（略）	7 600	
	6		购入	2 800	500	3 300		8		3 300	
	8		购入	1 000	200	1 200		10		1 200	

平行式明细分类账的借方一般在购料付款或借出备用金时按会计凭证的编号顺序逐日逐笔登记，其贷方则不要求按会计凭证编号逐日逐笔登记，而是在材料验收入库或者备用

金使用后报销和收回时，在与借方记录的同一行内进行登记。同一行内借方、贷方均有记录时，表示该项经济业务已处理完毕，若一行内只有借方记录而无贷方记录的，表示该项经济业务尚未结束。

各种明细账的登记方法，应根据本单位业务量的大小和经营管理上的需要，以及所记录的经济业务内容而定，可以根据原始凭证、汇总原始凭证或记账凭证逐笔登记，也可以根据这些凭证逐日登记或定期汇总登记。

（三）总分类账和明细分类账的平行登记

分类账按隶属关系可分为总账和明细账，二者之间存在着非常密切的联系，总账和明细账反映的经济内容是相同的，只是反映的经济内容详细程度不一样。企业每发生一笔经济业务，需要在总账和明细账中同时登记，因而总账和明细账之间存在下列关系：

（1）总分类账户所属的各明细分类账户余额总计应与总分类账户余额相等。

（2）总分类账户是明细分类账户的统驭账户，对明细分类账起着统驭和控制作用。

（3）明细分类账户是总分类账户的从属账户，对总分类账起着辅助和补充作用。

总分类账的余额应与所属明细分类账的余额之和相等。在记账时，总分类账与明细分类账之间要实行平行登记。所谓平行登记，就是根据会计凭证，将所发生的经济业务既要记入有关总分类账，又要记入与总账相对应的明细账户的方法。其记账要点是：

（1）同时间登记，每项交易或事项必须根据同一会计凭证同时登记总分类账和明细分类账。

（2）同方向登记，登记总分类账及所属明细分类账时其借方或贷方的记账方向必须相同。

（3）同金额登记，登记总分类账的金额必须与所属明细分类账的合计金额相同。

【例6-1】 某企业在10月1日有原材料100万元，其中：甲种材料300千克计60万元，乙种材料100千克计40万元。假设10月份该企业发生材料购入和领用等业务如下：

10月6日，购进甲种材料400千克计80万元，乙种材料200千克计80万元。

10月15日，生产车间领用甲种材料200千克计40万元，乙种材料150千克计60万元用于产品生产。

上述业务发生时，需要在“原材料”总账以及所属的“甲种材料”和“乙种材料”明细账中进行平行登记。如表6-9、表6-10、表6-11所示。

表6-9　　总分类账

会计科目：原材料　　第　页

20××年		凭证号数	摘要	借方	贷方	借或贷	余额
月	日						
10	1		月初余额			借	1 000 000
	6	转1	材料验收入库	1 600 000		借	2 600 000
	15	转2	领用材料		1 000 000	借	1 600 000

表 6－10　　原材料明细分类账

会计科目：原材料　　第　页

类别：甲种材料　　品名及规格：×××　　计量单位：千克　　存放地点：××

200×年		凭证号码	摘要	收入			发出			结存		
月	日			数量	单价	金额	数量	单价	金额	数量	单价	金额
10	1		月初余额							300	2 000	600 000
	6	转 1	购入	400	2 000	800 000				700	2 000	1 400 000
	15	转 2	领用				200	2 000	400 000	500	2 000	1 000 000

表 6－11　　原材料明细分类账

会计科目：原材料　　第　页

类别：乙种材料　　品名及规格：×××　　计量单位：千克　　存放地点：××

20××年		凭证号码	摘要	收入			发出			结存		
月	日			数量	单价	金额	数量	单价	金额	数量	单价	金额
10	1		月初余额							100	4 000	400 000
	6	转 1	购入	200	4 000	800 000				300	4 000	1 200 000
	15	转 2	领用				150	4 000	600 000	150	4 000	600 000

第三节　会计账簿的规则和操作方法

一、会计账簿的启用

会计账簿的启用分两种情况，一种是新创立的企业，一种是持续经营的企业。新创立的企业，在创立时应依法建账，并启用账簿。持续经营的单位，在每个新的会计年度开始时，除固定资产明细账等少数明细分类账簿和备查账簿可以连续使用旧账外，其他的分类账簿和日记账均要在新年度开始时启用新账，不能跨年度使用。

在启用新账时，应在账簿封面上写明单位名称和账簿名称，并在账簿的扉页填写“账簿启用及交接表”，如表 6－12 所示。在“账簿启用及交接表”上要详细填写单位名称、账簿名称、启用日期、账簿册数、账簿编号、账簿页数等，并要填写记账人员和会计主管人员姓名，加盖记账人员和会计主管人员名章和单位公章。

如果会计人员因故离职时，应办理交接手续，在“账簿启用及交接表”交接记录栏内，填写清楚交接日期、接办人员和监交人员姓名等内容，并由交接双方人员签名或者盖章；实行会计电算化的单位，还应当在移交清册中列明会计软件及密码、会计软件数据磁盘（磁带等）及有关资料、实物等内容。

账簿启用时，若启用订本式账簿，应从第一页到最后一页顺序编定页数，不跳页、缺号；若启用活页式账簿，应按照账户顺序编号，定期装订成册。装订后应按实码使用的账页顺序编定页码，并另加目录登记每个账户的名称和页次。账簿启用后，登记账簿应由专人负责。

表 6－12　　　　账簿启用及交接表

账簿名称________　　　　单位名称________

账簿编号________　　　　账簿册数________

账簿页数________　　　　启用日期________

会计主管（签章）　　　　记账人员（签章）

移交日期	移交人		接管日期			接管人		会计主管	
年　月　日	姓名	盖章	年	月	日	姓名	盖章	姓名	盖章

二、记账规则

登记账簿是会计核算的基础环节，必须认真、严肃对待，切实做到登记及时，内容完整，数字正确清楚。为了做好记账工作，必须严格遵守各项记账要求。

记账规则主要包括以下几个方面：

（1）必须根据审核无误的会计凭证登记账簿。

（2）登记会计账簿时，应将会计凭证的日期、凭证种类、编号、业务内容摘要、金额和其他有关资料逐项记入账内，做到数字准确、摘要清楚、登记及时、字迹工整。

登记完毕后，记账人员要在记账凭证上签名或盖章，并在记账凭证的“账页”栏内注明所记账簿的页数，或画“√”符号，表示已经登记入账。

（3）记账必须使用蓝黑墨水或者碳素墨水书写，不得用圆珠笔（银行的复写账簿除外）或者铅笔书写。

红色墨水只能在下列情况使用：按照红字冲账的记账凭证，冲销错误记录；在不设借贷等栏的多栏式账页中登记减少数；在三栏式账户的余额栏前，如未印明余额方向的，在余额栏内登记负数余额；按照国家统一会计制度的规定可以用红字登记的其他会计记录，如结账、划线等。

（4）账簿中的文字和数字书写要符合规范，易于辨认。

文字、数字上面要留有适当空格，下方紧靠底线，一般应占格距的1/2。没有角分的整数，小数点后的两个“0”不得省略不写。

（5）记账时，必须按账户页次顺序逐页、逐行连续登记，不得跳行、隔页。

如果不慎出现跳行、隔页，不得任意涂改，应在空行、空页处用红色墨水划对角线注销，或者注明“此行空白”或“此页空白”字样，并由记账人员和会计主管人员签名或者盖章，以示证明。对订本式账簿，不得任意撕毁账页，对活页式账簿也不得任意抽换账页。

（6）每一张账页登记完毕需要结转下页继续登记时，要在该页最末一行的摘要栏内填写“过次页”字样，在借、贷方栏内登记本账页的发生额合计数，余额栏内结出余额；在下页第一行的摘要栏内填写“承前页”字样，在借、贷方栏和余额栏将上页的发生额合计数和余额过入，然后再登记新的经济业务。

(7) 凡需结出余额的账户，应当定期结出余额。

结出余额后，应在标明余额方向的“借或贷”栏内写明“借”或“贷”的字样。没有余额的账户，应在该栏内写“平”字，并在余额栏（“元”位上）内用“0”表示。现金和银行存款日记账必须逐日结出余额。

(8) 实行会计电算化的单位，总账和明细账应当定期打印。

三、错账更正规则

登记会计账簿是一项很细致的工作。在记账工作中，可能由于种种原因会使账簿记录发生错误，有的是填制凭证和记账时发生的单纯笔误；有的是写错了会计科目、金额等；有的是合计时计算错误；有的是过账错误。登记账簿中发生的差错，一经查出就应立即更正。对于账簿记录错误，不准涂改、挖补、刮擦或者用药水消除字迹，不准重新抄写，而必须根据错误的具体情况和性质，采用规范的方法予以更正。错账更正方法通常有划线更正法、红字更正法和补充登记法等几种。

（一）划线更正法

记账凭证填制正确，在记账或结账过程中发现账簿记录中文字或数字有错误，应采用划线更正法。具体做法是：先在错误的文字或数字上划一条红线，表示注销，划线时必须使原有字迹仍可辨认；然后将正确的文字或数字用蓝字写在划线处的上方，并由记账人员在更正处盖章，以明确责任。对于文字的错误，可以只划去错误的部分，并更正错误的部分，对于错误的数字，应当全部划红线更正，不能只更正其中的个别错误数字。例如，把“3 690”元误记为“3 609”元时，应将错误数字“3 609”全部用红线注销后，再写上正确的数字“3 690”，而不是只删改“09”字。如记账凭证中的文字或数字发生错误，在尚未过账前，也可用划线更正法更正。

（二）红字更正法

在记账以后，如果发现记账凭证中应借、应贷科目或金额发生错误时，可以用红字更正法进行更正。具体做法是：先用红字金额，填写一张与错误记账凭证内容完全相同的记账凭证，且在摘要栏注明“更正某月某日第×号凭证”，并据以用红字金额登记入账，以冲销账簿中原有的错误记录，然后再用蓝字重新填制一张正确的记账凭证，登记入账。这样，原来的错误记录便得以更正。

红字更正法一般适用于以下两种情况错账的更正：

(1) 记账后，如果发现记账凭证中的应借、应贷会计科目有错误，那么可以用红字更正法予以更正。

【例 6-2】 某车间领用甲材料 3 000 元，用于一般消耗。

①填制记账凭证时，误将借方科目写成“管理费用”，并已登记入账。原错误记账凭证为：

借：管理费用 3 000

　　贷：原材料 3 000

②发现错误后，用红字填制一张与原错误记账凭证内容完全相同的记账凭证。

借：管理费用 [3 000]

　　贷：原材料 [3 000]

（注：[3 000]表示红字，下同）

同时，应在该补编的记账凭证摘要栏中注明“冲销××号凭证错记科目金额”字样。

③用蓝字填制一张正确的记账凭证。

借：制造费用 3 000

　　贷：原材料 3000

同时，应在该补编的记账凭证摘要栏中注明“更正××号凭证错记科目金额”字样。

（2）记账后，如果发现记账凭证和账簿记录中应借、应贷的账户没有错误，只是所记金额大于应记金额，对于这种账簿记录的错误，更正的方法是：将多记的金额用红字填制一张与原错误记账凭证会计科目相同的记账凭证，并在摘要栏注明“冲销××号凭证多记金额”，并据以登记入账，以冲销多记的金额，使错账得以更正。

【例6-3】仍以【例6-2】为例，假设在编制记账凭证时应借、应贷账户没有错误，只是金额由3 000元写成了30 000元，并且已登记入账。

该笔业务只需用红字更正法编制一张记账凭证将多记的金额27 000元用红字冲销即可。编制的记账凭证为：

借：制造费用 [27 000]

　　贷：原材料 [27 000]

同时，应在该补编的记账凭证摘要栏中注明“冲销××号凭证多记金额”字样。

（三）补充登记法

在记账之后，如果发现记账凭证中应借、应贷的账户没有错误，但所记金额小于应记金额，造成账簿中所记金额也小于应记金额，这种错账应采用补充登记法进行更正。

更正的方法是：将少记金额用蓝笔填制一张与原错误记账凭证会计科目相同的记账凭证，并在摘要栏内注明“补记××号凭证少记金额”并予以登记入账，补足原少记金额，使错账得以更正。

【例6-4】仍以【例6-2】为例，假设在编制记账凭证时应借、应贷账户没有错误，只是金额由3 000元写成了300元，并且已登记入账。

该笔业务只需用补充登记法编制一张记账凭证将少记的金额2 700元补足便可。其记账凭证为：

借：制造费用 2 700

　　贷：原材料 2 700

同时，应在该补编的记账凭证摘要栏中注明“补记××号凭证少记金额”字样。

错账更正的三种方法中，红字更正法和补充登记法都是用来更正因记账凭证错误而产生的记账错误，如果非因记账凭证的差错而产生的记账错误，只能用划线更正法更正。

以上三种方法是对当年内发现填写记账凭证或者登记账簿错误而采用的更正方法，如果发现以前年度记账凭证中有错误（指会计科目和金额）并导致账簿登记出现差错，应当用蓝字或黑字填制一张更正的记账凭证。因错误的账簿记录已经在以前会计年度终了进行结账或决算，不可能将已经决算的数字进行红字冲销，只能用蓝字或黑字凭证对除文字外的一切错误进行更正，并在更正凭证上特别注明“更正××年度错账”的字样。

四、对账和结账

登记账簿是会计核算的基本方法之一，它除了包括记账外，还包括对账和结账两项工作。在月份和年度终了时，应将账簿记录核对结算清楚，使账簿资料如实反映情况，为编制财务报表提供可靠的资料。核对账目是保证账簿记录正确性的一项重要工作。

（一）对账

对账，就是核对账目。对账是保证会计账簿记录真实准确的重要程序。在会计工作中，由于种种原因，记账、计算等难免会发生差错，也难免会出现账实不符的现象。为了保证各账簿记录和财务报表的真实、完整和正确，如实地反映和监督经济活动，各单位必须做好对账工作。

账簿记录的准确与真实可靠，不仅取决于账簿的本身，还涉及账簿与凭证的关系、账簿记录与实际情况是否相符等问题。所以，对账应包括账簿与凭证的核对、账簿与账簿的核对、账簿与实物的核对，要把账簿记录的数字核对清楚，做到账证相符、账账相符和账实相符。

1. 账证核对

账证核对是指将会计账簿记录与会计凭证包括记账凭证和原始凭证有关内容进行核对。由于会计账簿是根据会计凭证登记的，两者之间存在勾稽关系，因此，通过账证核对，可以检查、验证会计账簿记录与会计凭证的内容是否正确无误，以保证账证相符。各单位应当定期将会计账簿记录与其相应的会计凭证记录（包括时间、编号、内容、金额、记录方向等）逐项核对，检查是否一致。如有不符之处，应当及时查明原因，予以更正。保证账证相符，是会计核算的基本要求之一，也是账账相符、账实相符的基础。

2. 账账核对

账账核对是指将各种会计账簿之间相对应的记录进行核对。由于会计账簿之间相对应的记录存在着内在联系，因此，通过账账相对，可以检查、验证会计账簿记录的正确性，以便及时发现错账，予以更正，保证账账相符。账账核对的内容主要包括以下几项：

（1）总分类账各账户借方余额合计数与贷方余额合计数核对相符。

（2）总分类账各账户余额与其所属明细分类账各账户余额之和核对相符。

（3）现金日记账和银行存款日记账的余额与总分类账中“现金”和“银行存款”账户余额核对相符。

（4）会计部门有关财产物资的明细分类账余额与财产物资保管或使用部门登记的明细账核对相符。

3. 账实核对

账实核对是在账账核对的基础上，将各种财产物资的账面余额与实存数额进行核对。由于实物的增减变化、款项的收付都要在有关账簿中如实反映，因此，通过会计账簿记录与实物、款项的实有数进行核对，可以检查、验证款项、实物与会计账簿记录的正确性，以便于及时发现财产物资和货币资金管理中存在的问题，查明原因，分清责任，改善管理，保证账实相符。账实核对的主要内容包括以下几项：

（1）现金日记账账面余额与现金实际库存数核对相符。

（2）银行存款日记账账面余额与开户银行对账单核对相符。

（3）各种材料、物资明细分类账账面余额与实存数核对相符。

（4）各种债权债务明细账账面余额与有关债权、债务单位或个人的账面记录核对相符。

实际工作中，账实核对一般要结合财产清查进行。有关财产清查的内容和方法将在以后的章节介绍。

（二）结账

结账，是在本期内所发生的经济业务全部登记入账的基础上，按照规定的方法对该期间内的账簿记录进行小结，结算出本期发生额合计和期末余额，并将其余额结转下期或者转入新账。

为了正确反映一定时期内在账簿中已经记录的经济业务，总结有关经济活动和财务状况，为编制财务报表提供资料，各单位应在会计期末进行结账。

1. 结账的基本程序

结账前，必须将属于本期内发生的各项经济业务和应由本期受益的收入、负担的费用全部登记入账。在此基础上，才可保证结账的有用性，确保财务报表的正确性。不得把将要发生的经济业务提前入账，也不得把已经在本期发生的经济业务延至下期（甚至以后期）入账。结账的基本程序具体表现为以下几个方面：

（1）将本期发生的经济业务事项全部登记入账，并保证其正确性。

（2）根据权责发生制的要求，调整有关账项，合理确定本期应计的收入和应计的费用。

（3）将损益类账户转入“本年利润”账户，结平所有损益类账户。

（4）结算出资产、负债和所有者权益账户的本期发生额和余额，并结转下期。

2. 结账的基本方法

按结账时间的不同，结账可以分为月结、季结、年结。月结，是指月末对本月账簿记录所进行的总结。通常的操作方法是月末在最后一笔业务下面划一条通栏单红线，在红线的下一行摘要栏内填写“本月合计”，合计本月该账户的本期借、贷方发生额，并计算本期期末余额，然后在这一行下面再划一条通栏单红线作为结账标志。对于损益类账户需要结出本年累计额的，在“本月合计”下一行按相同的方法计结“本年累计”。季结，是指季末时对本季账簿记录所进行的总结。通常的操作方法是季末在最后一个月的“本月合计”栏下一行的摘要栏内填写“本季合计”，合计本季该账户的借、贷方发生额，并计算本期期末余额，在“本季合计”栏下再划一条单红线作为季结标志。年结，是指年末时对本年账簿记录所进行的总结。通常的操作方法是年末在最后一个月、季的“本月合计”“本季合计”栏下一行的摘要栏内填写“本年合计”，合计本年该账户的借、贷方发生额，并计算本期期末余额，在“本年合计”栏下再划双红线作为年结标志。

因此，会计期末，对不同账簿结账的具体内容及方法，由于结账时间和账户记录的不同，应分别采用不同的结账方法。下面针对不同的情况分别阐述。

（1）总分类账的基本结账方法。

总分类账账户平时只需结出月末余额。年终结账时，要将所有总分类账账户结出全年发生额和年末余额，在摘要栏内注明“本年合计”字样，并在合计数下通栏划双红线，如表 6－13 所示（注：表 6－13～表 6－17 中粗线在实际工作中为红线）。

表 6－13　库存现金总账

库存现金

年		凭证		摘要	借方									贷方									借或贷	余额								
月	日	字	号		百	十	万	千	百	十	元	角	分	百	十	万	千	百	十	元	角	分		百	十	万	千	百	十	元	角	分
				承前页		2	1	7	4	4	1	0	0		2	1	7	1	1	0	0	0	借				1	1	3	0	0	0
11	30			11 月份科目汇总表			2	0	2	1	0	0	0			2	0	1	0	0	0	0	借				1	2	4	0	0	0
12	31			12 月份科目汇总表			1	9	2	6	9	0	0			1	8	9	9	0	0	0	借				1	5	1	9	0	0
				本年合计		2	5	6	9	2	0	0	0		2	5	6	2	0	0	0	0	借				1	5	1	9	0	0
				结转下年																												

（2）日记账及明细账的基本结账方法。

现金、银行存款日记账以及需要按月结计发生额的收入、费用等明细账，每月结账时，要在最后一笔经济业务记录下面通栏划单红线，结出本月发生额和余额，在摘要栏内注明“本月合计”字样，同时，在下面通栏划单红线，如表 6－14 所示。

表 6－14　库存现金日记账

库存现金日记账

年		凭证		摘要	借方									贷方									余额								
月	日	字	号		百	十	万	千	百	十	元	角	分	百	十	万	千	百	十	元	角	分	百	十	万	千	百	十	元	角	分
				承前页		3	5	4	2	5	3	3	0		2	5	1	0	7	7	6	0		2	9	6	6	2	5	7	0
11	24	记	61	提取现金													3	0	0	0	0	0		2	9	3	6	2	5	7	0
	25	记	62	收到前欠货款			2	8	2	5	5	5	0											3	2	1	8	8	1	2	0
	26	记	63	偿付前欠货款												3	0	4	3	7	2	0		2	9	1	4	4	4	0	0
	29	记	64	销售产品收到货款			7	6	5	1	8	0	0											3	6	7	9	6	2	0	0
	31			本月合计		4	5	9	0	2	6	8	0		2	8	4	5	1	4	8	0		3	6	7	9	6	2	0	0

对不需按月结计本期发生额的账户，例如各项应收应付款明细账和各项财产物资明细账等，每次记账以后，都要随时结出余额，每月最后一笔余额即为月末余额。月末结账时，只需要在最后一笔经济业务记录之下通栏划单红线，不需要再结计一次余额，如表6－15所示。

表6－15 应收账款明细账

应收账款——红星公司

年		凭证			借方									贷方									借或贷	余额								
月	日	字	号	摘要	百	十	万	千	百	十	元	角	分	百	十	万	千	百	十	元	角	分		百	十	万	千	百	十	元	角	分
				承前页																			借				4	0	0	0	0	0
11	07	记	15	收到货款存入银行													4	0	0	0	0	0	平							0		
	14	记	43	销售货款，款未收				9	3	0	1	5	0										借				9	3	0	1	5	0
	25	记	63	收到货款存入银行													9	3	0	1	5	0	平							0		
12	08	记	71	销售货款，款未收			1	0	5	3	0	0	0										借			1	0	5	3	0	0	0

需要结计本年累计发生额的某些明细账户，每月结账时，应在“本月合计”行下结出自年初起至本月末止的累计发生额，登记在月份发生额下面，在摘要栏内注明“本年累计”字样，需在下面通栏划单红线。12月末的“本年累计”就是全年累计发生额，全年累计发生额下通栏划双红线，如表6－16所示。

表6－16 主营业务收入明细账

主营业务收入——甲产品

年		凭证			借方									贷方									借或贷	余额								
月	日	字	号	摘要	百	十	万	千	百	十	元	角	分	百	十	万	千	百	十	元	角	分		百	十	万	千	百	十	元	角	分
				承前页		3	5	7	2	1	0	0	0		3	7	4	9	1	0	0	0	贷			1	7	7	0	0	0	0
11	24	记	39	销售产品，款未收													6	7	5	0	0	0	贷			2	4	4	5	0	0	0
	29	记	46	销售产品货款已收												1	2	0	0	0	0	0	贷			3	6	4	5	0	0	0
	30	记	51	结转本月收入			3	6	4	5	0	0	0										平							0		
	30			本月合计			3	6	4	5	0	0	0			3	6	4	5	0	0	0	平							0		
	30			本年累计		3	9	3	6	6	0	0	0		3	9	3	6	6	0	0	0	平							0		
12	13	记	60	销售产品，款未收												1	5	8	4	0	0	0	贷			1	5	8	4	0	0	0
	22	记	65	销售产品货款已收												3	2	7	6	0	0	0	贷			4	8	6	0	0	0	0
	31	记	69	结转本月收入			4	8	6	0	0	0	0										平							0		
	31			本月合计			4	8	6	0	0	0	0			4	8	6	0	0	0	0	平							0		
	31			本年累计		4	4	2	2	6	0	0	0		4	4	2	2	6	0	0	0	平							0		

（3）结转下年的基本结账方法。

年度终了结账时，有余额的账户，要将其余额结转下年，并在摘要栏注明“结转下年”字样。在下一会计年度新建有关会计账户的第一行余额栏内填写上年结转的余额，并在摘要栏注明“上年结转”字样，如表6－17所示。

表6－17　　　　　　　　　　　　**银行存款总账**

银行存款

年		凭证			借方									贷方									借或贷	余额								
月	日	字	号	摘要	百	十	万	千	百	十	元	角	分	百	十	万	千	百	十	元	角	分		百	十	万	千	百	十	元	角	分
01	01			上年结转																			借				5	0	0	0	0	0
01	31			1月份科目汇总表			3	1	8	4	2	5	0		3	5	5	4	8	1	0		借				1	2	9	4	4	0

五、会计账簿的更换和保管

年终结账后，在新的会计年度，总账、日记账和多数明细账应当更换新账。更换新账时，为了保证会计核算的连续性，应将上年度的“年末余额”结转到新账簿上，在新账簿的第一行摘要栏内填写“上年结转”，并在余额栏内填写年初余额数及余额方向。

有些财产物资明细账和债权债务明细账，如固定资产明细账、原材料明细账等由于材料品种、规格和往来单位较多，更换新账的工作量较大，可以跨年度使用，不必每年更换一次。备查账簿也可以连续使用。

会计账簿同会计凭证和财务报表一样，都属于会计档案，是重要的经济档案，各单位必须按规定妥善保管，确保其安全与完整，并充分加以利用。

年终，会计人员应将更换下来的活页账、卡片账装订成册，顺序编号，加具封面封底，登记存档保管。采用电子计算机进行会计核算的单位，应当保存打印出的纸质会计档案。

当年形成的会计档案，在会计年度终了后，可暂由会计机构保管一年，期满之后，应当由会计机构编制移交清册，移交本单位档案机构统一保管；未设立档案机构的，应当在会计机构内部指定专人保管。

保管期满后，一定要按规定的审批程序，报经批准后方可销毁。

【复习思考题】

1. 简要说明设置会计账簿的意义。
2. 会计账簿按用途分类有哪些类型？会计账簿按账页格式分类有哪些类型？
3. 简要说明会计日记账的登记方法。简要说明明细账和总账的登记方法。
4. 简要说明记账规则的一些基本要求。
5. 结账的种类有哪些？企业应如何进行结账？
6. 对账的种类有哪些？企业应如何进行对账？

本章练习题

一、单项选择题

1. 债权债务明细分类账一般采用（　　）。

A. 多栏式账簿　　B. 数量金额式账簿

C. 三栏式账簿　　D. 以上三种都可以

2. 按照经济业务发生时间的先后顺序逐日逐笔连续登记的账簿是（　　）。

A. 明细分类账　　B. 日记账

C. 总分类账　　D. 备查账

3. 下列明细分类账中，应采用数量金额式账簿的是（　　）。

A. 应收账款明细账　　B. 库存商品明细账

C. 应付账款明细账　　D. 管理费用明细账

4. 下列明细分类账，应采用多栏式账页格式的是（　　）。

A. 生产成本明细账　　B. 原材料明细账

C. 其他应收款明细账　　D. 应收账款明细账

5. 记账人员根据记账凭证登记完账簿后，要在记账凭证上注明已记账的符号，主要是为了（　　）。

A. 便于明确记账责任　　B. 避免错行或隔页

C. 避免重记或漏记　　D. 防止凭证丢失

6. 下列账簿中，要求必须逐日结出余额的是（　　）。

A. 现金日记账和银行存款日记账　　B. 债权债务明细账

C. 财产物资明细账　　D. 总账

7. 某企业通过银行收回应收账款 9 000 元，在填制记账凭证时，误将金额记为 8 000 元，并已登记入账。当年发现记账错误，更正时应采用的更正方法是（　　）。

A. 重编正确的收款凭证　　B. 划线更正法

C. 红字更正法　　D. 补充登记法

8. 记账人员在登记账簿后，发现所依据的记账凭证中使用的会计科目有误，则更正时应采用的更正方法是（　　）。

A. 涂改更正法　　B. 划线更正法

C. 红字更正法　　D. 补充登记法

9. 下列明细账中，不宜采用三栏式账页格式的是（　　）。

A. 应收账款明细账　　B. 应付账款明细账

C. 管理费用明细账　　D. 短期借款明细账

10. 用于分类记录单位的全部交易或事项，提供总括核算资料的账簿是（　　）。

A. 总分类账　　B. 明细分类账

C. 日记账　　D. 备查账

二、多项选择题

1. 可采用三栏式的账簿有（　　）。
   A. 应收账款明细账　　B. 制造费用明细账
   C. 管理费用明细账　　D. 应付账款明细账
   E. 现金日记账
2. 下列各项方法中，属于更正错账的方法有（　　）。
   A. 划线更正法　　B. 补充登记法
   C. 平行登记　　D. 红字更正法
   E. 更改凭证
3. 下列各账户可以采用多栏式明细账簿的有（　　）。
   A. 生产成本　　B. 管理费用
   C. 原材料　　D. 制造费用
   E. 库存商品
4. 下列不符合登记账簿要求的有（　　）。
   A. 可以用圆珠笔记账　　B. 应按页逐行登记，不得隔页跳行
   C. 日记账要逐笔逐日登记　　D. 所有账簿都应逐笔逐日登记
   E. 记账的依据是审核无误的会计凭证
5. 企业会计实务中，采用订本式的账簿有（　　）。
   A. 固定资产总账　　B. 固定资产明细账
   C. 现金日记账　　D. 原材料总账
   E. 总分类账
6. 会计账簿按用途分为（　　）。
   A. 序时账　　B. 分类账
   C. 备查账　　D. 总账
   E. 联合账
7. 下列属于账实核对的有（　　）。
   A. 现金日记账账面余额与现金实际库存数核对
   B. 会计部门的财产物资明细分类账与财产物资保管和使用部门的有关明细分类账核对
   C. 各种财产物资明细分类账各账户的余额与各种财产物资的实存数额核对
   D. 各种债权债务明细分类账各账户的余额与有关债务、债权单位的账面记录核对
   E. 总分类账各账户借方余额合计数与贷方余额合计数核对
8. 账簿按其外表形式分类，包括（　　）。
   A. 订本式账簿　　B. 活页式账簿
   C. 卡片式账簿　　D. 辅助性账簿
   E. 日记账

9. 明细分类账的登记依据可以有（　　）。

A. 记账凭证　　B. 原始凭证

C. 汇总原始凭证　　D. 科目汇总表

E. 日记账

10. 下列账簿属于明细分类账格式的有（　　）。

A. 三栏式　　B. 多栏式

C. 卡片式　　D. 订本式

E. 平行式

三、判断题

1. 现金收、付业务较少的单位，不必单独设置现金日记账，可以用银行对账单或其他方法代替现金日记账，以简化核算。（　　）

2. 会计账簿登记中，如果不慎发生隔页，应立即将空页撕掉，并更改页码。（　　）

3. 为了明确划分各会计年度的界限，年度终了各种会计账簿都应更换新账。（　　）

4. 任何单位，对账工作至少一年进行一次。（　　）

5. 会计账簿的记录是编制财务报表的前提和依据，也是检查、分析和控制单位经济活动的重要依据。（　　）

6. 多栏式账簿主要适用于既需要记录金额，又需要记录实物数量的财产物资明细账户。（　　）

7. 在物资采购明细账中，如果同一行内借方、贷方均有记录，则说明该项交易已处理完毕，采购的物资已验收入库。（　　）

8. 各单位不得违反《会计法》和国家统一的会计制度的规定私设会计账簿。（　　）

9. 单位取得的货币资金收入必须及时入账，不得私设“小金库”，不得账外设账，严禁收款不入账。（　　）

10. 现金日记账和银行存款日记账必须逐日结出余额。（　　）

四、业务题

（一）习题一

1. 目的：练习银行存款日记账的登记方法。

2. 资料：长江公司有关银行存款日记账的资料如下：

长江公司20×2年12月31日资产总额为756 186元（其中银行存款45 460元），负债总额为175 000元，所有者权益总额为581 186元。20×3年1月1日至5日发生以下经济业务：

（1）1日，开出转账支票一张，支付上月所欠购料款15 600元（支票号码411）。

（2）1日，预收大华公司货款5 668元，款项已存入银行。

（3）1日，开出现金支票一张，提取现金12 000元（支票号码256）。

（4）2日，以银行存款3 500元支付购买材料的运杂费。

（5）5日，收到红光公司投入货币资金100 000元，款项存入银行。

（6）5日，开出转账支票一张，交纳上月应交税费9 500元（支票号码412）。

3. 要求：

（1）分别计算该公司20×3年1月5日的资产、负债和所有者权益总额。

（2）根据所给资料，登记银行存款日记账。

（二）习题二

1. 目的：练习更正错账的方法。

2. 资料：光明公司20××年1月31日在进行对账时，发现下列经济业务的记账凭证或账簿记录发生错误：

（1）从银行提取现金5 300元。记账凭证没有错误，过账后，账簿金额误记为3 500元。

（2）管理部门购买办公用品2 000元，用银行存款支付。该公司记账凭证上编制的会计分录为：

借：制造费用　　2 000

　　贷：银行存款　　2 000

并据以登记入账。

（3）以银行存款偿还短期借款20 000元。经检查，发现记账凭证上应借、应贷的会计科目没有错，只是金额误记为200 000元，并据以登记入账。

（4）以一张面值为84 000元的商业承兑汇票抵付应付账款。经检查，发现记账凭证上应借、应贷的会计科目没有错，只是金额误记为54 000元，并据以登记入账。

（5）职工预借差旅费5 000元，编制的会计分录如下：

借：管理费用　　5 000

　　贷：库存现金　　5 000

并据以登记入账。

（6）计提管理用固定资产的折旧10 000元，编制的会计分录为：

借：管理费用　　1 000

　　贷：累计折旧　　1 000

并据以登记入账。

（7）生产领用材料6 000元，编制的会计分录为：

借：生产成本　　60 000

　　贷：原材料　　60 000

并据以登记入账。

（8）购买办公用品500元，编制的会计分录为：

借：管理费用　　500

　　贷：库存现金　　500

但在登记账簿时，误将“管理费用”账户登记为50元。

3. 要求：根据上述资料，采用正确的方法更正错账。

第七章　财产清查

☞ **学习目标**

通过本章的学习，了解财产清查前的准备工作，掌握财产盘存制度，熟练掌握各项财产物资和往来款项的清查方法以及财产清查结果的处理等方面的知识和技能。

第一节　财产清查概述

一、财产清查的概念

财产清查是对各项财产物资、结算款项等进行实地盘点和核对，查明财产物资、货币资金和债权、债务结算款项的实有数额，确定其账面结存数额和实际结存数额是否一致，以保证账实相符的一种会计核算的专门方法。

财产清查是内部牵制制度的一部分，其目的在于确定内部牵制制度执行是否有效。为了正确掌握各项财产的真实情况，保证会计资料的准确性，必须在账簿记录的基础上运用财产清查这一方法，对本单位的各项财产、物资和货币资金等进行定期和不定期的清查，使账簿记录与实物、款项实存数额相符，保证会计核算资料的真实性。

二、财产清查的意义

财产清查的范围通常包括：该单位所拥有的各项财产物资、货币资金以及债权、债务结算款项等。账簿记录的正确，并不能说明账簿所作的记录真实可靠，有很多客观原因使各项财产物资的账面数额与实际结存数额发生差异。

下列几种情况可能使各项财产的账面数额与实际结存数额发生差异：由于财产物资在保管过程中，发生自然损耗、意外灾害造成的毁损；由于手续不健全或制度不严密而发生的错收、错付、丢失、被盗；由于计量或检验不准确，造成多收多付或少收少付；由于管理不善或责任者的过失造成的财产毁损、错记、漏记、重记；由于有关凭证传递时间不同形成的未达账项，造成结算双方账实不符；即使在账实相符的情况下，由于财产物资的毁损变质使账簿记录不符合客观真实性等，这些情况都会导致其账面数额与实际结存数额不一致。

因此，需要定期或不定期对财产物资进行清查，以保证账实相符。开展财产清查的工作具有十分重要的意义。

（一）保证账实相符，确保会计资料真实可靠

通过财产清查，查明各项财产物资的实际结存数，并与账面结余进行核对，确定账实

是否相符，若不相符，计算确定差异，按会计核算规定的手续及时调整账面记录，以做到账实相符。在此基础上，编制财务报表，才可以保证财务报表的各项数据真实准确。

（二）保护财产物资的安全完整

通过财产清查，及时查明各项财产物资是否完整无缺，有无毁损、短缺、变质等情况，以及保管是否妥当，以便及时改进，消除隐患，保证物资完好无损。

（三）挖掘财产物资的潜力，提高其使用效率

通过财产清查，在掌握各项财产物资实有数的同时，查明其储备和利用情况，对储备不足的物资应及时进货，以保证供给；对超储积压物资和闲置物资及时处理，减少损失浪费。同时采取有力措施，充分挖掘现有财产物资的潜力，发挥其最佳使用效能，提高利用率。

（四）建立健全财产物资管理的规章制度

通过财产清查，可以及时发现各种财产物资在收入、发出、领退各环节存在的问题和薄弱环节，有针对性地改进管理办法，建立健全管理制度和内部控制制度，明确经济责任，防患于未然，提高财产物资管理水平，保证物流管理质量。

（五）维护财经纪律，执行结算制度

通过财产清查，可以查清债权债务的结算情况，有无长期拖欠或不合理情况；查明应缴国家的各种税费是否及时足额上缴，发现是否有化公为私、营私舞弊的行为。通过清查，促使企业严格遵守财经纪律、法规，认真执行结算制度，做到资金及时偿还和收回。

三、财产清查的种类

在会计实务中，财产清查的种类很多，可以按不同的标志进行分类。通常主要有以下两种分类。

（一）按清查对象的范围进行分类

财产清查按其清查范围的大小，可分为全面清查和局部清查。

1. 全面清查

全面清查就是对属于本单位或存放在本单位的所有财产物资、货币资金和各项债权债务进行全面盘点和核对。对资产负债表所列项目，要逐一盘点、核对。全面清查的内容多，范围广，一般出现以下情况时，必须进行全面清查。

（1）年终决算之前，要进行全面清查。

（2）单位撤并，或者改变其隶属关系时，要进行全面清查，以明确经济责任。

（3）开展资产评估、清产核资等专项经济活动时，需要进行全面清查，以摸清家底，便于有针对性地组织资金供应。

2. 局部清查

局部清查就是根据管理的需要或依据有关规定，对部分财产物资、债权债务进行盘点和核对。通常情况下，对于流动性较大的材料物资，除年度清查外，年内还要轮流盘点或重点抽查；对于贵重物资，每月都应清查盘点一次；对于库存现金，应由出纳人员当日清

点核对，实现日清月结；对于银行存款，每月要同银行核对一次；对于各种应收账款，每年至少核对一至两次。

（二）按照清查的时间划分

财产清查按照清查时间是否事先有计划，可分为定期清查和不定期（临时）清查。

1. 定期清查

定期清查就是按事先的计划安排时间对财产物资、债权债务进行的清查。一般是放在年度、季度、月份、每日结账时进行。例如，每日结账时，要对库存现金进行账实核对；每月结账时，要对银行存款日记账进行对账。定期清查可以是全面清查，也可以是局部清查。

2. 不定期清查

不定期清查是事先并无计划安排，而是根据实际需要所进行的临时性清查。通常在出现以下几种情况时，需要开展不定期清查。

（1）当单位更换现金出纳和财产物资保管人员时，应对相关的出纳人员和实物保管人员进行清查以分清经济责任。

（2）当单位发生意外损失和非常灾害时，应对单位所受损失的相关财产物资进行清算，以查明损失情况。

（3）当单位撤销、合并或改变隶属关系时，应对相关单位的各项财产物资、货币资金、债权、债务进行及时清查，以摸清家底。

不定期清查，可以是局部清查，也可以是全面清查。

第二节 财产清查的制度与方法

一、财产清查前的准备工作

财产清查是一项非常复杂细致的工作，它不仅是会计部门的一项重要任务，而且是各个财产物资经营部门的一项重要职责。为了妥善地做好财产清查工作，使它发挥应有的积极作用，必须在清查前，特别是全面清查以前，协调各方面力量，作好充分准备。

首先，应该做好组织上的准备工作。由于全面清查，涉及面较广，工作量较大，必须成立专门的清查组织，具体负责财产清查的组织和管理。清查组织应由领导、会计、业务、仓储等相关业务部门的人员组成，并由相关的主管人员负责清查组织的各项工作。

其次，还应该做好业务准备工作。为做好财产清查工作，会计部门以及相关业务部门应在清查组织的指导下，做好各项相关的业务准备工作，重点是做好以下三方面工作：

（1）会计部门应在财产清查之前，将有关账簿登记齐全，结出余额，做好账簿准备，为账实核对提供正确的账簿资料。

（2）财产物资的保管使用等相关业务部门，应登记好所经管的全部财产物资明细账，并结出余额。将所保管以及所用的各种财产物资归位整理好，贴上标签，标明品种、规格和结存数量，以便盘点核对。

（3）准备好各种计量器具和清查登记用的清单、表册。通常有“盘存表”“实存账存对比表”“未达账项登记表”等。

在完成以上各项准备工作以后，应该由清查人员依据清查对象的特点，预先确定的清查目的，采用合适的清查方法，实施财产清查和盘点。

二、财产物资的盘存制度和清查方法

（一）财产物资的盘存制度

1. 永续盘存制

永续盘存制也称账面盘存制，是指平时对各项财产物资的增加数和减少数都需根据有关凭证连续记入有关账簿，并随时结出账面结存数额的一种盘存制度。其优点是核算手续严密，可随时了解和掌握各种库存存货的收入、发出和结存情况；有利于加强对物资的管理，从而可使各种存货安全、库存数额合理。其缺点是手续复杂，明细核算工作量较大。

其特点用公式概括如下：

期末结余额＝期初结余额＋本期增加额－本期减少额

2. 实地盘存制

实地盘存制是指平时在账簿中只登记财产物资的增加数，不登记减少数，到期末结账时，根据实地盘点的实存数倒挤出本月的减少数，并据以登记有关账簿的一种盘存制度。

其优点是核算工作比较简单。其缺点是手续不严密，不利于通过会计记录来加强财产物资的监管。

这种盘存制度使用的单位较少，对于一些品种杂、收发频繁、价值低、损耗大且数量不稳定的存货，适合采用实地盘存制。

其特点用公式概括如下：

本期减少额＝期初结余额＋本期增加额－期末结余额

（二）财产物资清查方法

1. 实物的清查

实物的清查，是指对各类材料、商品、在产品、半成品、产成品、低值易耗品、包装物等财产物资的清查。由于其实物形态不同，体积重量、码放方式各异，需要采用不同的方法进行清查。一般而言，实物清查方法有实地盘点法和技术推算法两种，但大多采用实地盘点法。清查时，既要从数量上核实，还要对质量进行鉴定。

在清查过程中，首先必须以各项实物目录规定的名称规格为标准，查明各项实物的名称、规格，然后再盘点数量、检查质量。为明确经济责任和便于查询，各项实物的保管人必须在场，并参加盘点工作。

清查盘点结束时，应及时把盘点的数量和质量情况如实填制“盘存单”（格式如表7－1所示），并由盘点人和实物保管人签名或盖章。

表 7－1　　　　　　　　　　　　**盘存单**

单位名称：　　　　　　　　　　　　　　　　　　　　　　　　　　编号：

盘点时间：　　　　　　　　财产类别：　　　　　　　　　　存放地点：

编号	名称	计量单位	数量	单价	金额	备注

盘点人（签章）：　　　　　　　　　　　　　　　实物保管人（签章）：

盘存单是记录实物盘点结果，反映资产实有数的原始凭证。为进一步查明账实是否相符，确定盘盈盘亏，还应根据“盘存单”和有关账簿记录编制“实存账存对比表”（格式如表 7－2 所示）。该表是调整账簿记录的重要原始凭证，也是分析差异原因，明确经济责任的依据。

表 7－2　　　　　　　　　　　　**实存账存对比表**

单位名称：　　　　　　　　　　　　年　月　日

编号	类别及名称	计量单位	单价	实存		账存		差异				备注
				数量	金额	数量	金额	盘盈		盘亏		
								数量	金额	数量	金额	

主管人员：　　　　　　　　　会计：　　　　　　　　　制表：

2. 库存现金的清查

库存现金的清查方法应采用实地盘点法。先确定库存现金的实有数，再与现金日记账的结余额进行核对，以查明账实是否相符。在进行库存现金清查时，为了明确经济责任，出纳员必须在场。在清查过程中不能用借条、收据抵充现金，并查明库存现金是否超过限额，有无坐支现金的问题，然后根据盘点的结果以及与现金日记账核对的情况，填制“现金盘点报告表”（格式如表 7－3 所示），它既是盘存清单，又是实存账存对比表。“现金盘点报告表”是原始凭证，应由盘点人和出纳员共同签章方能生效。

表 7－3　　　　　　　　　　　　**现金盘点报告表**

单位名称：　　　　　　　　　　　　年　月　日

实存金额	账存金额	对比结果		备注
		盘盈	盘亏	

盘点人（签章）：　　　　　　　　　　　　　　　出纳员（签章）：

3. 银行存款的清查

银行存款的清查方法与实物和库存现金的清查方法不同，它是采取与银行核对账目的查询核实方法进行的。核对前应把截止到清查日所有银行存款的收付业务登记入账，然后与银行开出的记录本单位银行存款收、支、结余情况的对账单逐笔核对，如发生错账、漏账，应查清原因及时更正。但即使在双方记账均无差错的情况下，也往往会出现双方的余额不相一致的情况。因此，导致双方的余额不一致的主要原因：一是由于未达账项引起的；二是企业或银行某一方记账有错误，这是不正常的，应及时查明更正。

未达账项是指企业与银行之间，由于凭证传递上的时间差，一方已收到结算凭证已登记入账，而另一方尚未收到结算凭证因而尚未登记入账的款项。具体有以下四种情况：

第一，企业已收，银行未收的款项。例如企业销售产品收到支票，送存银行后即可根据银行盖章退回的“进账单”回单联登记银行存款的增加，而银行则要等款项收妥后才能登记增加，如果此时对账，就形成了企业已收款入账、银行尚未收款入账的款项。

第二，企业已付，银行未付的款项。例如企业开出一张支票支付购料款，企业可根据支票存根、发票及收料单等登记银行存款的减少，而这时银行由于未接到支付款项的凭证而尚未登记银行存款减少，如果此时对账，就形成了企业已付款入账、银行尚未付款入账的款项。

第三，银行已收，企业未收的款项。例如外地某单位给企业汇来货款，银行收到汇款单后，登记企业银行存款增加，企业由于未收到汇款凭证尚未登记银行存款增加，如果此时对账就形成了银行已收款入账、企业尚未收款入账的款项。

第四，银行已付，企业未付的款项。例如银行代企业支付款项，银行已取得支付款项的凭证登记银行存款的减少，企业由于未接到凭证尚未登记银行存款减少，如果此时对账，就形成了银行已付款入账、企业尚未付款入账的款项。

如果存在未达账项，则企业银行存款日记账与银行对账单余额不一致，这时需编制“银行存款余额调节表”，对未达账项进行调整。

对未达账项进行调节，调节的方法有多种，通常采用的是余额调节法和差额调节法。

（1）余额调节法。

这是在双方账面余额的基础上，各自加上对方已收账而自己未收账的款项，减去对方已付账而自己未付账的款项，然后计算双方余额是否平衡的一种调节方法。

其调节公式如下：

企业银行存款日记账余额＋银行已收而企业未收的款项－银行已付而企业未付的款项
＝银行对账单余额＋企业已收而银行未收的款项－企业已付而银行未付的款项

上述调节方法，是将双方账面余额补充各自的未达账项，因此，余额调节法又称作为补记式余额调节法。

【例7－1】某公司20××年8月31日银行存款日记账的余额为560 000元，银行转来对账单的余额为740 000元，经过逐笔核对发现有下列未达账项：

企业收到销货款20 000元，已记银行存款增加，银行尚未记增加；

企业支付购料款180 000元，已记银行存款减少，银行尚未记减少；

银行代收某公司汇来购货款100 000元，银行已登记存款增加，企业尚未记增加；

银行代企业支付购料款80 000元，银行已登记存款减少，企业尚未记减少。

根据以上资料编制银行存款余额调节表如表7－4所示。

表7－4　　**银行存款余额调节表**

20××年8月31日　　单位：元

项目	金额	项目	金额
企业银行存款日记账余额	560 000	银行对账单余额	740 000
加：银行已收企业未收款	100 000	加：企业已收银行未收款	20 000
减：银行已付企业未付款	80 000	减：企业已付银行未付款	180 000
调节后的存款余额	580 000	调节后的存款余额	580 000

经过调节后重新求得的余额，既不等于本单位账面余额，也不等于银行余额，而是银行存款的真正实有数。

（2）差额调节法。

差额调节法，是计算企业和银行双方的账面差额与双方未达账项收付相抵的结果是否一致的一种调节方法。

其调节公式如下：

$$\begin{matrix}\text{银行对账单}\\\text{余额}\end{matrix}-\begin{matrix}\text{企业银行存款}\\\text{日记账余额}\end{matrix}=\left(\begin{matrix}\text{银行已收而企业}\\\text{未收款项}\end{matrix}-\begin{matrix}\text{银行已付而企业}\\\text{未付款项}\end{matrix}\right)-\left(\begin{matrix}\text{企业已收而银行}\\\text{未收款项}\end{matrix}-\begin{matrix}\text{企业已付而银行}\\\text{未付款项}\end{matrix}\right)$$

仍以上例资料计算，用差额调节法进行调节如下：

740 000－560 000＝180 000（元）

（100 000－80 000）－（20 000－180 000）＝180 000（元）

经过以上调整以后，双方余额相等，或者双方账面差额同双方未达账项收付相抵的结果一致，即可证明企业与银行双方的账面记录是完全相符的。对未达账项作出调整，其目的是检查账簿记录是否正确。对于银行已经入账而企业尚未入账的未达账项，一定要在结算凭证到达后，再据以进行账务处理。

4. 往来账项的清查

往来账项的清查包括应收款、应付款、暂收款等款项的清查。往来账项的清查与银行存款的清查一样，也是通过与对方单位核对账目的查询核实方法进行清查。

清查单位按每一个往来单位编制“往来款项对账单”（一式两联，其中一联为回单）送往各往来单位，对方经过核对相符后，在回单上加盖公章退回，表示已核对；如果经核对数字不相符，对方应在回单上注明情况，或另抄对账单退回本单位，进一步查明原因，再行核对，直到相符为止。收到对方回单后，应填制“往来账项清查表”（格式如表7－5所示）。

表 7－5 往来账项清查表

总分类账户名称： 20××年×月×日

明细分类账户		清查结果		核对不符原因分析			备注
名称	账面余额	核对相符金额	核对不符金额	未达账项金额	有争议款项金额	其他	

通过往来账项的清查，要及时催收该收回的账款，偿还该偿还的账款，对呆账也应及时研究处理。

第三节 财产清查结果的处理

一、财产清查的结果

财产清查后，如实存数与账存数一致、账实相符，不必进行任何账务处理。如果出现实存数与账存数不一致，一般会出现三种情况。当实存数大于账存数时，我们称之为盘盈；当实存数小于账存数时，我们称之为盘亏；当实存数与账存数虽然相同，但实存的财产物资出现严重质量问题，而不能按正常的财产物资使用时，称为毁损。对上述问题，不论是盘盈、盘亏或者毁损，都应该进行账务处理，调整账存数，使账存数与实存数保持一致，以保证账实相符。

盘盈时，调增账存数，使其与实存数一致，盘亏时或毁损时，调减账存数，使其与实存数一致。盘盈、盘亏、毁损等都说明企业在经营管理中、财产物资的保留中存在一定的问题。因此，一旦发现账实不符时，应该立即核准数字，同时进一步分析差异的形成原因，明确经济责任，并提出相应的处理意见。经财务制度规定的程序批准后，才能对差异进行处理。

二、财产清查结果的业务处理

（1）属于定额内或由自然原因引起的盘盈、盘亏和毁损，应及时办理手续并予以转账。

（2）对于有关人员失职造成的盘亏或损失，应查明失职原因，报请有关领导作出处理。

（3）对于由于自然灾害等原因造成的财产损失，如属已向保险公司投保的，应向保险公司索取赔偿。

（4）对于贪污、盗窃案件，应会同有关部门或报送有关部门进行专案处理。

（5）对于在清查过程中发现的多余积压物资，本单位能够利用的要积极利用，本单位不能利用的要及时对外处理，力求做到物尽其用。

（6）对于不配套的设备，应设法补缺配套，做好调剂处理。

（7）对于有争议的应收、应付款项应按有关法令、合同及协议作出结论或诉诸法律。

（8）对长期积欠未清的债权、债务，应指定专人负责，主动与对方单位协商解决，限期处理。

（9）总结经验教训，建立健全有关制度。

对于清查过程中发现的各种问题，在查明其性质和原因的基础上，应及时总结经验教训，提出改进管理工作的具体措施，建立健全财产管理的内部控制制度，提高会计核算水平。

三、财产清查结果的账务处理

财产清查结果的账务处理一般分两个步骤：首先，应该根据查明属实的财产盘盈、盘亏或毁损的数字编制“实存账存对比表”，填制记账凭证，并据以登记账簿，调整账簿记录，使各项财产物资的实存数和账存数一致；然后，待查清原因、明确责任以后，再根据审批后的处理决定文件，填制记账凭证，分别将其记入有关账户。对于各种结算款项，如在清查中发现差错，应立即调整账目。对于确定无法收回或支付的款项，应按规定手续经过批准后予以转销。

为了核算和监督财产清查结果的财务处理情况，需设置“待处理财产损溢”账户。

“待处理财产损溢”账户为资产类账户。该账户的借方用来登记发生的待处理盘亏、毁损的金额；等到盘亏、毁损的原因查明后，经过审批再从该账户贷方转入相关账户的借方。而“待处理财产损溢”账户的贷方则先用来登记发生的待处理盘盈的金额，一旦查明原因，经审批后，将盘盈金额，再从该账户的借方转入有关账户的贷方。其借方余额，则表示尚未处理的盘亏金额；而贷方余额则表示尚未处理的盘盈物资金额。

在“待处理财产损溢”的总账账户下还应该设置“待处理流动资产损溢”和“待处理固定资产损溢”两个明细分类账户，分别对相关的流动资产和固定资产损溢进行核算。针对不同的清查对象，尽管财产清查结果的账务处理方式有一定的共性，但由于发生的具体情况不同，以及企业会计准则的变化，在处理时依然存在一定的差别，现举例说明。

（一）库存现金清查结果的账务处理

1. 盘盈

发现盘盈时：

借：库存现金

　　贷：待处理财产损溢——待处理流动资产损溢

经批准处理时：

借：待处理财产损溢——待处理流动资产损溢

　　贷：其他应付款（有明确的支付对象时）

　　　　营业外收入（无法查明原因时）

【例7-2】 现金清查中，发现库存现金较账面余额多出800元。经查，其中500元为应付A单位的账款，其余部分原因不明。

（1）发生盘盈时，调账使账实相符。

借：库存现金　800

　　贷：待处理财产损溢——待处理流动资产损溢　800

（2）查明原因后，要结平待处理财产损溢科目。

借：待处理财产损溢——待处理流动资产损溢　800

　　贷：其他应付款——A 单位　500

　　　　营业外收入　300

2. 盘亏

发现盘亏时：

借：待处理财产损溢——待处理流动资产损溢

　　贷：库存现金

经批准处理时：

借：其他应收款（有责任人赔偿时）

　　管理费用（无法查明原因时）

　　贷：待处理财产损溢——待处理流动资产损溢

【例 7－3】 现金清查中，发现库存现金较账面余额短缺 600 元。经查，现金的短缺属于出纳员李某的责任，责任人赔偿 400 元，其余款项原因不明。

（1）发生盘亏时，调账使账实相符。

借：待处理财产损溢——待处理流动资产损溢　600

　　贷：库存现金　600

（2）查明原因后，要结平待处理财产损溢科目。

借：其他应收款——李某　400

　　管理费用　200

　　贷：待处理财产损溢——待处理流动资产损溢　600

（二）存货清查结果的账务处理

1. 盘盈

发现盘盈时：

借：原材料/库存商品等

　　贷：待处理财产损溢——待处理流动资产损溢

经批准处理时：

借：待处理财产损溢——待处理流动资产损溢

　　贷：管理费用

【例 7－4】 某企业财产清查中，发现盘盈甲材料 2 000 元，经查明是由于收发计量上的错误所致。

（1）发生盘盈时，调账使账实相符。

借：原材料——甲材料　2 000

　　贷：待处理财产损溢——待处理流动资产损溢　2 000

（2）报经批准后，结平待处理财产损溢科目。

借：待处理财产损溢——待处理流动资产损溢　　2 000

　　贷：管理费用　　2 000

2. 盘亏

发现盘亏时：

借：待处理财产损溢——待处理流动资产损溢

　　贷：原材料/库存商品等

经批准后针对不同情况分别作出处理时：

借：其他应收款（由保险公司和责任人赔偿的部分）

　　管理费用（计量差错、合理损耗等一般经营损失的部分）

　　营业外支出（非常损失的部分）

　　贷：待处理财产损溢——待处理流动资产损溢

【例7-5】某企业盘亏乙材料2 000元，经查明，部分是由于保管人员过失造成的材料毁损，应由过失人赔偿1 000元，500元为定额内合理损耗，其余为自然灾害造成。假设不考虑增值税因素。

（1）发生盘亏时，调账使账实相符。

借：待处理财产损溢——待处理流动资产损溢　　2 000

　　贷：原材料——乙材料　　2 000

（2）报经批准后，结平待处理财产损溢科目。

借：其他应收款——保管人员　　1 000

　　管理费用　　500

　　营业外支出　　500

　　贷：待处理财产损溢——待处理流动资产损溢　　2 000

（三）固定资产清查结果的账务处理

1. 盘盈

按照最新颁布的企业会计准则的规定，对财产清查中盘盈的固定资产，应作为前期差错处理。盘盈的固定资产，通常以其重置成本作为入账价值。账务处理时需增设“以前年度损益调整”账户，该账户是所有者权益类账户，用来核算企业本年度发生的调整以前年度损益调整的事项，以及本年度发现的重要前期差错更正涉及调整以前年度损益的事项。

发现盘盈时：

借：固定资产

　　贷：以前年度损益调整

报经批准后：

借：以前年度损益调整

　　贷：应交税费——应交所得税

　　　　盈余公积

　　　　利润分配——未分配利润

2. 盘亏

发现盘亏时：

借：待处理财产损溢——待处理固定资产损溢

　　累计折旧

　　固定资产减值准备

　　　贷：固定资产

会计期末前处理完毕，针对不同情况分别作出处理时：

借：其他应收款（由保险公司和责任人赔偿的部分）

　　营业外支出（净损失的部分）

　　　贷：待处理财产损溢——待处理固定资产损溢

【例 7-6】 某企业在财产清查中，发现盘亏设备一台，其原值为 50 000 元，已提折旧额 30 000 元。

（1）发生盘亏时，要让账实相符。

借：待处理财产损溢——待处理固定资产损溢	20 000	
累计折旧	30 000	
贷：固定资产		50 000

（2）报经批准后，要结平待处理财产损溢科目。

借：营业外支出	20 000	
贷：待处理财产损溢——待处理固定资产损溢		20 000

（四）坏账损失的账务处理

坏账是指无法收回或收回的可能性极小的应收账款。坏账损失是指由于发生坏账而造成的损失。在财产清查过程中，如果发现长期挂账的应收账款或其他应收款，应及时处理，确实收不回的应收款项，经批准予以转销。

坏账损失的转销在批准前不做账务处理，即不通过“待处理财产损溢”账户进行核算。按照《企业会计准则》的规定，对于确认的坏账损失，采用备抵法进行会计处理。即实际发生坏账损失按规定的程序批准后，冲销已计提的坏账准备和相应的应收款项。在这种方法下，企业应设置“坏账准备”账户。该账户贷方登记按应收账款数额和提取比率提取的坏账准备，借方登记实际发生的坏账损失转销数额，期末余额一般在贷方，反映企业已经提取但尚未转销的坏账准备。

采用备抵法计提坏账准备时：

借：信用减值损失

　　　贷：坏账准备

实际发生坏账按规定程序批准后：

借：坏账准备

　　　贷：应收账款

【例 7-7】 某企业的一项应收账款 5 000 元，因债务人 A 公司破产而无法收回。经批准，确认为坏账损失。

会计分录如下：

借：坏账准备　　5 000

　　贷：应收账款——A 公司　　5 000

（五）无法支付的应付款项的账务处理

在清查过程中发现的长期未能支付的应付款项，也应该及时进行会计处理。对于经核实确实无法支付的款项，应按规定程序经批准后记入“营业外收入”账户。

【例 7-8】 某企业在财产清查中，发现有一笔应付给 B 公司的货款 2 000 元，因对方单位已经解散，无法支付，经批准后做销账处理。

会计分录如下：

借：应付账款——B 公司　　2 000

　　贷：营业外收入　　2 000

【复习思考题】

1. 什么是财产清查？财产清查有哪些种类？
2. 进行正式清查前，应做好哪些准备工作？
3. 永续盘存制与实地盘存制各有什么优缺点？哪些情况下适宜采用永续盘存制？哪些情况下适宜采用实地盘存制？
4. 如何进行银行存款的清查？
5. 财产清查结果的账务处理如何进行？

本章练习题

一、填空题

1. 财产清查按照清查的范围可分为（　　）和（　　）两种。
2. （　　）是记录实物财产盘点结果，确认财产实存数的原始凭证。
3. 企业与银行双方因记账时间不一致而发生的一方已经记账，另一方尚未记账的账项叫作（　　）。
4. “待处理财产损溢”账户应设置（　　）和（　　）两个明细账户。

二、单项选择题

1. 企业在遭受自然灾害后，对其受损的财产物资进行的清查，属于（　　）。

　　A. 局部清查和定期清查　　B. 全面清查和定期清查

　　C. 局部清查和不定期清查　　D. 全面清查和不定期清查

2. 对库存现金的清查应采用的方法是（　　）。

　　A. 实地盘点法　　B. 检查现金日记账

　　C. 倒挤法　　D. 抽查现金

3. 企业的库存原材料因意外灾害造成毁损。在报经批准作为非常损失处理时，应记入（　　）账户借方。

　　A. 管理费用　　B. 待处理财产损溢

C. 制造费用　　D. 营业外支出

4. 银行存款清查的方法是（　　）。

A. 定期盘存法　　B. 和往来单位核对账目的方法

C. 实地盘存法　　D. 与银行核对账目的方法

三、多项选择题

1. 核对账目的清查方法适用于（　　）。

A. 库存现金的清查　　B. 银行存款的清查

C. 应收账款的清查　　D. 应付账款的清查

E. 固定资产的清查　　F. 产成品的清查

2. 实地盘点的清查方法适用于（　　）。

A. 库存现金的清查　　B. 银行存款的清查

C. 应收账款的清查　　D. 应付账款的清查

E. 固定资产的清查　　F. 产成品的清查

3. 通过财产清查要求做到（　　）。

A. 账物相符　　B. 账款相符

C. 账账相符　　D. 账证相符

4. 企业银行存款日记账账面余额大于银行对账单余额的原因有（　　）。

A. 企业账簿记录有差错

B. 银行账簿记录有差错

C. 企业已作收入入账，银行未达

D. 银行已作支出入账，企业未达

5. 企业银行存款的实际余额应有（　　）。

A. 企业银行存款日记账的余额

B. 银行对账单的余额

C. 企业银行存款日记账余额＋银行已收企业未收的金额－银行已付企业未付的金额

D. 银行对账单余额＋企业已收银行未收的金额－企业已付银行未付的金额

四、判断题

1. 财产清查按照清查的时间可分为定期清查和临时清查两种。（　　）

2. “待处理财产损溢”账户的余额在借方。（　　）

3. 编制“银行存款余额调节表”以后，应当据以调整账簿记录。（　　）

4. 在永续盘存制下，仍需对财产物资进行实地盘点。（　　）

5. 如果丙种材料由于日常收发计量不准发生盘盈，在报经批准后应当贷记“营业外收入”账户。（　　）

6. 在财产清查中发现固定资产盘亏，在报经批准后应当借记“营业外支出”账户。（　　）

7. “现金盘点报告单”是对比账实差异，据以调整账簿记录的原始凭证。（　　）

五、业务题

（一）习题一

1. 目的：练习银行存款余额调节表的编制。

2. 资料：华阳公司20××年6月30日银行存款日记账余额为80 000元，银行对账单上的余额为82 425元，经过逐笔核对发现有下列未达账项：

（1）企业于6月30日存入从其他单位收到的转账支票一张计8 000元，银行尚未入账。

（2）企业于6月30日开出的转账支票6 000元，现金支票500元，持票人尚未到银行办理转账和取款手续，银行尚未入账。

（3）委托银行代收的外埠货款4 000元，银行已经收到入账，但收款通知尚未到达企业。

（4）银行受运输机构委托代收运费，已经从企业存款中付出150元，但企业尚未接到转账付款通知。

（5）银行计算企业的存款利息75元，已经记入企业存款账户，但企业尚未入账。

3. 要求：编制“银行存款余额调节表”。

（二）习题二

1. 目的：练习财产清查结果的财务处理。

2. 资料：某工厂年终进行财产清查，在清查中发现下列事项：

（1）盘亏水泵一台，原价5 200元，账面已提折旧2 400元。

（2）发现账外机器一台，估计重置价值为10 000元，净值为6 000元。

（3）甲材料账面余额455千克，价值19 110元，盘存实际存量445千克，经查明其中7千克为定额损耗，3千克为日常收发计量差错。

（4）乙材料账面余额为156千克，价值3 800元，盘存实际存量为151千克，缺少数为保管人员失职造成的损失。

（5）丙材料盘盈30千克，每千克30元，经查明其中25千克为代其他工厂加工剩余材料，该厂未及时提回，其余属于日常收发计量差错。

3. 要求：根据上述资料，编制相关会计分录。

第八章　财务会计报告和财务报表

☞ 学习目标

本章主要介绍资产负债表、利润表、现金流量表、所有者权益变动表的内容、结构和功能，以及会计报表附注，并介绍如何以资产负债表和利润表为基础进行基本的阅读与分析。

第一节　财务会计报告和财务报表概述

一、财务会计报告概述

财务会计报告，又称财务报告，是指企业对外提供的反映企业某一特定日期财务状况和某一会计期间经营成果、现金流量等会计信息的文件。

财务会计报告的编制是一项重要的会计工作，它能够定期将日常核算中数量繁多和局部的、分散的会计核算资料加以归类、整理，总括地、系统地和全面地反映出单位经济活动的情况和成果，从而为投资者、债权人、政府及相关机构、单位管理人员、社会公众等各类财务会计报告的使用者提供决策所需的会计信息。

财务会计报告包括财务报表和其他应当在财务会计报告中披露的相关信息和资料。其中，财务报表包括会计报表及其附注两个部分。财务报表是财务会计报告的核心内容，是企业对外传递会计信息的主要手段。其他应当在财务会计报告中披露的相关信息和资料，如企业承担的社会责任、对社会的贡献、可持续发展能力等方面的信息，尽管属于非财务信息，但与使用者的决策相关，因此按规定，企业可以在财务会计报告中予以披露。

二、财务报表概述

（一）财务报表的定义和作用

财务报表是财务会计报告的核心内容，定期编制财务报表，是企业会计核算工作的一项重要内容。通过编制、分析财务报表，能够提炼出更多的财务信息，为报告使用者服务。

企业在日常经营活动中，发生了大量的经济业务。会计部门根据反映经济业务的原始凭证编制记账凭证，并根据记账凭证在各有关账簿中进行登记，通过总分类账户反映总括资料，通过明细分类账户反映详细资料，全面、系统、完整地反映企业经济活动的情况。然而，会计账簿中所归集的资料是分散的，缺乏必要的分析和整理，为了集中地反映企业的经济活动状况和经营成果，就必须定期编制财务报表。

财务报表的作用主要表现在以下几方面。

1. 财务报表提供的财务信息是企业加强和改善经营管理的重要依据

企业管理人员利用财务报表提供的信息，可以随时了解企业的财务状况和经营成果，检查企业财务计划的执行情况，以便肯定成绩，总结经验，并及时找出差距，发现问题，据以采取有效措施，不断改善经营管理；利用财务报表提供的资料，可以预测企业未来发展趋势，提高决策的科学性和准确性。

2. 财务报表提供的财务信息是国家经济管理部门进行宏观调控和管理的依据

通过财务报表将企业经营情况和财务状况方面的信息提供给政府经济管理部门，政府部门可以利用财务报表所提供的资料及时掌握微观经济单位（企业）的经营情况和管理情况，便于对企业的经营情况进行检查分析。

3. 财务报表提供的财务信息是投资者进行投资决策和债权人进行信贷决策的依据

企业的投资者、债权人等与企业有经济利益关系的单位和个人，可以通过企业的财务报表了解企业的财务状况，分析企业的偿债能力和盈利能力，并对企业的财务状况作出准确的判断，以作为投资、信贷、融资等决策的依据；同时一些投资者还需要通过财务报表提供的信息，了解企业的情况，监督企业的生产经营管理活动，以保护自身的合法权益。

（二）财务报表的分类

掌握财务报表的种类，对于了解财务报表的内容、作用，以及在分析过程中恰当使用有关报表资料不无裨益。现行的财务报表体系可以按照报表所反映的经济内容、编报日期、编制单位等标准进行分类。

1. 按反映的经济内容划分

按照财务报表反映的经济内容不同，可以分为反映企业财务状况及其变动情况的财务报表和反映企业经营成果的财务报表。反映企业财务状况及其变动情况的财务报表又可分为两种：一种是反映企业在特定日期财务状况的财务报表，如资产负债表；另一种是反映企业在一定时期内所有者权益及现金流量情况的报表，如所有者权益变动表、现金流量表。反映企业经营成果的财务报表，是反映企业在一定时期经营成果的报表，如利润表。

2. 按照财务报表反映的资金运动形态划分

按照财务报表反映的资金运动形态不同，可以分为静态财务报表和动态财务报表。静态财务报表是综合反映企业在某一特定日期资产、负债与所有者权益状况的报表，如资产负债表。动态财务报表是综合反映企业在一定时期经营成果、所有者权益以及现金流量情况的报表，如利润表、所有者权益变动表和现金流量表。

3. 按照财务报表编报的时间划分

按照财务报表编报的时间不同，可以分为中期财务报表和年度财务报表。中期财务报表，是以短于一个完整会计年度的报告期间为基础编制的财务报表，包括月报、季报和半年报等。年度财务报表，是以一个完整会计年度的报告期间为基础编制的财务报表。

4. 按编制单位划分

企业的财务报表按编制单位的特点可分为个别财务报表和合并财务报表。个别财务报表是指独立法人企业编制的反映本单位情况的财务报表；合并财务报表则是由总公司将独立核算的子公司报表与母公司报表合并编制而成，综合反映母公司和子公司形成的集团整体财务状况、经营成果和现金流量的财务报表。

（三）财务报表编制的要求

1. 基本要求

财务报表编制的基本要求包括：

（1）企业应当以持续经营为基础，根据实际发生的交易和事项，按照《企业会计准则——基本准则》和其他各项会计准则的规定进行确认和计量，并在此基础上编制财务报表。企业不应以附注披露代替确认和计量。

以持续经营为基础编制财务报表不再合理的，企业应当采用其他基础编制财务报表，并在附注中披露这一事实。

（2）财务报表项目的列报应当在各个会计期间保持一致，不得随意变更，但下列情况除外：

①会计准则要求改变财务报表项目的列报。

②企业经营业务的性质发生重大变化后，变更财务报表项目的列报能够提供更可靠、更相关的会计信息。

（3）性质或功能不同的项目，应当在财务报表中单独列报，但不具有重要性的项目除外。性质或功能类似的项目，其所属类别具有重要性的，应当按其类别在财务报表中单独列报。重要性，是指财务报表某项目的省略或错报会影响使用者据此作出的经济决策，此时该项目具有重要性。重要性应当根据企业所处环境，从项目的性质和金额大小两方面予以判断。判断项目性质的重要性，应当考虑该项目的性质是否属于企业日常活动等因素；判断项目金额大小的重要性，应当通过单项金额占资产总额、所有者权益总额、营业收入总额、营业成本总额、净利润等直接相关项目金额的比重加以确定。

（4）财务报表中的资产项目和负债项目的金额、收入项目和费用项目的金额不得相互抵消，但其他会计准则另有规定的除外。

资产项目按扣除减值准备后的净额列示，不属于抵消。非日常活动产生的损益，以收入扣减费用后的净额列示，不属于抵消。

（5）当期财务报表的列报，至少应当提供所有列报项目上一可比会计期间的比较数据，以及理解当期财务报表相关的说明，但其他会计准则另有规定的除外。

财务报表项目的列报发生变更的，应当对上期比较数据按照当期的列报要求进行调整，并在附注中披露调整的原因和性质，以及调整的各项目金额。对上期比较数据进行调整不切实可行的，应当在附注中披露不能调整的原因。

不切实可行，是指企业在作出所有合理努力后仍然无法采用某项规定。

（6）企业应当在财务报表的显著位置至少披露下列各项：

①编报企业的名称。

②资产负债表日或财务报表涵盖的会计期间。

③人民币金额单位。

④财务报表是合并财务报表的，应当予以标明。

（7）企业至少应当按年编制财务报表。年度财务报表涵盖的期间短于一年的，应当披露年度财务报表的涵盖期间，以及短于一年的原因。

对外提供中期财务报告的，还应遵循《企业会计准则第 32 号——中期财务报表》的规定。

（8）会计准则规定在财务报表中单独列报的项目，应当单独列报。

2. 其他要求

为了充分发挥财务报表的作用，保证财务报表的质量，企业在具体编制财务报表时还必须遵循以下几点要求：

（1）数字真实。编制财务报表时，必须以实际发生的经济业务及其账簿记录和有关资料为依据，不得以估计数代替实际数，更不得弄虚作假，伪造数字。为确保数字真实，企业必须如期结账，要做好结账、对账和财产清查工作，做到账证、账账、账实相符。

（2）内容完整。企业必须按照规定的报表种类、格式和内容编制财务报表，不得漏填漏报。汇总的财务报表必须将所属单位汇总齐全，做到不重不漏。

（3）计算准确。财务报表各项目计算应准确无误，报表间有勾稽关系的项目，应保持一致。

（4）报送及时。财务报表必须按照规定的期限和程序及时报送，以便投资人、债权人、财政、税务和上级主管部门及时了解企业的财务状况和经营业绩，以保证会计信息的使用者进行决策的时效性。

（四）财务报表的内容

财务报表是对企业财务状况、经营成果和现金流量的结构性表述。按我国《企业会计准则》的规定，企业对外提供的财务报表至少应当包括下列内容：

（1）资产负债表：反映企业在某一特定日期的财务状况的会计报表。

（2）利润表：反映企业在一定会计期间的经营成果的会计报表。

（3）现金流量表：反映企业在一定会计期间的现金和现金等价物流入和流出的会计报表。

（4）所有者权益（或股东权益，下同）变动表：反映所有者权益的各组成部分及当期的增减变动情况的会计报表。

（5）附注：对在会计报表中列示项目所做的进一步说明，以及对未能在这些报表中列示项目的说明等。

第二节　资产负债表

一、资产负债表的作用

资产负债表是反映企业在某一特定日期财务状况的会计报表，属于静态报表。所谓财务状况，即企业的资产、负债、所有者权益及其结构。因此，资产负债表表达了企业某特定日期（如月末、季末、年末）有关资产、负债、所有者权益及其结构或相互关系的信息。

资产负债表是依据“资产”“负债”“所有者权益”之间的平衡关系（资产 = 负债 +

所有者权益）而编制，从两个方面反映企业财务状况的时点指标。一方面它反映企业某一日期所拥有的总资产，即企业所拥有或控制的，能为企业带来未来经济利益的经济资源；另一方面又反映企业这一日期的资金来源，即负债和所有者权益。根据资产负债表所反映的这两个方面，利用该表不仅可以全面综合地了解企业的资产分布及其来源渠道，还可以分析企业的偿债能力及财务实力，预测企业财务状况的发展趋势。

二、资产负债表的结构和内容

资产负债表包括表头和正表两个部分。表头部分，应标明报表名称、编制单位名称、日期以及表中所用的货币单位等内容。正表部分是报表反映的基本内容；其中，正表的格式有报告式和账户式两种。根据我国《企业会计准则》的规定，资产负债表采用账户式的格式。账户式的资产负债表是左右结构，按“资产 = 负债 + 所有者权益”，左右平衡相等进行列报。因此，资产负债表分为左右两方，左方为资产类项目，右方为负债及所有者权益类项目。同时，在正表的金额栏设有年初数和期末数两栏，以便于报表使用者掌握和分析企业财务状况的变化趋势。

资产负债表中的资产类项目按流动性强弱列示，一般分为流动资产和非流动资产。资产满足下列条件之一的，应当归类为流动资产：预计在一个正常营业周期中变现、出售或耗用；主要为交易目的而持有；预计在资产负债表日起 1 年内（含 1 年，下同）变现；自资产负债表日起 1 年内，交换其他资产或清偿负债的能力不受限制的现金或现金等价物。流动资产以外的资产应当归类为非流动资产，并应按其性质分类列示。

资产负债表中负债类项目按偿还期长短列示，一般分为流动负债和非流动负债。负债满足下列条件之一的，应当归类为流动负债：预计在一个正常营业周期中清偿；主要为交易目的而持有；自资产负债表日起 1 年内到期应予以清偿；企业无权自主地将清偿推迟至资产负债表日后 1 年以上。流动负债以外的负债应当归类为非流动负债，并应按其性质分类列示。对于在资产负债表日起 1 年内到期的负债，企业预计能够自主地将清偿义务展期至资产负债表日后 1 年以上的，应当归类为非流动负债；不能自主地将清偿义务展期的，即使在资产负债表日后、财务报告批准报出日前签订了重新安排清偿计划协议的，该项负债仍应归类为流动负债。企业在资产负债表日或之前违反了长期借款协议，导致贷款人可随时要求清偿的负债，应当归类为流动负债。贷款人在资产负债表日或之前同意提供在资产负债表日后 1 年以上的宽限期，企业能够在此期限内改正违约行为，且贷款人不能要求随时清偿，该项负债应当归类为非流动负债。

判断流动资产、流动负债所指的一个正常营业周期，通常是指企业从购买用于加工的资产起至实现现金或现金等价物的期间。正常营业周期通常短于一年，在一年内有几个营业周期。但是，也存在正常营业周期长于一年的情况，例如房地产开发企业用于出售的房地产开发产品，造船企业制造用于出售的大型船只等，往往超过一年才变现、出售或耗用，仍应划分为流动资产。当正常营业周期不能确定时，应当以一年（12 个月）作为正常营业周期。

资产负债表中的所有者权益类项目按永久性程度列示，一般分为实收资本（或股本）、资本公积、盈余公积和未分配利润等。

根据财政部最新政策的要求，一般企业的资产负债表格式如表 8－1 所示。

表 8－1　　**资产负债表**　　会企 01 表

编制单位：　　年　月　日　　单位：元

资　　产	期末余额	上年年末余额	负债和所有者权益（或股东权益）	期末余额	上年年末余额
流动资产：			流动负债：		
货币资金			短期借款		
交易性金融资产			交易性金融负债		
衍生金融资产			衍生金融负债		
应收票据			应付票据		
应收账款			应付账款		
应收款项融资			预收款项		
预付款项			合同负债		
其他应收款			应付职工薪酬		
存货			应交税费		
合同资产			其他应付款		
持有待售资产			持有待售负债		
一年内到期的非流动资产			一年内到期的非流动负债		
其他流动资产			其他流动负债		
流动资产合计			流动负债合计		
非流动资产：			非流动负债：		
债权投资			长期借款		
其他债权投资			应付债券		
长期应收款			其中：优先股		
长期股权投资			永续债		
其他权益工具投资			租赁负债		
其他非流动金融资产			长期应付款		
投资性房地产			预计负债		
固定资产			递延收益		
在建工程			递延所得税负债		
生产性生物资产			其他非流动负债		
油气资产			非流动负债合计		
使用权资产			负债合计		

续表

资产	期末余额	上年年末余额	负债和所有者权益（或股东权益）	期末余额	上年年末余额
无形资产			所有者权益（或股东权益）：		
开发支出			实收资本（或股本）		
商誉			其他权益工具		
长期待摊费用			其中：优先股		
递延所得税资产			永续债		
其他非流动资产			资本公积		
非流动资产合计			减：库存股		
			其他综合收益		
			专项储备		
			盈余公积		
			未分配利润		
			所有者权益（或股东权益）合计		
资产总计			负债和所有者权益（或股东权益）总计		

三、资产负债表的编制

资产负债表中“年初余额”栏内各项数字，应根据上年末资产负债表“期末余额”栏内所列数字填列。如果上年度资产负债表规定的各个项目的名称和内容同本年度不相一致，则应对上年年末资产负债表各项目的名称和数字按照本年度的规定进行调整，填入本表“年初余额”栏内。

资产负债表中“期末余额”栏内各项数字，应当根据资产、负债和所有者权益各账户期末余额分析填列。主要包括以下方式：

（1）根据总账科目余额填列。资产负债表中的有些项目，可直接根据有关总账科目的余额填列，如“短期借款”“应付票据”“交易性金融负债”“递延所得税负债”“实收资本（或股本）”“资本公积”“盈余公积”等项目。

有些项目则需根据几个总账科目的期末余额计算填列，如“货币资金”项目，需根据“库存现金”“银行存款”“其他货币资金”三个总账科目的期末余额的合计数填列；“其他应付款”项目，应根据“应付利息”“应付股利”“其他应付款”科目的期末余额合计数填列。

（2）根据明细账科目的余额分析计算填列。资产负债表中的有些项目，应根据明细账科目余额计算填列，如“应付账款”项目，应根据“应付账款”和“预付账款”科目所属的相关明细科目的期末贷方余额合计数填列；“预收款项”项目，应根据“预收账款”和“应收账款”科目所属的相关明细科目的期末贷方余额合计数填列；“未分配利润”项目，应根据“利润分配”科目所属的“未分配利润”明细科目期末余额填列。

（3）根据总账科目和明细科目的余额分析计算填列。资产负债表中的有些项目，应根据总账科目和明细科目的余额分析计算填列，如“长期借款”项目，需要根据“长期借款”总账科目余额扣除“长期借款”科目所属的明细科目中将在一年内到期、且企业不能自主地将清偿义务展期的长期借款后的金额计算填列。

（4）根据有关科目余额减去其备抵科目余额后的净额填列。资产负债表中的有些项目，应根据有关科目余额减去其备抵科目余额后的净额填列，如“固定资产”项目，应根据“固定资产”和“固定资产清理”科目的期末余额，减去“累计折旧”和“固定资产减值准备”科目的期末余额后的金额填列。

（5）综合运用上述填列方法分析填列。资产负债表中的有些项目，应综合运用上述填列方法分析填列，如“存货”项目，需要根据“原材料”“发出商品”“库存商品”“周转材料”“委托加工物资”“生产成本”“在途物资”“材料采购”“材料成本差异”等科目期末余额的分析汇总数，再减去“存货跌价准备”科目余额后的净额填列；“应收账款”项目，需要根据“应收账款”和“预收账款”两个科目所属的相关明细科目的期末借方余额的合计数，减去“坏账准备”科目相关坏账准备期末余额的净额填列；“预付款项”项目，需要根据“预付账款”和“应付账款”两个科目所属的相关明细科目的期末借方余额合计数，减去“坏账准备”科目中相关坏账准备期末余额后的净额填列；“其他应收款”科目，应根据“应收利息”“应收股利”“其他应收款”科目的期末余额合计数，减去“坏账准备”科目中相关坏账准备期末余额后的金额填列。

下面举例说明资产负债表的编制方法。

【例8－1】 甲公司20××年12月31日有关总分类账户及明细分类账户的期末余额如表8－2所示。

表8－2　　总分类账户及明细分类账户期末余额表

20××年12月31日　　单位：元

账户名称	借方	贷方	账户名称	借方	贷方
库存现金	1 000		短期借款		85 000
银行存款	145 000		应付票据		45 000
应收账款	75 000		应付账款		125 000
——A企业	75 000		——C企业		125 000
坏账准备		4 000	预收账款		30 000
——应收账款		4 000	——D企业		30 000
预付账款	65 000		其他应付款		39 000
——B企业	65 000		应付职工薪酬		9 000
其他应收款	63 500		应交税费		22 500

续表

账户名称	借方	贷方	账户名称	借方	贷方
原材料	190 000		长期借款		195 000
生产成本	40 000		其中：一年内到期的长期借款		70 000
库存商品	80 000		实收资本		715 000
存货跌价准备		5 000	资本公积		15 000
长期股权投资	150 000		盈余公积		275 000
固定资产	990 000		利润分配		90 000
累计折旧		210 000	——未分配利润		90 000
固定资产减值准备		10 000			
无形资产	50 000				
长期待摊费用	25 000				

根据上述资料，编制该公司20××年12月31日的资产负债表，如表8-3所示（年初数略）。需要通过分析计算的有关项目说明如下：

（1）“货币资金”项目根据“库存现金”“银行存款”账户的期末余额的合计数填列：1 000+145 000=146 000。

（2）“应收账款”项目根据“应收账款”账户所属明细账户借方余额扣减该类债权所对应的“坏账准备”账户余额计算填列：75 000-4 000=71 000。

（3）“存货”项目根据反映存货的各个账户余额合计数，扣减“存货跌价准备”的余额计算填列：190 000+40 000+80 000-5 000=305 000。

（4）“固定资产”项目根据“固定资产”账户的余额扣减“累计折旧”和“固定资产减值准备”账户余额计算填列：990 000-210 000-10 000=770 000。

（5）“长期借款”账户期末余额中有70 000元将在一年内需要偿还，应填列在流动负债中的“一年内到期的非流动负债”项目内。

表8-3 **资产负债表** 会企01表

编制单位：甲公司 20××年12月31日 单位：元

资　　产	期末余额	上年年末余额（略）	负债和所有者权益（或股东权益）	期末余额	上年年末余额（略）
流动资产：			流动负债：		
货币资金	146 000		短期借款	85 000	
交易性金融资产			交易性金融负债		
衍生金融资产			衍生金融负债		
应收票据			应付票据	45 000	
应收账款	71 000		应付账款	125 000	
应收款项融资			预收款项	30 000	

续表

资　　产	期末余额	上年年末余额（略）	负债和所有者权益（或股东权益）	期末余额	上年年末余额（略）
预付款项	65 000		合同负债		
其他应收款	63 500		应付职工薪酬	9 000	
存货	305 000		应交税费	22 500	
合同资产			其他应付款	39 000	
持有待售资产			持有待售负债		
一年内到期的非流动资产			一年内到期的非流动负债	70 000	
其他流动资产			其他流动负债		
流动资产合计	650 500		流动负债合计	425 500	
非流动资产：			非流动负债：		
债权投资			长期借款	125 000	
其他债权投资			应付债券		
长期应收款			其中：优先股		
长期股权投资	150 000		永续债		
其他权益工具投资			租赁负债		
其他非流动金融资产			长期应付款		
投资性房地产			预计负债		
固定资产	770 000		递延收益		
在建工程			递延所得税负债		
生产性生物资产			其他非流动负债		
油气资产			非流动负债合计	125 000	
使用权资产			负债合计	550 500	
无形资产	50 000		所有者权益（或股东权益）：		
开发支出			实收资本（或股本）	715 000	
商誉			其他权益工具		
长期待摊费用	25 000		其中：优先股		
递延所得税资产			永续债		
其他非流动资产			资本公积	15 000	
非流动资产合计	995 000		减：库存股		
			其他综合收益		

续表

资　　产	期末余额	上年年末余额(略)	负债和所有者权益（或股东权益）	期末余额	上年年末余额(略)
			专项储备		
			盈余公积	275 000	
			未分配利润	90 000	
			所有者权益（或股东权益）合计	1 095 000	
资产总计	1 645 500		负债和所有者权益（或股东权益）总计	1 645 500	

第三节　利润表

一、利润表的作用

利润表是反映企业一定会计期间经营成果的会计报表，它反映企业一定期间内利润（或亏损）的实现情况。根据利润表所提供的信息资料，可以评价一个企业的经营成果，评估投资者投资的价值和报酬，预测企业未来的经营情况和获利能力。

与资产负债表相比，利润表属于动态报表，它表现的是企业在经过一定会计期间（如月份、季度、年度）的生产经营之后所取得的成果及其分配情况。根据基本会计等式“收入 - 费用 = 利润”，利润表是把同一时期的收入与其相关的费用进行配比，以计算出企业一定时期的净利润（即经营成果）。由于利润是企业经营业绩的综合体现，又是进行利润分配的主要依据，因此，利润表是财务报表中第二张主要的会计报表。

通过利润表，企业的所有者可以了解和考核管理人员的经营业绩，分析和预测企业的获利能力，从而把企业的经营管理导向正确的发展道路；债权人和投资者则可以分析测定企业损益的发展及变化趋势，作出对其有利的信贷和投资决策。而运用利润表提供的构成企业利润或亏损的各项明细资料，还可以分析出企业损益的形成原因，从而有助于管理人员作出合理的经营决策。总之，在财务报表分析中，利润表提供了评价企业经营管理效率、判定所有者投入资本的保全以及预测未来利润和现金流量的主要信息。

二、利润表的结构和内容

按照利润表的构成因素可将利润表分成表头和正表两个部分。表头部分，应列明报表名称、编制单位、期间以及货币单位等内容；正表部分，也就是报表所要反映的内容，费用应当按照功能分类，分为从事经营业务发生的成本、管理费用、销售费用和财务费用等。

利润表正表的结构有单步式和多步式。单步式的利润表不区分收入和费用的类型，分别汇总本期的全部收入和费用，按照会计等式“收入 - 费用 = 利润”一步计算出企业本期的净利润。而多步式利润表，则区分收入和费用的不同类型，分步计算企业的各项利润。根据我国《企业会计准则》的规定，企业利润表采用多步式结构编制，格式如表 8－4 所示。可见，多步式利润表分步计算了“营业利润”“利润总额”“净利润”等利润项目，有助于报表的使用者分析企业的利润结构。

表 8－4 **利润表**

会企 02 表

编制单位： ____年 月 单位：元

项 目	本期金额	上期金额
一、营业收入		
减：营业成本		
税金及附加		
销售费用		
管理费用		
研发费用		
财务费用		
其中：利息费用		
利息收入		
加：其他收益		
投资收益（损失以“－”号填列）		
其中：对联营企业和合营企业的投资收益		
以摊余成本计量的金融资产终止确认收益（损失以“－”号填列）		
净敞口套期收益（损失以“－”号填列）		
公允价值变动收益（损失以“－”号填列）		
信用减值损失（损失以“－”号填列）		
资产减值损失（损失以“－”号填列）		
资产处置收益（损失以“－”号填列）		
二、营业利润（亏损以“－”号填列）		
加：营业外收入		
减：营业外支出		
三、利润总额（亏损总额以“－”号填列）		
减：所得税费用		
四、净利润（净亏损以“－”号填列）		

续表

项　　目	本期金额	上期金额
（一）持续经营净利润（净亏损以“－”号填列）		
（二）终止经营净利润（净亏损以“－”号填列）		
五、其他综合收益的税后净额		
（一）不能重分类进损益的其他综合收益		
1. 重新计量设定受益计划变动额		
2. 权益法下不能转损益的其他综合收益		
3. 其他权益工具投资公允价值变动		
4. 企业自身信用风险公允价值变动		
……		
（二）将重分类进损益的其他综合收益		
1. 权益法下可转损益的其他综合收益		
2. 其他债权投资公允价值变动		
3. 金融资产重分类计入其他综合收益的金额		
4. 其他债权投资信用减值准备		
5. 现金流量套期储备		
6. 外币财务报表折算差额		
……		
六、综合收益总额		
七、每股收益		
（一）基本每股收益		
（二）稀释每股收益		

三、利润表的编制

利润表中“上期金额”栏内各项数字，应根据上期利润表“本期金额”栏内所列数字填列。如果上期利润表规定的各个项目的名称和内容同本期不相一致，应对上期利润表各项目的名称和数字按本期的规定进行调整，填入本表“上期金额”栏内。

利润表中“本期金额”栏内各项数字应当根据损益类各账户发生额分析填列。主要包括以下方式：

（1）根据有关损益类各账户发生额填列，如“税金及附加”“销售费用”“管理费用”“财务费用”“其他收益”“投资收益”“净敞口套期收益”“公允价值变动收益”“资产处置收益”“信用减值损失”“资产减值损失”“营业外收入”“营业外支出”“所得税费用”等项目。“研发费用”项目，应根据“管理费用”科目下的“研发费用”明细科目的发生额，以及“管理费用”科目下的“无形资产摊销”明细科目的发生额分析填列。

（2）根据损益类账户发生额计算填列。如利润表中的“营业收入”项目根据“主营业务收入”账户发生额和“其他业务收入”账户发生额的合计数填列；利润表中的“营业成本”项目根据“主营业务成本”账户发生额和“其他业务成本”账户发生额的合计数填列。

（3）根据利润表中的计算步骤计算后填列。如利润表中的“营业利润”“利润总额”“净利润”等项目。

（4）根据相关规定计算填列。利润表中的其他项目，应根据相关的规定进行分析计算填列。

下面举例说明利润表的编制方法。

【例8－2】 甲公司20××年1月1日至12月31日有关损益类账户的发生额如下：

（单位：元）

损益类账户	借方发生额	贷方发生额
主营业务收入		800 000
主营业务成本	645 000	
其他业务收入		525 000
其他业务成本	300 000	
税金及附加	5 700	
营业外收入		73 500
销售费用	15 000	
管理费用	75 000（其中，研发费用借方发生额35 000元）	
财务费用	4 800	
所得税费用	111 870	
投资收益		8 000
营业外支出	14 000	

根据上述资料，编制甲公司20××年度的利润表，见表8－5（上年金额略）。

表8－5　　**利润表**　　会企02表

编制单位：甲公司　　20××年1－12月　　单位：元

项　　目	本年金额	上年金额（略）
一、营业收入	1 325 000	
减：营业成本	945 000	
税金及附加	5 700	
销售费用	15 000	

续表

项目	本年金额	上年金额（略）
管理费用	40 000	
研发费用	35 000	
财务费用	4 800	
其中：利息费用		
利息收入		
加：其他收益		
投资收益（损失以“－”号填列）	8 000	
其中：对联营企业和合营企业的投资收益		
以摊余成本计量的金融资产终止确认收益（损失以“－”号填列）		
净敞口套期收益（损失以“－”号填列）		
公允价值变动收益（损失以“－”号填列）		
信用减值损失（损失以“－”号填列）		
资产减值损失（损失以“－”号填列）		
资产处置收益（损失以“－”号填列）		
二、营业利润（亏损以“－”号填列）	287 500	
加：营业外收入	73 500	
减：营业外支出	14 000	
三、利润总额（亏损总额以“－”号填列）	347 000	
减：所得税费用	111 870	
四、净利润（净亏损以“－”号填列）	235 130	
……		

第四节 现金流量表

一、现金流量表的作用

现金流量表，是指反映企业在一定会计期间现金和现金等价物流入和流出的会计报表。这是一张动态报表，它便于报表使用者了解和评价企业获取现金和现金等价物的能力，并据以预测企业未来现金流量。

现金流量表的作用，主要有以下几个方面：

（1）现金流量表将现金流量划分为经营活动、投资活动和筹资活动所产生的现金流量，并按照现金流入和现金流出项目分别反映。通过现金流量表能够说明企业一定期间内现金流入和流出的原因，即现金从哪里来，又流到哪里去。这些信息是资产负债表和利润表所不能提供的。

（2）现金流量表完全以现金的收支为编制基础，消除了会计核算采用的权责发生制、配比原则等所含估计因素对企业获利能力和支付能力的影响，能够说明企业实际的偿债能力和支付股利的能力，从而增强投资者和债权人的信心，促进社会资源的有效配置。

（3）现金流量表中经营活动、投资活动和筹资活动产生的现金流量，分别代表企业运用其经济资源、资金以及筹资活动创造或获得现金流量的能力。通过现金流量表及其他财务信息，可以分析企业未来获取或支付现金的能力。

（4）现金流量表能够分析企业投资和理财活动对经营成果和财务状况的影响。因其表内信息反映了企业现金流入和流出的全貌，而附注则提供了不涉及现金的投资和筹资方面的信息，故能够说明资产、负债、净资产的变动原因，对资产负债表和利润表起到补充说明的作用，同时也可将其看作是连接两张最主要报表的桥梁。

（5）编制现金流量表，便于和国际惯例协调。目前世界许多国家都要求企业编制现金流量表，我国企业编制现金流量表，对开展跨国经营、境外筹资、加强国际经济合作可以起到积极的作用。

二、现金流量表的结构和内容

（一）现金流量表的编制基础

现金流量表的编制基础为现金和现金等价物。现金有狭义和广义之分，狭义的现金通常是指企业的库存现金。这里所讨论的是广义的现金，是指企业的库存现金以及可以随时用于支付的存款，包括库存现金、银行存款和其他货币资金。其中，不能随时用于支取的存款不属于现金。现金等价物是指企业持有的期限短、流动性强、易于转换为已知金额现金、价值变动风险很小的投资。期限短，一般是指从购买日起三个月内到期。现金等价物通常包括三个月内到期的债券投资。由于权益性投资变现的金额通常不确定，因而不属于现金等价物。企业应当根据具体情况，确定现金等价物的范围，一经确定不得随意变更。

（二）现金流量的分类

现金流量是指现金和现金等价物的流入和流出。按照企业会计准则的基本规范，企业现金形式的转换例如企业从银行提取现金，不认定产生现金流量的流进与流出，不属于现金流量；同时，企业现金与现金等价物之间的转换例如用库存现金购买短期的国库券，也不认定产生现金流量的流进与流出，也不属于现金流量。企业一定时期内的现金流量是由各种因素产生的，现金流量表通常按照企业经营业务发生的性质将其归纳为经营活动产生的现金流量、投资活动产生的现金流量和筹资活动产生的现金流量三大类。在编制现金流量表时，应根据企业的实际情况，对现金流量进行合理的归类。

经营活动，是指企业投资活动和筹资活动以外的所有交易和事项，主要包括提供劳务、销售商品、经营租赁、购买商品、接受劳务、广告宣传、交纳税款等。

投资活动，是指企业长期资产的购建和不包括在现金等价物范围的投资及其处置活动，主要包括取得和收回投资、购建和处置固定资产、无形资产和其他长期资产等。

筹资活动，是指导致企业资本及债务规模和构成发生变化的活动。这里的资本包括实收资本（或股本）、资本溢价（或股本溢价）；企业发生与资本有关的现金流入与流出项目，一般包括吸收投资、发行股票、分配利润等。筹划活动的债务是指企业对外举债所借入的款项，如发行债券、向金融企业借入款项以及偿还债务等。

此外，支付的股利和利息列为筹资活动产生的现金流量，而收到的股利和收到的利息列为投资活动产生的现金流量。

企业在编制现金流量表时，需在报表附注中说明以下情况：

（1）披露将净利润调节为经营活动现金流量的信息。

（2）虽然不涉及当期现金收支，但影响企业财务状况或可能在未来影响企业现金流量的重大投资、筹资活动，如企业以承担债务形式购置资产、以长期投资偿还债务等。

（3）现金和现金等价物的净增加情况。

现金流量表的结构主要分为表头和正表两个部分。表头部分应列明报表名称、编制单位、期间以及货币单位等内容。现金流量表的正表部分采用多步式，内容由六个部分组成。现金流量表的一般格式如表 8－6 所示。

表 8－6 **现金流量表** 会企 03 表

编制单位： ____年__月 单位：元

项　　目	行次	本期金额	上期金额
一、经营活动产生的现金流量：			
销售商品、提供劳务收到的现金			
收到的税费返还			
收到其他与经营活动有关的现金			
经营活动现金流入小计			
购买商品、接受劳务支付的现金			
支付给职工以及为职工支付的现金			
支付的各项税费			
支付其他与经营活动有关的现金			
经营活动现金流出小计			
经营活动产生的现金流量净额			
二、投资活动产生的现金流量：			
收回投资收到的现金			
取得投资收益收到的现金			
处置固定资产、无形资产和其他长期资产收回的现金净额			
处置子公司及其他营业单位收到的现金净额			

续表

项　目	行次	本期金额	上期金额
收到其他与投资活动有关的现金			
投资活动现金流入小计			
购建固定资产、无形资产和其他长期资产支付的现金			
投资支付的现金			
取得子公司及其他营业单位支付的现金净额			
支付其他与投资活动有关的现金			
投资活动现金流出小计			
投资活动产生的现金流量净额			
三、筹资活动产生的现金流量：			
吸收投资收到的现金			
取得借款收到的现金			
收到其他与筹资活动有关的现金			
筹资活动现金流入小计			
偿还债务支付的现金			
分配股利、利润或偿付利息支付的现金			
支付其他与筹资活动有关的现金			
筹资活动现金流出小计			
筹资活动产生的现金流量净额			
四、汇率变动对现金的影响			
五、现金及现金等价物净增加额			
加：期初现金及现金等价物余额			
六、期末现金及现金等价物余额			

三、现金流量表的编制方法

编制现金流量表时，经营活动现金流量的列报方法有两种：一是直接法；二是间接法。这两种方法通常也称为现金流量表的编制方法。

直接法，是指通过现金收入和现金支出的主要类别列示经营活动的现金流量。采用该法编表时，有关的现金收入和现金支出的信息既可以从企业会计记录中直接获得，也可以在利润表中营业收入、营业成本等数据的基础上，通过调整存货和经营性应收应付项目的变动，以及固定资产折旧、无形资产摊销等项目后获得。

间接法，是指通过将企业的非现金交易、过去和未来经营活动产生的现金收入或支出的递延或应计项目，以及与投资或筹资现金流量相关的收益或费用项目对净损益的影响进行调整，以反映经营活动所产生的现金流量的方法；也就是以利润表上的净利润为起点，调整不涉及现金的收入、费用、营业外收支以及有关项目的增减变动，据此计算出的现金流量净额。

采用直接法或间接法编制的现金流量表，其对投资和筹资活动所形成的现金流量的揭示基本一致。但直接法提供的信息更有助于评价、估计企业未来现金流量，因为直接法下的经营活动部分更加清楚地表现了各个项目收入或支出现金的数额，也因而更有利于进行各种决策。而间接法的优点则在于：间接法下的经营活动现金收支情况直接与利润挂钩，从而使报表使用者容易评价企业盈利能力的质量。目前世界上大多数国家采用直接法，在我国，《企业会计准则》规定编制现金流量表采用直接法，同时要求在现金流量表附注中披露将净利润调节为经营活动现金流量的信息，也就是用间接法来计算经营活动的现金流量。现将现金流量表中各项目的填列方法说明如下：

1. 经营活动产生的现金流量

（1）“销售商品、提供劳务收到的现金”项目，反映企业本期销售商品、提供劳务收到的现金，以及前期销售商品、提供劳务本期收到的现金（包括销售收入和应向购买者收取的增值税销项税额）和本期预收的款项，减去本期销售本期退回商品和前期销售本期退回商品支付的现金。企业销售材料和代购代销业务收到的现金，也在本项目反映。

（2）“收到的税费返还”项目，反映企业收到返还的所得税、增值税、消费税、关税和教育费附加等各种税费返还款。

（3）“收到其他与经营活动有关的现金”项目，反映企业经营租赁收到的租金等其他与经营活动有关的现金流入，金额较大的应当单独列示。

（4）“购买商品、接受劳务支付的现金”项目，反映企业本期购买商品、接受劳务实际支付的现金（包括增值税进项税额），以及本期支付前期购买商品、接受劳务的未付款项和本期预付款项，减去本期发生的购货退回收到的现金。企业购买材料和代购代销业务支付的现金，也在本项目反映。

（5）“支付给职工以及为职工支付的现金”项目，反映企业本期实际支付给职工的工资、奖金、各种津贴和补贴等职工薪酬（包括代扣代缴的职工个人所得税）。

（6）“支付的各项税费”项目，反映企业本期发生并支付、以前各期发生本期支付以及预交的各项税费，包括所得税、增值税、消费税、印花税、房产税、土地增值税、车船税、教育费附加等。

（7）“支付其他与经营活动有关的现金”项目，反映企业经营租赁支付的租金、支付的差旅费、业务招待费、保险费、罚款支出等其他与经营活动有关的现金流出，金额较大的应当单独列示。

2. 投资活动产生的现金流量

（1）“收回投资收到的现金”项目，反映企业出售、转让或到期收回除现金等价物以外的对其他企业的权益工具、债务工具和合营中的权益。

（2）“取得投资收益收到的现金”项目，反映企业除现金等价物以外的对其他企业的权益工具、债务工具和合营中的权益投资分回的现金股利和利息等。

（3）“处置固定资产、无形资产和其他长期资产收回的现金净额”项目，反映企业出售、报废固定资产、无形资产和其他长期资产所取得的现金（包括因资产毁损而收到的保险赔偿收入），减去为处置这些资产而支付的有关费用后的净额。

（4）“处置子公司及其他营业单位收到的现金净额”项目，反映企业处置子公司及其他营业单位所取得的现金减去相关处置费用，以及子公司及其他营业单位持有的现金和现金等价物后的净额。

（5）“购建固定资产、无形资产和其他长期资产支付的现金”项目，反映企业购买、建造固定资产、取得无形资产和其他长期资产所支付的现金（含增值税款等），以及用现金支付的应由在建工程和无形资产负担的职工薪酬。

（6）“投资支付的现金”项目，反映企业取得除现金等价物以外的对其他企业的权益工具、债务工具和合营中的权益所支付的现金以及支付的佣金、手续费等附加费用。

（7）“取得子公司及其他营业单位支付的现金净额”项目，反映企业购买子公司及其他营业单位购买出价中以现金支付的部分，减去子公司及其他营业单位持有的现金和现金等价物后的净额。

（8）“收到其他与投资活动有关的现金”“支付其他与投资活动有关的现金”项目，反映企业除上述（1）～（7）项目外收到或支付的其他与投资活动有关的现金流入或流出，金额较大的应当单独列示。

3. 筹资活动产生的现金流量

（1）“吸收投资收到的现金”项目，反映企业以发行股票、债券等方式筹集资金实际收到的款项，减去直接支付给金融企业的佣金、手续费、宣传费、咨询费、印刷费等发行费用后的净额。

（2）“取得借款收到的现金”项目，反映企业举借各种短期、长期借款而收到的现金。

（3）“偿还债务支付的现金”项目，反映企业以现金偿还债务的本金。

（4）“分配股利、利润或偿付利息支付的现金”项目，反映企业实际支付的现金股利、支付给其他投资单位的利润或用现金支付的借款利息、债券利息。

（5）“收到其他与筹资活动有关的现金”“支付其他与筹资活动有关的现金”项目，反映企业除上述（1）～（4）项目外，收到或支付的其他与筹资活动有关的现金流入或流出，金额较大的应当单独列示。

4.“汇率变动对现金的影响”项目

该项目反映下列项目之间的差额：

（1）企业外币现金流量折算为记账本位币时，所采用的现金流量发生日的即期汇率或按照系统合理的方法确定的、与现金流量发生日即期汇率近似的汇率折算的金额（编制合并现金流量表时还包括折算境外子公司的现金流量，应当比照处理）。

（2）“现金及现金等价物净增加额”中外币现金净增加额按期末汇率折算的金额。

第五节　所有者权益变动表

一、所有者权益变动表的格式和内容

所有者权益变动表是反映构成所有者权益的各组成部分当期的增减变动情况的会计报表。当期损益、直接计入所有者权益的利得和损失，以及与所有者（或股东，下同）的资本交易导致的所有者权益的变动，应当分别列示。

所有者权益变动表的格式如表 8－7 所示。

表 8－7　　**所有者权益变动表**　　会企 04 表

编制单位：　　____年度　　单位：元

<table>
<tr><th rowspan="3">项　目</th><th colspan="11">本年金额</th><th colspan="11">上年金额</th></tr>
<tr><th rowspan="2">实收资本（或股本）</th><th colspan="3">其他权益工具</th><th rowspan="2">资本公积</th><th rowspan="2">减：库存股</th><th rowspan="2">其他综合收益</th><th rowspan="2">专项储备</th><th rowspan="2">盈余公积</th><th rowspan="2">未分配利润</th><th rowspan="2">所有者权益合计</th><th rowspan="2">实收资本（或股本）</th><th colspan="3">其他权益工具</th><th rowspan="2">资本公积</th><th rowspan="2">减：库存股</th><th rowspan="2">其他综合收益</th><th rowspan="2">专项储备</th><th rowspan="2">盈余公积</th><th rowspan="2">未分配利润</th><th rowspan="2">所有者权益合计</th></tr>
<tr><th>优先股</th><th>永续债</th><th>其他</th><th>优先股</th><th>永续债</th><th>其他</th></tr>
<tr><td>一、上年年末余额</td><td></td><td></td><td></td><td></td><td></td><td></td><td></td><td></td><td></td><td></td><td></td><td></td><td></td><td></td><td></td><td></td><td></td><td></td><td></td><td></td><td></td><td></td></tr>
<tr><td>加：会计政策变更</td><td></td><td></td><td></td><td></td><td></td><td></td><td></td><td></td><td></td><td></td><td></td><td></td><td></td><td></td><td></td><td></td><td></td><td></td><td></td><td></td><td></td><td></td></tr>
<tr><td>前期差错更正</td><td></td><td></td><td></td><td></td><td></td><td></td><td></td><td></td><td></td><td></td><td></td><td></td><td></td><td></td><td></td><td></td><td></td><td></td><td></td><td></td><td></td><td></td></tr>
<tr><td>其他</td><td></td><td></td><td></td><td></td><td></td><td></td><td></td><td></td><td></td><td></td><td></td><td></td><td></td><td></td><td></td><td></td><td></td><td></td><td></td><td></td><td></td><td></td></tr>
<tr><td>二、本年年初余额</td><td></td><td></td><td></td><td></td><td></td><td></td><td></td><td></td><td></td><td></td><td></td><td></td><td></td><td></td><td></td><td></td><td></td><td></td><td></td><td></td><td></td><td></td></tr>
<tr><td>三、本年增减变动金额（减少以“－”号填列）</td><td></td><td></td><td></td><td></td><td></td><td></td><td></td><td></td><td></td><td></td><td></td><td></td><td></td><td></td><td></td><td></td><td></td><td></td><td></td><td></td><td></td><td></td></tr>
</table>

续表

项目	本年金额											上年金额										
	实收资本（或股本）	其他权益工具			资本公积	减：库存股	其他综合收益	专项储备	盈余公积	未分配利润	所有者权益合计	实收资本（或股本）	其他权益工具			资本公积	减：库存股	其他综合收益	专项储备	盈余公积	未分配利润	所有者权益合计
		优先股	永续债	其他									优先股	永续债	其他							
（一）综合收益总额																						
（二）所有者投入和减少资本																						
1. 所有者投入的普通股																						
2. 其他权益工具持有者投入资本																						
3. 股份支付计入所有者权益的金额																						
4. 其他																						
（三）利润分配																						
1. 提取盈余公积																						

续表

项目	本年金额										上年金额									
	实收资本（或股本）	其他权益工具			资本公积	减：库存股	其他综合收益	专项储备	盈余公积	未分配利润	所有者权益合计	实收资本（或股本）	其他权益工具			资本公积	减：库存股	其他综合收益	专项储备	盈余公积	未分配利润	所有者权益合计
		优先股	永续债	其他									优先股	永续债	其他							
2. 对所有者（或股东）的分配																						
3. 其他																						
（四）所有者权益内部结转																						
1. 资本公积转增资本（或股本）																						
2. 盈余公积转增资本（或股本）																						
3. 盈余公积弥补亏损																						
4. 设定受益计划变动额结转留存收益																						

续表

项目	本年金额										上年金额									
	实收资本（或股本）	其他权益工具			资本公积	减：库存股	其他综合收益	专项储备	盈余公积	未分配利润	所有者权益合计	实收资本（或股本）	其他权益工具			资本公积	减：库存股	其他综合收益	专项储备	盈余公积	未分配利润	所有者权益合计
		优先股	永续债	其他									优先股	永续债	其他							
5. 其他综合收益结转留存收益																						
6. 其他																						
四、本年年末余额																						

二、所有者权益（股东权益）变动表列示说明

（1）本表反映企业年末所有者权益（或股东权益）变动的情况。本表应在一定程度上体现企业综合收益的特点，除列示直接计入所有者权益的利得和损失外，同时包含最终属于所有者权益变动的净利润。

（2）本表各项目应当根据当期净利润、直接计入所有者权益的利得和损失项目、所有者投入资本和提取盈余公积、向所有者分配利润等情况分析填列。

第六节 会计报表附注

会计报表附注是财务报表不可或缺的组成部分。报表使用者了解企业的财务状况、经营成果和现金流量，应当全面阅读附注，附注相对于报表而言，同样具有重要性。附注是对资产负债表、利润表、现金流量表和所有者权益变动表等报表中列示项目的文字描述或明细资料，以及对未能在这些报表中列示项目的说明等。

附注应当披露财务报表的编制基础，相关信息应当与资产负债表、利润表、现金流量表和所有者权益变动表等报表中列示的项目相互参照。

根据会计准则规定，附注应当按照一定的结构进行系统合理的排列和分类，有顺序地披露信息。会计报表附注主要包括以下内容：

（1）企业的基本情况。

①企业注册地、组织形式和总部地址。

②企业的业务性质和主要经营活动。

③母公司以及集团最终母公司的名称。

④财务报告的批准报出者和财务报告批准报出日。

（2）财务报表的编制基础。

说明企业的持续经营情况。

（3）遵循企业会计准则的声明。

企业应当明确说明编制的财务报表符合企业会计准则体系的要求，真实、完整地反映了企业的财务状况、经营成果和现金流量。

（4）重要会计政策和会计估计。

重要会计政策的说明，包括财务报表项目的计量基础和会计政策的确定依据等。企业至少应当披露的重要会计政策包括存货、长期股权投资、投资性房地产、固定资产、生物资产、无形资产、非货币性资产交换、资产减值、职工薪酬、企业年金基金、股份支付、债务重组、或有事项、收入、建造合同、政府补助、借款费用、所得税、外币折算、企业合并、租赁、金融工具确认和计量、金融资产转移、套期保值、石油天然气开采、合并财务报表、每股收益、分部报告、金融工具列报等。

重要会计估计的说明，包括下一会计期间内很可能导致资产、负债账面价值重大调整的会计估计的确定依据等。

企业应当披露重要的会计政策和会计估计，不重要的会计政策和会计估计可以不披露。在披露重要会计政策和会计估计时，应当披露重要会计政策的确定依据和财务报表项目的计量基础，以及会计估计中所采用的关键假设和不确定因素。

（5）会计政策和会计估计变更以及差错更正的说明。

企业应当按照《企业会计准则第 28 号——会计政策、会计估计变更和差错更正》及其应用指南的规定进行披露。

（6）重要报表项目的说明。

企业应当尽可能以列表形式披露重要报表项目的构成或当期增减变动情况。对重要报表项目的明细说明，应当按照资产负债表、利润表、现金流量表、所有者权益变动表的顺序以及报表项目列示的顺序进行披露，采用文字和数字描述相结合进行披露，并与报表项目相互参照。对已在资产负债表、利润表、现金流量表和所有者权益变动表中列示的重要项目的进一步说明，包括终止经营税后利润的金额及其构成情况等。

（7）或有和承诺事项、资产负债表日后非调整事项、关联方关系及其交易等需要说明的事项。

（8）企业应当在附注中披露在资产负债表日后、财务报告批准报出日前提议或宣布发放的股利总额和每股股利金额（或向投资者分配的利润总额）。

（9）关联方关系及其交易的说明。

企业无论是否发生关联方交易，均应在附注中披露与母公司和子公司有关的信息：母公司和子公司的名称；母公司和子公司的业务性质、注册地、注册资本（或实收资本、股本）及其当期发生的变化。母公司对该企业或者该企业对子公司的持股比例和表决权比例。企业与关联方发生关联方交易的，应在附注中披露关联方交易的性质、交易类型及交易要素。交易要素至少应当包括：交易的金额；未结算项目的金额、条款和条件，以及有关提供或取得担保的信息；未结算应收项目的坏账准备金额；定价政策。

第七节　财务报表的阅读与分析

一、财务报表的阅读与分析概述

（一）财务报表阅读与分析的目的

编制财务报表是企业报告财务信息的主要手段，尽管每张报表都可以单独反映企业某一方面的经营、财务状况，但财务报表提供的大量会计信息都是绝对数字。绝对数字本身没有太大的实际意义，有意义的是数字之间的相互关系。这就需要报表阅读者懂得阅读财务报表，对财务报表中的数据做进一步的加工处理，以显示各项资料间所隐含的相互关系，通过对财务报表的阅读与分析，可以获得财务指标及其他有关经济信息，对企业财务状况和经营成果作出分析、比较、解释和评价。财务报表是“外行看热闹，内行看门道”。

财务报表阅读与分析的内容，对于各个不同利益主体来说，会有不同的侧重点。不同的财务报表分析主体，阅读分析的目的是不同的，不同的分析服务对象所关心的问题也是各有差别的。从分析的主体看，包括：投资者进行的财务报表分析；经营者进行的财务报表分析；债权人进行的财务报表分析；其他相关经济组织或个人所进行的财务报表分析等。

（二）财务报表分析的方法

一般来说，财务报表分析通常包括定性分析和定量分析两种类型。定性分析是指分析人员根据自己的知识、经验以及对企业内部情况、外部环境的了解程度所作出的非量化的分析和评价；而定量分析则是指分析人员运用一定的数学方法和分析工具、分析技巧对有关指标进行的量化分析。分析人员应根据分析的具体目的和要求，以定性分析为基础和前提，以定量分析为工具和手段，从而透过数字看本质，正确评价企业的财务状况和经营得失。由于定性分析更多要依靠主观判断，所以在这里介绍的主要是反映定量分析方面的一些技术方法。

常用的定量分析法主要包括比较分析法和因素分析法。

1. 比较分析法

比较分析法是对两个或两个以上有关的可比数据进行对比，揭示差异和矛盾的分析方法。比较分析是财务分析的最基本方法，没有比较，分析就无法开始。

（1）按比较对象分类（即与谁比），可分为：

①与本企业历史比，即不同时期指标相比，称“纵向比较”。

②与同类企业比，即与行业平均数或竞争对手比较，称“横向比较”。

③与计划预算比，即实际执行结果与计划指标比较，称“差异比较”。

（2）按比较内容分类（即比什么），可分为：

①比较会计要素的总量。总量是指报表项目的总金额，例如总资产、净资产、净利润等。总量比较主要用于时间序列分析，如研究利润的逐年变化趋势，看其增长潜力。有时也用于同业对比，看企业的相对规模和竞争地位。

②比较结构百分比。把利润表、资产负债表、现金流量表转换成结构百分比报表。例如，以收入为100，看利润表的各项目比重。结构百分比报表用于发现有显著问题的项目，揭示进一步分析的方向。

③比较财务比率。财务比率反映各会计要素之间的内在联系。比率的比较是最重要的分析，由于比率是相对数，排除了规模的影响，使不同比较对象建立起可比性。

2. 因素分析法

一个经济指标的完成，往往是由多种因素所造成的，只有把这种综合性的指标分解为它的各种构成因素，才能了解指标完成好坏的真正原因。因素分析法又称因素替代法，是依据分析指标和影响因素的关系，把由多个因素组成的综合指标，分解为各个因素，并确定各个因素变动对综合性指标影响程度的一种方法。它的特点是：对组成该指标的各个因素，每次顺序替代一个因素，将替代结果与前一结果相比较，其差额视为该因素变动对总指标的影响程度。因素替代后计算的各因素影响总指标变动数的代数和，应等于该指标实际数与计划数之间的总变动差额。因素分析法具体应用有不同形式，常见的有差额分析法、指标分解法、连环替代法和定基替代法。

下面分别介绍资产负债表、利润表的阅读与分析。

二、资产负债表的阅读与分析

阅读资产负债表可以分析企业的财务状况，它主要从以下两个方面进行分析。

（一）短期偿债能力分析

短期偿债能力，是指企业以流动资产支付流动负债的能力，又称变现能力。流动负债是指一年内或超过一年的一个营业周期内需要偿付的债务。这部分负债，对企业的财务风险影响较大，如果不能及时偿还，就可能使企业面临倒闭的危险。在资产负债表中，流动负债与流动资产形成一种对应关系。一般来说，流动负债需以流动资产来偿付，特别是，通常它需要以现金来直接偿还。因此，可以通过分析企业流动负债与流动资产之间的关系，来判断企业短期偿债能力。通常，评价企业短期偿债能力的财务比率主要有流动比率、速动比率等。

1. 流动比率

流动比率，是指企业流动资产与流动负债的比率，也称营运资金比率。它是通过反映流动资产和流动负债的关系，来衡量企业资产在短期债务到期前转化成现金用于偿还流动负债的能力的指标。其计算公式为：

流动比率 = 流动资产 ÷ 流动负债

这一比率表明每 1 元的流动负债，有多少元的流动资产作为保障，反映企业的流动债务可由短期内变现的流动资产来偿还的能力。一般而言，流动比率越高，企业的偿还能力越强，对债权人权益的安全保障程度越高。因此，从债权人的角度讲，此比率越高越好。但是，从企业经营管理角度讲，此比率过高，说明持有过多流动资产，将使资金的效率降低。一般认为，该比例数值为 2 时较为合理。

2. 速动比率

速动比率，是指速动资产与流动负债的比值。它比流动比率更能严格地测验企业短期偿债能力。其计算公式为：

速动比率 = 速动资产 ÷ 流动负债

在流动资产中，存货的变现速度最慢，存货需经过销售，才能转变为现金，如果存货滞销，则其变现就成问题。速动资产是指变现速度快、变现能力强的流动资产，因此通常用流动资产扣除存货、预付款项、一年内到期的非流动资产及其他流动资产等后来表示，包括现金、银行存款、短期投资、应收票据、应收账款等。把存货等非速动资产从流动资产总额中扣除而计算出的速动比率反映的短期偿债能力更加令人可信。一般而言，与流动比率一样，此比率越高，说明企业偿债能力越强。根据经验，速动比率为 1 时，对企业的整体经营比较适宜。

（二）长期偿债能力分析

长期偿债能力，是指企业偿还长期负债的能力，企业的长期负债主要有长期借款、应付长期债券、长期应付款等。对于企业的长期债权人和所有者来说，通常对企业进行短期偿债能力分析的同时，还需分析企业的长期偿债能力，以便于债权人和投资者全面了解企业的偿债能力及财务风险。反映企业长期偿债能力的财务比率主要有资产负债率、产权比率、已获利息倍数等。

1. 资产负债率

资产负债率是企业负债总额与资产总额的比例。它反映债权人提供的资金占企业资金总额的比重，表明负债经营程度，故也称举债经营比率。其计其公式为：

资产负债率 = （负债总额 ÷ 资产总额） ×100%

资产负债率，是反映企业基本财务结构的强弱和债权人的债权保障程度的指标。对债权人而言，资产负债率越低越好；而对所有者而言，则可能希望尽可能高些，因为负债经营对企业自有资本收益率有着杠杆作用。负债经营应该适度，否则风险过大。

与资产负债率相关联的另一比率，是产权比率。其计算公式为：

产权比率 = 负债总额 ÷ 股东权益总额

2. 已获利息倍数

已获利息倍数，是指企业经营业务收益与利息费用的比率，用以衡量企业偿付借款利息的能力，也称利息保障倍数。其计算公式为：

已获利息倍数 = 息税前利润 ÷ 包括资本化利息的利息费用

公式中的“息税前利润”指利润表中未扣除利息费用和所得税之前的利润，因我国现行利润表中利息费用包含于财务费用而未曾单列，外部报表使用者只能用利润总额和财务费用来估计；“包括资本化利息的利息费用”则指本期发生的全部应付利息，即应包括计入固定资产成本的资本化利息。

已获利息倍数指标反映企业经营收益为所需支付利息的多少倍，一般来说该倍数足够大，企业就有充足能力偿付利息，否则相反。但要合理判断企业已获利息倍数的高低，需将本企业指标与其他企业，特别是本行业平均水平进行比较；同时从稳健性角度出发，要比较本企业连续几年的该项指标，并选择最低指标年度的数据作为标准，以保证企业最低的偿债能力。当然，若有特殊情况还需结合实际来确定。

三、利润表的阅读与分析

阅读利润表可以分析企业的营运能力和盈利能力。

（一）营运能力的分析

企业的营运能力，反映了企业资金周转状况。对此进行分析，可以了解企业的营业状况及经营管理水平。资金周转状况好，说明企业的经营管理水平高，资金利用效率高。企业的资金周转状况与供、产、销各个经营环节密切相关。任何一个环节出现问题，都会影响到企业的资金正常周转。资金只有顺利地通过各个经营环节，才能完成一次循环。在供、产、销各环节中，销售有着特殊的意义。因为产品只有销售出去，才能实现其价值，收回最初投入的资金，顺利地完成一次资金周转。这样，就可以通过产品销售情况与企业资金占用量来分析企业的资金周转状况，评价企业的营运能力。评价企业营运能力，常用的财务比率有：应收账款周转率、存货周转率、流动资产周转率、固定资产周转率、总资产周转率等。

1. 应收账款周转率

应收账款周转率，是一定时期内企业营业收入净额与应收账款平均余额的比率。该比率有两种表示方法：一种表示为应收账款周转率（次数），表明一定时期内（通常以年为单位）应收账款变现的次数；另一种表示为应收账款周转天数，表明应收账款变现的时间，也称平均收现期或应收账款账龄。其计算公式为：

$$应收账款周转率=营业收入净额\div 平均应收账款余额$$

$$应收账款平均收款天数=360\div 应收账款周转率$$

其中，

$$应收账款平均余额=（期初应收账款余额+期末应收账款余额）\div 2$$

通过分析应收账款平均收款天数，可与原信用条件中信用期限相对比，以评价客户的信用程度，以便制定收账政策，并为未来时期信用政策的制定提供依据。

2. 存货周转率

存货周转率，也叫存货周转次数，指的是企业在某一特定期间的营业成本同存货平均余额的比率。它反映企业在特定期间存货的周转速度，是用以衡量和评价企业购入存货、投入生产、销售收回等环节存货资金管理状况的综合性指标。存货周转率用时间表示就是存货周转天数。其计算公式为：

$$存货周转率=营业成本\div 平均存货额$$

存货平均周转天数 =360 ÷ 存货周转率

其中，

平均存货额 = （期初存货额 + 期末存货额） ÷2

存货周转率和存货周转天数反映了企业销售效率和存货使用效率，可用于衡量企业销售能力及存货是否过量。在正常情况下，存货周转率越高或存货周转天数越少，说明企业销售能力越强，存货占用资金少。但存货周转率过高，也应引起重视。可能存在存货水平太低、采购批量过小等问题。

3. 流动资产周转率

流动资产周转率，是一定时期内企业营业收入与流动资产平均总额的比率。它反映流动资产的周转速度，反映企业全部流动资产的利用效率。其计算公式为：

流动资产周转率 = 营业收入 ÷ 平均流动资产

流动资产周转天数 =360 ÷ 流动资产年周转平均次数

其中，

平均流动资产 = （期初流动资产 + 期末流动资产） ÷2

4. 固定资产周转率

固定资产周转率，是指企业营业收入与固定资产净值的比率，是衡量固定资产使用效率的一个指标。其计算公式为：

固定资产周转率 = 营业收入 ÷ 平均固定资产净额

其中，

平均固定资产净额 = （期初固定资产净额 + 期末固定资产净额） ÷2

5. 总资产周转率

总资产周转率，是指企业营业收入与资产总额的比率，是衡量企业总资产利用效率的一个指标。其计算公式为：

总资产年周转率 = 营业收入 ÷ 资产总额

（二）盈利能力的分析

盈利能力，又称获利能力，是指企业进行生产经营活动获取利润的能力大小。盈利能力是企业赖以生存和发展的基本条件，企业作为盈利性的经济实体，如果不能获利，企业就没有存在的价值了。企业盈利能力分析主要是以资产负债表、利润表为基础，通过表内各项目之间的逻辑关系构建一套指标体系。评价企业盈利能力的财务指标最常用的有营业净利率、资产净利率和所有者权益报酬率等。

1. 营业净利率

营业净利率是指企业净利润与营业收入的比率。营业收入由主营业务收入和其他业务收入组成。这一指标用于衡量企业营业收入获取净利润的能力。其计算公式为：

营业净利率 = （净利润 ÷ 营业收入） ×100%

营业净利率指标反映销售收入的收益水平，表明每 1 元销售收入可以带来的净利润的多少。企业在努力扩大销售、增加销售收入额的同时，必须改进经营管理以降低成本，才能相应增加净利润，使营业净利率保持不变或有所提高。要作进一步分析，还可将该指标分解成营业毛利率、营业成本率以及销售费用率等。

2. 资产净利率

资产净利率是企业净利润与平均资产总额的百分比，可以表明一定期间企业资产利用的综合效果。其计算公式为：

资产净利率＝（净利润÷平均资产总额）×100%

资产净利率是一个综合指标，能够反映企业在增加收入和节约资金使用等方面取得的效果。企业的资产由投资者投入或举债形成，净利的多少与企业资产的多少、资产的结构、经营管理的水平均有密切关系。为正确评价企业经济效益的高低、挖掘提高利润水平的潜力，应将该项指标与本企业前期、本企业计划、同行业平均以及同行业先进企业进行对比，分析形成差异的原因。影响资产净利率高低的主要因素有：产品价格和单位成本的高低，产品产量和销量的多少以及资金占用量的大小等。

3. 所有者权益报酬率

所有者权益报酬率又称净资产收益率，是指企业净利润与所有者权益的比率。这一指标用于衡量投资者投资的收益水平。其计算公式为：

所有者权益报酬率＝（净利润÷所有者权益平均总额）×100%

净资产收益率反映公司所有者权益的投资报酬率，是所有财务比率中综合性最强、最具有代表性的一个指标。

【复习思考题】

1. 什么是财务会计报告？什么是财务报表？财务报表包括哪些内容？
2. 编制财务报表应遵循哪些基本要求？
3. 什么是资产负债表？其基本结构和内容包括哪些？
4. 分析企业营运能力的指标主要有哪些？

本章练习题

一、单项选择题

1. 反映企业在一定时期经营成果的财务报表是（　　）。

A. 资产负债表　　B. 利润表

C. 利润分配表　　D. 现金流量表

2. 下列属于静态报表的是（　　）。

A. 资产负债表　　B. 利润表

C. 所有者权益变动表　　D. 现金流量表

3. 下列资产负债表的各项目中，不能直接根据总账余额填列的是（　　）。

A. 短期借款项目　　B. 应收股利项目

C. 应付职工薪酬项目　　D. 应收账款项目

4. 利润表是根据损益类账户的（　　）填列的。

A. 期初余额　　B. 期末余额

C. 累计发生额　　D. 净额

5. 某企业 20××年实现的主营业务收入为 200 000 元，主营业务成本为 100 000 元，其他业务收入为 30 000 元，其他业务成本为 10 000 元；发生的销售费用为 10 000 元，管理费用为 8 000 元；财务费用为 2 000 元；投资收益为 20 000 元；营业外支出为 15 000 元。则该企业该年的营业利润为（　　）元。

A. 120 000　　B. 100 000

C. 105 000　　D. 135 000

6. 下列属于现金等价物的是（　　）。

A. 三个月内到期的短期债券投资　　B. 银行存款

C. 权益性股票投资　　D. 外埠存款

7. 资产负债表中的资产项目是（　　）排列的。

A. 按其流动性　　B. 按其重要性

C. 按其有用性　　D. 按其随意性

8. 在对短期偿债能力指标的分析中，（　　）最关心速动比率的大小。

A. 企业投资者　　B. 短期债权人

C. 长期债权人　　D. 税务部门

9. 能够用于分析企业营运能力的指标是（　　）。

A. 已获利息倍数　　B. 存货周转率

C. 产权比率　　D. 资产负债率

10. 下列反映企业获利能力的指标是（　　）。

A. 资产负债率　　B. 存货周转率

C. 流动比率　　D. 营业净利率

二、业务题

（一）练习利润表的编制。

1. 资料：甲公司 20××年 6 月有关资料如下：

（1）销售 A 产品 1 000 件，每件售价 80 元，货款已通过银行收妥。

（2）销售给红星厂 B 产品 900 件，每件售价 50 元，货款尚未收回。

（3）结转已售 A、B 产品的生产成本。其中：A 产品的生产成本为 65 400 元，B 产品的生产成本为 36 000 元。

（4）以银行存款支付销售产品的包装费、运输费 1 520 元。

（5）根据规定计算应交消费税 8 750 元。

（6）采购员王一外出归来报销差旅费 350 元（原已预支 400 元）。

（7）以现金支付厂部办公费 1 000 元。

（8）收到红星厂前欠货款 49 500 元，款项已存入银行。

（9）用银行存款支付应由本月负担的短期借款利息费用 200 元。

（10）经批准处理盘亏原材料 3 000 元，计入管理费用。

（11）收到本月出租包装物租金收入 3 020 元，款项已通过银行收妥，该包装物成本为 2 600 元（假定该包装物成本一次摊销）。

（12）结转本月损益类科目的发生额。

（13）计算本月应交所得税（所得税税率为25%）。

（14）月末用存款缴纳本月应交消费税和所得税。

2. 要求：根据上述业务编制会计分录；编制20××年6月份利润表。

（二）练习资产负债表的编制。

1. 资料：甲公司20××年12月31日部分总账及明细账户资料如下（单位：元）：

账户名称	借方余额	贷方余额
库存现金	1 000	
银行存款	256 000	
其他货币资金	2 000	
应收账款——A公司	83 200	
坏账准备		3 200
原材料	18 000	
库存商品	29 000	
存货跌价准备		10 000
固定资产	100 000	
累计折旧		20 000

2. 要求：根据上述资料，填列资产负债表中空白项目的金额。

表8-8　　　　　　　　　　　　**资产负债表**　　　　　　　　　　　　会企01表

编制单位：甲公司　　　　20××年12月31日　　　　　　　　　　　　单位：元

资　　产	期末余额	年初余额（略）	负债和所有者权益	期末余额	年初余额（略）
流动资产：			流动负债：		
货币资金	（　　）		短期借款	50 000	
应收账款	（　　）		应付账款	30 000	
其他应收款	10 000		预收款项	30 000	
预付款项	0		应付职工薪酬	10 000	
存货	（　　）		流动负债合计	（　　）	
其他流动资产	5 000		非流动负债：		
流动资产合计	（　　）		长期借款	100 000	
非流动资产：			非流动负债合计	100 000	
固定资产	（　　）		负债合计	（　　）	
无形资产	29 000		所有者权益：		

续表

资　　产	期末余额	年初余额（略）	负债和所有者权益	期末余额	年初余额（略）
			实收资本	200 000	
			资本公积	10 000	
			盈余公积	40 000	
			未分配利润	30 000	
			所有者权益合计	280 000	
资产总计	（　　）		负债和所有者权益总计	（　　）	

第九章　账务处理程序

☞ **学习目标**

通过本章的学习，明确各种账务处理程序的核算要求、步骤和使用范围，掌握按不同单位和具体情况设置账务处理程序的基础知识和操作技能。

第一节　账务处理程序概述

一、账务处理程序的概念

账务处理程序也称会计核算程序或会计核算形式，是对会计数据的记录、归类、汇总、呈报的步骤和方法，即从原始凭证的整理、汇总，到记账凭证的填制、汇总，再到日记账、明细分类账、总分类账的登记，最后到财务报表编制的步骤和方法。科学合理地选择适用于本单位的会计核算程序，对于有效地组织会计核算具有重要意义。

一个单位的性质、规模和业务繁复程度决定其适用的账务处理程序。不同的账务处理程序，对汇总凭证、登记总分类账的依据和办法的要求不同。所以，各单位必须从各自的实际情况出发，科学地组织本单位会计核算程序，以保证会计核算工作高效、高质，充分发挥会计核算监督的基本职能，并为会计参与企业经营决策打下良好基础，以有效地实现会计的管理职能。

二、账务处理程序的基本步骤及要求

（一）账务处理程序的基本步骤

账务处理程序的基本步骤，包括以下几个：

（1）在经济业务发生或完成后，取得或编制原始凭证。

（2）根据原始凭证编制记账凭证。

（3）根据记账凭证登记现金日记账、银行存款日记账。

（4）根据记账凭证登记分类账。

（5）期末，日记账与总账、总账与明细账相互核对。

（6）期末，根据总账与明细账的资料编制财务报表。

从上述基本步骤出发，根据单位的实际情况，可选择适当的过账过程编制财务报表。

（二）账务处理程序的要求

一个适用的、合理的账务处理程序，一般应满足以下要求：

（1）要适合本单位的性质和生产经营管理活动的特点，有利于会计机构内部的分工协作和加强岗位责任制。

（2）能及时提供本单位经济活动真实、完整的资料，以满足企业经营管理和宏观综合平衡工作的需要。

（3）在保证及时和完整地提供会计资料的前提下，应尽可能地简化会计核算手续，提高会计工作的效率，节约核算费用。

目前，根据登记总分类账的依据不同，我国各单位会计采用的账务处理程序，主要有以下五种：记账凭证账务处理程序、汇总记账凭证账务处理程序、科目汇总表账务处理程序、多栏式日记账账务处理程序和日记总账账务处理程序。

第二节　记账凭证账务处理程序

一、记账凭证账务处理程序的特点和核算要求

记账凭证账务处理程序的特点是直接根据记账凭证，逐笔登记总分类账。记账凭证账务处理程序是最基本的会计核算形式。其他各种会计核算形式都是在记账凭证核算形式基础上，根据经济管理的需要发展而形成的。

记账凭证可以采用一种通用格式，也可以分别采用收款凭证、付款凭证和转账凭证三种格式。会计账簿一般需要设置现金日记账、银行存款日记账、总分类账和明细分类账。现金日记账、银行存款日记账和总分类账均可采用三栏式；明细分类账可以根据需要采用三栏式、数量金额式或多栏式。

二、记账凭证账务处理程序的核算步骤和使用范围

记账凭证账务处理程序，如图 9－1 所示。

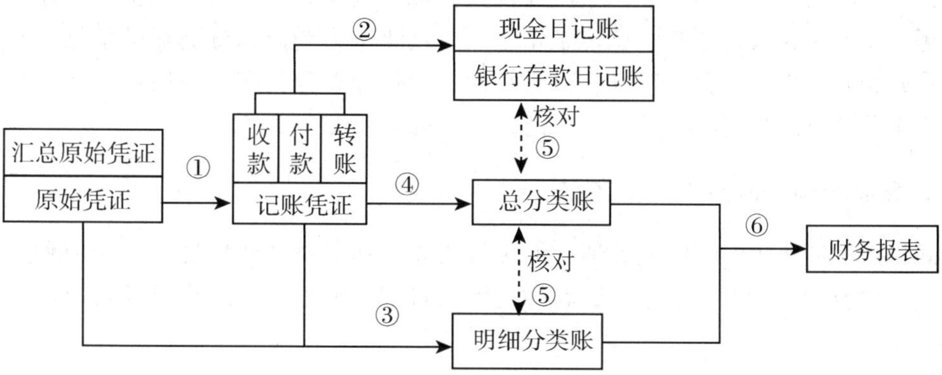

图 9－1　记账凭证账务处理程序

图9-1中各基本步骤说明：

①根据审核无误的原始凭证或者汇总原始凭证，编制记账凭证（包括收款、付款和转账凭证三类）。

②根据收、付款凭证逐日逐笔登记特种日记账（包括现金、银行存款日记账）。

③根据原始凭证、汇总原始凭证和记账凭证登记有关的明细分类账。

④根据记账凭证逐笔登记总分类账。

⑤月末，将特种日记账的余额以及各种明细账的余额合计数，分别与总账中有关账户的余额核对相符。

⑥月末，根据经核对无误的总账和有关明细账的记录，编制财务报表。

这种账务处理方法有两个优点：一是会计凭证和账簿格式及账务处理程序简单明了，易于理解和运用；二是由于总分类账是直接根据各种记账凭证逐笔登记的，因此总分类账能比较详细和具体地反映各项经济业务，便于查账。缺点是：由于要根据记账凭证逐笔登记总分类账，故登记总分类账的工作量较大。所以，一般适用于规模较小、业务量较少及记账凭证数量不多的企业采用。

第三节 汇总记账凭证账务处理程序

一、汇总记账凭证账务处理程序的特点和核算要求

汇总记账凭证核算形式的特点是：根据原始凭证或汇总原始凭证编制记账凭证，定期将全部记账凭证按收、付款凭证和转账凭证分别归类汇总编制成汇总记账凭证，再根据汇总记账凭证登记总分类账。汇总记账凭证账务处理程序是在记账凭证账务处理程序的基础上发展起来的，它与记账凭证账务处理程序的主要区别是在记账凭证和总分类账之间增加了汇总记账凭证。

在汇总记账凭证核算形式下，除设置收款凭证、付款凭证和转账凭证外，还应设置汇总收款凭证、汇总付款凭证和汇总转账凭证，并以此作为登记总分类账的依据。与记账凭证核算形式相同，设置现金日记账、银行存款日记账和总分类账，一般都采用三栏式；设置各种明细分类账，根据需要可采用三栏式、数量金额式或多栏式。

二、汇总记账凭证的编制方法

汇总记账凭证分为汇总收款凭证、汇总付款凭证和汇总转账凭证。无论何种汇总记账凭证其基本内容均包括汇总记账凭证名称、填制日期、编号、会计科目及对应汇总会计科目名称及金额。

（一）汇总收款凭证的编制方法

汇总收款凭证汇总了一定时期内现金和银行存款的收款业务，它是按“库存现金”“银行存款”科目的借方分别设置，将汇总期内全部“现金”“银行存款”的收款凭证，

分别按与设置科目相对应的贷方科目归类汇总的一种汇总记账凭证。其编制方法是：将一定时期（5日或10日）内全部收款凭证按其贷方科目归类汇总，计算贷方科目发生额的合计数，填入汇总收款凭证中，定期填制一次，每月填制一张。月末，结算出汇总收款凭证的合计数，据以登记总账中"库存现金""银行存款"的借方及其他对应账户的贷方。其格式如表9-1所示。

表9-1 **汇总收款凭证**

借方科目：银行存款（或库存现金） 20××年6月 编号：×

贷方科目	金额				总账页数	
	1日至10日凭证号1~20	11日至20日凭证号21~40	21日至30日凭证号41~70	合计	借方	贷方
应收账款	40 000	20 000		60 000	略	略
预收账款	5 000		3 000	8 000		
主营业务收入	30 000	50 000	15 000	95 000		
合计	75 000	70 000	18 000	163 000		

（二）汇总付款凭证的编制方法

汇总付款凭证汇总了一定时期内现金和银行存款的付款业务，它是按"库存现金""银行存款"科目的贷方分别设置，将汇总期内全部"现金""银行存款"的付款凭证，分别按与设置科目相对应的借方科目归类汇总的一种汇总记账凭证。其编制方法是：将一定时期（5日或10日）内全部付款凭证按其借方科目归类汇总，计算借方科目发生额的合计数，填入汇总付款凭证中，定期填制一次，每月编制一张。月末，结算出汇总付款凭证的合计数，据以登记总账中"库存现金""银行存款"的贷方及其他对应账户的借方。其格式如表9-2所示。

表9-2 **汇总付款凭证**

贷方科目：库存现金（或银行存款） 20××年6月 编号：×

借方科目	金额				总账页数	
	1日至10日凭证号1~40	11日至20日凭证号41~70	21日至30日凭证号71~100	合计	借方	贷方
应付账款	5 000	4 500		9 500	略	略
管理费用	1 500	3 500	200	5 200		
在途物资	500	400	500	1 400		
销售费用		8 500		8 500		
合计	7 000	16 900	700	24 600		

（三）汇总转账凭证的编制方法

汇总转账凭证是按每一科目的贷方分别设置，定期（5日或10日）将汇总期内的全部转账凭证，按与该设置科目相对应的借方科目归类汇总，计算借方科目发生额的合计数，填入汇总转账凭证中，定期填制一次，每月编制一张。月末，结算出汇总转账凭证的合计数，据以分别登记总分类账相关账户的借方和相对应账户的贷方。

汇总转账凭证上的科目对应关系是一个贷方科目与一个或几个借方科目相对应，所以，在汇总记账凭证账务处理程序下，为了便于编制汇总转账凭证，要求所有转账凭证只能按一个贷方科目与一个或几个借方科目相对应来填列，不得填制一个借方科目与几个贷方科目相对应的转账凭证。否则就不能以贷方科目为主进行汇总。

汇总转账凭证的格式如表 9－3 所示。

表 9－3 **汇总转账凭证**

贷方科目：应付账款 20××年 6 月 编号：×

借方科目	金额				总账页数	
	1 日至 10 日凭证号 1～25	11 日至 20 日凭证号 26～53	21 日至 30 日凭证号 54～80	合计	借方	贷方
材料采购	60 000	10 000	5 000	75 000	略	略
委托加工物资	50 000		40 000	90 000		
固定资产		240 000		240 000		
合计	110 000	250 000	45 000	405 000		

三、汇总记账凭证账务处理程序的核算步骤和使用范围

汇总记账凭证账务处理程序，如图 9－2 所示。

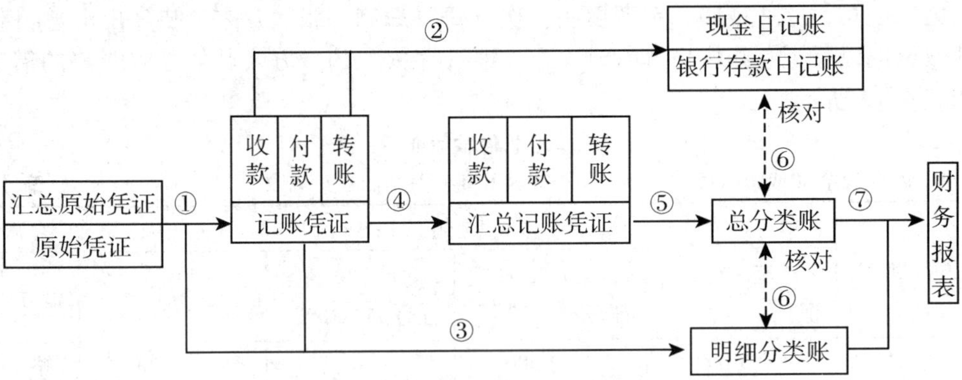

图 9－2 汇总记账凭证务处理程序

图 9－2 中汇总记账凭证账务处理程序的各基本步骤说明：

①根据原始凭证或汇总原始凭证填制记账凭证。

②根据收款凭证、付款凭证登记现金日记账和银行存款日记账。

③根据记账凭证和原始凭证或汇总原始凭证登记各种明细分类账。

④根据收款凭证、付款凭证和转账凭证，定期编制汇总收款凭证、汇总付款凭证和汇总转账凭证。

⑤根据各种汇总记账凭证登记总账。

⑥月末，将日记账和明细分类账的余额与有关总分类账的余额相核对。

⑦月末，根据总分类账和明细账的资料编制财务报表。

汇总记账凭证账务处理程序的优点是减轻了登记总分类账的工作量，按照账户对应关系汇总编制记账凭证，便于了解账户之间的对应关系，既易于及时掌握资金运动状况，又简便了记账凭证的整理归类。其缺点是：按每一贷方科目编制汇总转账凭证，不利于会计核算的日常分工，并且当转账凭证较多时，编制汇总转账凭证的工作量较大。这一账务处理程序适用于规模较大、经济业务较多的单位。

第四节　科目汇总表账务处理程序

一、科目汇总表账务处理程序的特点和核算要求

科目汇总表账务处理程序，又称记账凭证汇总表账务处理程序，是根据记账凭证定期编制科目汇总表，并据以登记总分类账的一种会计账务处理程序。

这种会计账务处理程序是在记账凭证账务处理程序的基础上，针对记账凭证数量多，登记总分类账工作量大，不宜采用记账凭证账务处理程序的情况而发展形成的。其主要特点是，先定期（5 日或 10 日）地将会计期间内全部的记账凭证汇总编制成科目汇总表，然后根据科目汇总表登记总分类账。

在科目汇总表账务处理程序下，与记账凭证账务处理程序基本相同，仍应设置收款、付款和转账等记账凭证。为方便相同科目的汇总，减少发生汇总差错，平时填制的记账凭证可采用单式记账凭证。为了定期根据记账凭证进行汇总，应另设“科目汇总表”。

此外，还应设置现金、银行存款日记账、各种总分类账和明细分类账。现金日记账、银行存款日记账一般采用三栏式的账页。由于据以登记总分类账的科目汇总表只汇总填列各科目的借方发生额和贷方发生额，而不反映它们的对应关系，所以在这种会计账务处理程序下，总分类账一般采用不设“对方科目”的三栏式格式。各种明细分类账应根据所记录的经济业务内容和经营管理上的要求，采用三栏式、数量金额式或多栏式的账页。

二、科目汇总表的编制方法

科目汇总表，又称记账凭证汇总表，是根据一定时期内的所有的收款凭证、付款凭证和转账凭证，按照相同的会计科目进行归类，定期（5 日或 10 日）汇总编制的一种表格。

科目汇总表的编制一般采用“两次归类汇总法”，即：分别归类计算出全部记账凭证的会计科目的借方发生额合计数和贷方发生额合计数后，再分别填列在科目汇总表中相应会计科目栏的借方发生额和贷方发生额中。对于库存现金账户和银行存款账户，也可根据现金日记账和银行存款日记账的本期收支数填列。此外，由于借贷记账法的记账规则是“有借必有贷，借贷必相等”，所以在科目汇总表内，全部借方发生额合计数，与贷方发生

额合计数相等。登记总账时，只需要根据科目汇总表中各个会计科目的本期借方发生额和贷方发生额，分次或月末一次记入总分类账的相应账户的借方或贷方即可。

科目汇总表可以定期汇总编制一次。按照汇总的时间不同，科目汇总表的格式有多种，以10日汇总一次为例，其格式如表9-4所示。

表9-4　　**科目汇总表**

年　月　日至　日　　单位：元

会计科目	1~10日		11~20日		21~30日		合计		总账页数
	贷方	借方	贷方	借方	贷方	借方	贷方	借方	
合计									

三、科目汇总表账务处理程序的核算步骤和使用范围

科目汇总表账务处理程序，如图9-3所示。

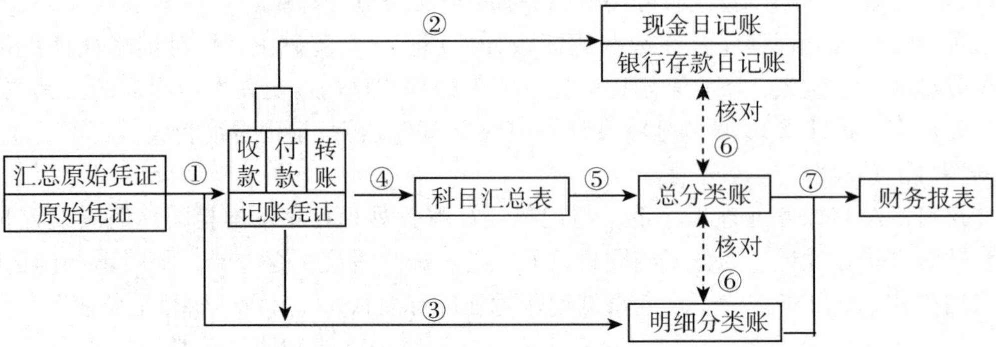

图9-3　科目汇总表账务处理程序

图9-3中科目汇总表账务处理程序的各基本步骤说明：

①根据原始凭证或汇总原始凭证填制收款、付款、转账等记账凭证。

②根据收款、付款凭证逐笔登记现金日记账和银行存款日记账。

③根据各种记账凭证及其所附的原始凭证或汇总原始凭证登记各种明细分类账。

④根据各种记账凭证定期编制科目汇总表。

⑤根据科目汇总表登记各种总分类账。

⑥现金日记账、银行存款日记账的余额和各种明细分类账户余额或余额的合计数，应分别与对应的总分类账户的余额核对相符。

⑦月末，根据核对无误的总分类账和各种明细分类账的记录编制财务报表。

科目汇总表账务处理程序的主要优点是：采取汇总登记总分类账的方式，大大简化了登记总账的工作量；通过科目汇总表的编制，将各科目本期借、贷方发生额的合计数

进行试算平衡，可以及时发现填制凭证和汇总过程中的错误，从而保证了记账工作的质量。其缺点是：不分对应科目进行汇总，不能反映各科目的对应关系，不便于对经济业务进行分析和检查。因此，这种账务处理程序一般适用于规模较大、经济业务较多的企业和单位。

第五节 多栏式日记账账务处理程序

一、多栏式日记账账务处理程序的特点和核算要求

多栏式日记账账务处理程序是根据多栏式日记账登记总分类账的一种账务处理程序。其主要特点是：设置并登记多栏式现金日记账、多栏式银行存款日记账，期末根据日记账各专栏的合计数和有关转账凭证或转账凭证汇总表登记总分类账。

在该程序下，记账凭证要设置收款凭证、付款凭证和转账凭证。账簿设置包括日记账、明细分类账和总分类账。现金日记账和银行存款日记账为多栏式账簿（见表9－5），将其收入和支出栏分别按照对应科目设专栏，登记全部收、付款业务（也可以分设现金收入、现金支出、银行存款收入、银行存款支出等四本日记账，以明确反映收、付款业务的账户对应关系）。对于货币资金的收付业务，平时根据收、付款凭证逐日逐笔登记日记账，月末计算出各日记账每一个专栏的合计数后，根据各多栏式日记账各专栏的合计数登记总分类账。对于转账业务，若业务不多时，可以根据转账凭证逐笔登记总分类账；若转账业务较多，也可以编制转账凭证科目汇总表，然后再根据科目汇总表汇总的金额登记总分类账。

表9－5　　现金（或银行存款）日记账

××年		凭证号	摘要	贷方账户				借方账户						余额
月	日			银行存款	主营业务收入	……	收入合计	银行存款	其他应付款	生产成本	管理费用	……	付出合计	

二、多栏式日记账账务处理程序的核算步骤和使用范围

多栏式日记账账务处理程序，如图9－4所示。

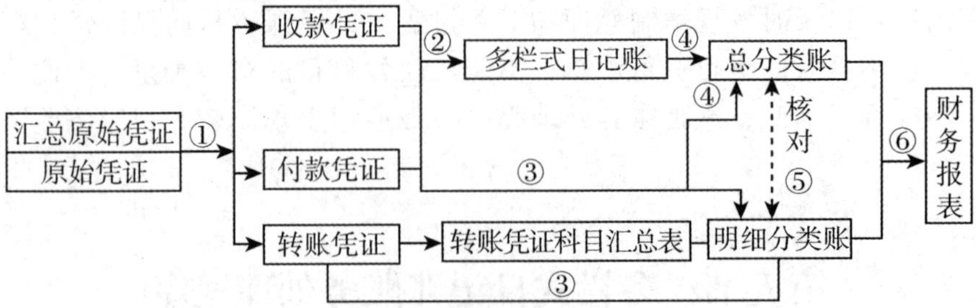

图 9-4 多栏式日记账账务处理程序

图 9-4 中多栏式日记账账务处理程序的各基本步骤说明：

①根据原始凭证或汇总原始凭证填制收款凭证、付款凭证和转账凭证。

②根据收、付款凭证登记多栏式现金日记账和多栏式银行存款日记账。

③根据原始凭证或汇总原始凭证和各种记账凭证登记各种明细分类账。多栏式明细分类账设有对应账户专栏，平日逐笔登记各有关多栏式明细账，月末结出各账户余额，作为登记总分类账的依据。其他明细分类账根据具体情况，设置各种格式。

④根据多栏式登记现金日记账和银行存款日记账、转账凭证或转账凭证科目汇总表登记总分类账。

⑤月末，将现金日记账、银行存款日记账和各明细分类账的余额与总分类账的有关账户余额进行核对。

⑥月末，根据总分类账和明细分类账编制财务报表。

该种账务处理程序的优点在于大大简化了登记总账的工作量，便于核算工作的分工，可以分别反映各类经济业务的详细情况。缺点是当业务量比较复杂、现金或银行存款的多栏式日记账的有关对应账户较多时，日记账所设的专栏势必增多，就会加长账页，不便于登记。所以，该账务处理程序一般适用于生产经营规模较小，收、付款业务较多，使用会计科目不多的单位。

第六节 日记总账账务处理程序

一、日记总账账务处理程序的特点和核算要求

日记总账账务处理程序是设置日记总账，依据记账凭证直接登记日记总账的账务处理程序。这种账务处理程序的特点是设置日记总账，根据记账凭证逐笔登记日记总账。

在该种程序下，记账凭证一般采用收款凭证、付款凭证和转账凭证的格式，也可采用通用的记账凭证。账簿体系的设置是：包括日记账、各种明细分类账和日记总账。现金日记账和银行存款日记账一般采用收、付、余三栏式，明细分类账的格式可根据各单位的实际情况及管理的要求设置，分别采用三栏式、多栏式和数量金额式的账簿格式。日记总账是把日记账和分类账结合在一起的联合账簿，以记账凭证为依据，对所发生的全部经济业

务进行序时登记，月末将每个账户借、贷方登记的金额分别合计，并计算出每个账户的月末余额。所以日记总账既是日记账，又是总分类账，其格式如表 9 - 6 所示。

表 9 - 6　　日记总账（简表）

××年		凭证号数	摘要	发生额	库存现金		银行存款		原材料		……	
月	日				借方	贷方	借方	贷方	借方	贷方	借方	贷方
略	略	略	期初余额		120		25 000		7 000			
			收回赊销款	8 000			8 000					
			采购材料	8 500				8 500	8 500			
			生产领用材料	1 400						1 400		
			提取现金	500	500			500				
			…									
			本期发生额合计数	18 400	500		8 000	9 000	8 500	1 400		
			期末余额		620		24 000		14 100			

二、日记总账账务处理程序的核算步骤和使用范围

日记总账账务处理程序，如图 9 - 5 所示。

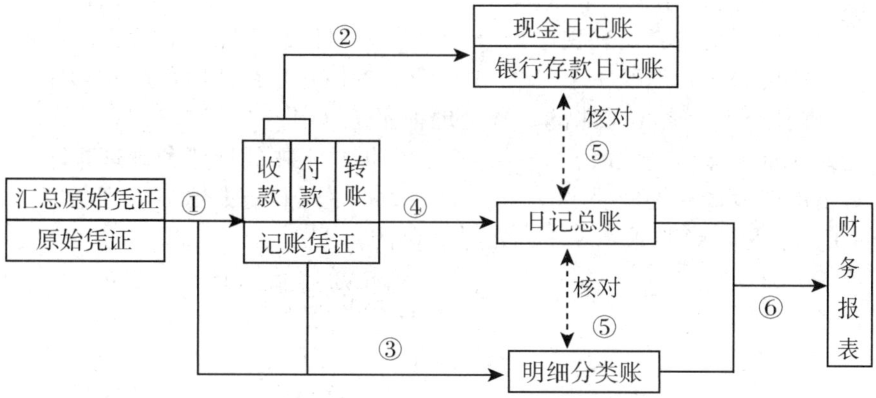

图 9 - 5　日记总账账务处理程序

图 9 - 5 中日记总账账务处理程序的各基本步骤说明：

①根据原始凭证或汇总原始凭证编制收款凭证、付款凭证和转账凭证。

②根据收款凭证和付款凭证登记现金日记账和银行存款日记账。

③根据原始凭证或汇总原始凭证、记账凭证登记各明细分类账。

④根据收款凭证、付款凭证和转账凭证登记日记总账。

⑤月终，将日记总账的余额与相对应的现金日记账、银行存款日记账和各明细分类账的余额核对相符。

⑥根据日记总账和有关明细分类账编制财务报表。

日记总账账务处理程序的主要优点是简便易行，不需要汇总就可在日记账上反映出各个会计账户的对应关系，便于了解经济业务的来龙去脉。其缺点是：会计科目全部集中在这一张账页上，因而不利于单位进行会计核算工作的分工和查阅。因此，这种账务处理程序只适用于经济业务简单、使用会计科目较少的小型企事业单位。

【复习思考题】

1. 企业的账务处理程序有哪几种？各有什么优缺点？
2. 记账凭证账务处理程序的核算步骤有哪些？
3. 科目汇总表的编制方法如何？科目汇总表账务处理程序适用于什么范围？

本章练习题

一、单项选择题

1. 科目汇总表账务处理程序的主要缺点是（　　）。
   A. 登记总账的工作量太大　　B. 编制科目汇总表的工作量太大
   C. 不利于人员分工　　D. 看不出科目之间的对应关系
2. 各种账务处理程序的主要区别是（　　）不同。
   A. 填制会计凭证的依据和方法　　B. 登记总分类账的依据和方法
   C. 编制会计报表的依据和方法　　D. 登记明细账的依据和方法
3. 在下列账务处理程序中，最基本的是（　　）。
   A. 汇总记账凭证账务处理程序　　B. 科目汇总表账务处理程序
   C. 记账凭证账务处理程序　　D. 多栏式日记账账务处理程序
4. 根据记账凭证逐笔登记总账的账务处理程序是（　　）。
   A. 记账凭证账务处理程序　　B. 汇总记账凭证账务处理程序
   C. 科目汇总表账务处理程序　　D. 多栏式日记账账务处理程序
5. 科目汇总表是直接根据（　　）汇总编制的。
   A. 原始凭证　　B. 汇总原始凭证
   C. 记账凭证　　D. 汇总记账凭证
6. 对于规模大的企业来说，登记总分类账工作量较大的核算形式是（　　）。
   A. 记账凭证账务处理程序　　B. 汇总记账凭证账务处理程序
   C. 科目汇总表账务处理程序　　D. 多栏式日记账账务处理程序
7. 将全部科目都集中设置在一张账页上，以记账凭证为依据，对发生的经济业务进行序时地逐笔登记的账簿是（　　）。
   A. 日记总账　　B. 多栏式日记账
   C. 特种日记账　　D. 明细账

二、多项选择题

1. 汇总付款凭证的借方科目可能有（　　）。
   A. 库存现金　　B. 银行存款

C. 应付账款　　D. 商品销售收入

2. 记账凭证账务处理程序的优点有（　　）。

A. 简单明了，易于理解　　B. 简化了登记总账的工作

C. 增加了登记总账的工作量　　D. 账户对应关系清楚，便于查账

3. 在汇总记账凭证核算形式下，对于平时所编制的转账凭证上的科目对应关系应保持(　　)。

A. 一借一贷　　B. 一借多贷

C. 多借多贷　　D. 多借一贷

4. 适用于会计科目少的单位的核算形式有（　　）。

A. 汇总记账凭证核算形式　　B. 多栏式日记账核算形式

C. 日记总账核算形式　　D. 记账凭证核算形式

5. 在不同的账务处理程序下，登记总账的依据可以有（　　）。

A. 记账凭证　　B. 汇总记账凭证

C. 科目汇总表　　D. 原始凭证

三、判断题

1. 同一单位，由于采用不同的会计核算形式，其最终的核算结果应该不同。（　　）

2. 不同账务处理程序的主要区别在于记账凭证的填制不同。（　　）

3. 各企业可以结合本单位的业务特点，自行设计或选用科学合理的财务处理程序。（　　）

4. 手工会计核算形式与计算机处理核算形式是完全不同的。（　　）

5. 汇总记账凭证每月只能汇总一次。（　　）

6. 不论哪种账务处理程序，在编制会计报表之前，都要进行对账工作。（　　）

四、业务题

1. 目的：练习会计凭证与科目汇总表编制。

2. 资料：某企业 20××年 6 月 1 日有关账户期初余额如表 9－7 所示。

表 9－7　　期初余额表　　单位：元

账户名称	借方余额	账户名称	贷方余额
库存现金	2 200	累计折旧	100 000
银行存款	74 296	短期借款	80 000
原材料	91 200	其他应付款	30 800
库存商品	65 000	应付职工薪酬	200 000
预付账款	100	预收账款	300
固定资产	800 000	长期借款	200 000
应交税费	15 504	实收资本	400 000
生产成本	62 800	盈余公积	100 000
合计	1 111 100	合计	1 111 100

20××年 6 月份发生下列经济业务：

（1）收到投资者投入企业的股款 200 000 元，存入银行。

（2）某单位投入企业全新运输汽车一辆，经投资各方确认价值为250 000元。

（3）企业向银行借入临时借款50 000元，期限为2个月。

（4）因购置生产设备需要向银行借入35 100元，借款期为2年。该项生产设备价款30 000元，增值税税率为13%，计3 900元。设备已投入使用。

（5）因进行基建工程需要，购置建筑材料120 000元（含增值税），向银行借入长期借款支付价款。

（6）向外地某单位购入甲材料4 000千克，每千克8元，乙材料2 000千克，每千克4元；共计40 000元，进项增值税税率13%，计5 200元。材料已验收入库，货款以商业汇票一张付讫。

（7）向本地某单位购入丙材料5 000千克，每千克10元，计50 000元，进项增值税税率13%，计6 500元。材料已验收入库，货款以银行存款支付。

（8）以银行存款支付甲、乙、丙三种材料的装卸费1 760元，以现金支付装卸费440元。

（9）商业汇票到期，以银行存款归还外地某工厂材料款46 800元。

（10）汇总结转三种材料实际采购总成本92 200元。

（11）从仓库领用甲、乙、丙材料各一批，价值55 000元，用以生产A、B两种产品，其他一般耗用见表9-8。

表9-8　　材料耗用表

项目	甲材料		乙材料		丙材料		合计	
	数量（千克）	金额（元）	数量（千克）	金额（元）	数量（千克）	金额（元）	数量（千克）	金额（元）
制造A产品耗用	1 000	8 000	600	2 400	2 000	20 000	3 600	30 400
制造B产品耗用	1 000	8 000	300	1 200	1 000	10 000	2 300	19 200
小计	2 000	16 000	900	3 600	3 000	30 000	5 900	49 600
车间一般耗用	500	4 000			100	1 000	600	5 000
管理部门领用			100	400			100	400
合计	2 500	20 000	1 000	4 000	3 100	31 000	6 600	55 000

（12）结算本月应付职工工资24 000元。其中：制造A产品工人工资14 000元，制造B产品工人工资6 000元，车间管理人员工资1 600元，厂部管理人员工资2 400元。

（13）从银行存款中提取现金24 000元，准备用以发放职工工资。

（14）以现金24 000元发放职工工资。

（15）按职工工资总额计提职工福利费。

（16）以银行存款支付行政管理部门办公费、水电费1 600元。

（17）以银行存款1 200元预付6个月书报杂志订阅费。

（18）用现金支付应由本月行政管理费负担的书报杂志订阅费200元。

（19）计提应由本月财务费用负担但尚未支付的短期借款利息600元。

（20）按照规定的固定资产折旧率，计提本月固定资产折旧12 600元，其中车间固定资产折旧8 000元，行政管理部门固定资产折旧4 600元。

（21）用银行存款支付本月修理费 5 640 元，其中车间修理费 3 676 元，行政管理部门修理费 1 964 元。

（22）将本月发生的制造费用 18 500 元转入生产成本。

（23）本月 A 产品 100 台全部制造完工，并已验收入库，按其实际生产成本 59 310 元转账。

（24）向本市某工厂出售 A 产品 100 台，每台售价 921 元，计 92 100 元，产品已发出，货款尚未收到，增值税税率为 13%。

（25）上述 A 产品应交纳的消费税为 9 210 元。

（26）以银行存款支付 A 产品包装费用 148 元。

（27）结转本月已销 A 产品 100 台的实际成本 53 552 元。

（28）以现金支付销售部门业务费 300 元。

（29）出售材料一批，价值 3 500 元，应交销项增值税税率为 13%，计 455 元。款已收到，存入银行。

（30）结转出售材料的实际成本 3 000 元。

（31）以现金支付自办职工子弟学校经费 450 元。

（32）没收逾期未退的包装物的押金 150 元。

（33）以现金购入医药用品 600 元，支付职工困难补助费 400 元。

（34）以银行存款交纳消费税 9 210 元。

（35）用银行存款归还临时借款 50 000 元。

（36）经上级批准，出售机器一台，计价 30 000 元，原值 40 000 元，已提折旧 10 000 元，价款已收到。

（37）以固定资产向其他单位换入长期股权投资，原值 60 000 元，已提折旧20 000元。

（38）企业购入面值 1 000 元的一年期债券 10 张，年利率为 5%，以银行存款支付 10 000元。

（39）计算并结转本期利润总额。

（40）按利润总额计算本期应交所得税（税率为 25%），并将“所得税费用”余额转入“本年利润”。

3. 要求：

（1）根据上述业务编制记账凭证（以会计分录代替）。

（2）编制科目汇总表。

综合测试一

一、判断题

1. 根据收付实现制原则，预收货款应核算为当月收入。 （ ）
2. 企业购入的专利权应当计入“无形资产”账户的借方。 （ ）
3. “利润分配”账户所属的明细分类账户期末结转后都没有余额。 （ ）
4. 存货盘亏、毁损的净损失一律记入“管理费用”科目。 （ ）
5. 资产负债表是反映企业某一特定日期财务状况的报表。 （ ）
6. 转账凭证是指用于记录不涉及库存现金和银行存款业务的会计凭证。 （ ）
7. 记账凭证与原始凭证填制的要求是相同的。 （ ）
8. 企业财务成果的计算不包括期间费用。 （ ）
9. 在期末没有在产品时，“生产成本”账户归集的生产费用就是本期完工产品成本。 （ ）
10. 资产类账户如有余额总是在借方。 （ ）

二、单项选择题

1. 企业会计核算的基础是（ ）。
   A. 权责发生制　B. 收付实现制　C. 永续盘存制　D. 实地盘存制
2. 采用权责发生制基础时，下列业务中不能确认为当期收入的是（ ）。
   A. 销售商品，同时收到货款　B. 收到当期销货款
   C. 收到以前月份的销货款　D. 销售商品，货款尚未收到
3. （ ）假设为解决会计核算中的财产计价方法和费用分配方法等提供了前提条件。
   A. 会计分期　B. 会计主体　C. 货币计量　D. 持续经营
4. 下列项目中，不属于流动资产的是（ ）。
   A. 机器设备　B. 库存商品　C. 在途物资　D. 银行存款
5. 在借贷记账法下，会计科目的借方用来登记（ ）。
   A. 收入或费用的增加　B. 资产的增加或权益的减少
   C. 资产的减少或权益的减少　D. 收入的增加或费用的减少
6. 某一般纳税人企业购入原材料一批，增值税专用发票注明买价 100 000 元，增值税 13 000 元，另以银行存款支付运杂费 20 000 元，该批材料的入账价值为（ ）。
   A. 100 000 元　B. 110 000 元　C. 119 300 元　D. 120 000 元
7. 下列业务中，应该填制现金收款凭证的是（ ）。
   A. 出售产品一批，收到一张转账支票　B. 出售产品一批，款未收
   C. 从银行提取现金　D. 出售多余材料，收到现金
8. 库存现金清查盘点时，（ ）必须在场。
   A. 单位领导　B. 出纳人员　C. 记账人员　D. 会计主管
9. 下列各项中，（ ）不属于企业的债权。
   A. 长期借款　B. 应收票据　C. 其他应收款　D. 预付账款

10. 在借贷记账法下，“原材料”科目的余额（　　）。

A. 一定在借方　　B. 一定为零

C. 一定在贷方　　D. 既可能在借方也可能在贷方

三、多项选择题

1. 会计的基本职能有（　　）。

A. 核算　B. 监督　C. 分析　D. 预测　E. 控制

2. 按照规定，除（　　）的记账凭证可以不附原始凭证，其他记账凭证必须附有原始凭证。

A. 从银行提取现金　B. 现金存入银行　C. 用现金发放工资

D. 结账　E. 更正错账

3. 涉及银行存款和现金之间的相互划拨业务，应该编制的记账凭证有（　　）。

A. 银行存款付款凭证　B. 现金收款凭证　C. 现金付款凭证

D. 转账凭证　E. 银行存款收款凭证

4. 下列各项中，应作为期间费用核算的有（　　）。

A. 生产设备的折旧费　B. 生产工人薪酬　C. 行政办公大楼的折旧费

D. 行政管理人员薪酬　E. 销售产品的广告费

5. 计提固定资产折旧时，下列科目可能被涉及的有（　　）。

A. 管理费用　B. 银行存款　C. 累计折旧

D. 固定资产　E. 制造费用

四、业务计算题

1. 东方公司20××年4月30日银行存款日记账余额为210 000元，银行对账单余额为236 000元，经核对发现以下情况：

（1）30日，公司收到乙公司交送的转账支票10 000元，已登记入账，但银行尚未入账。

（2）30日，公司开出现金支票15 000元，已登记入账，持票人尚未到银行领取现金。

（3）委托银行代收的销货款26 000元，银行已登记入账，但公司尚未收到收款通知书，尚未入账。

（4）银行代付水电费5 000元，银行已从公司银行存款中扣除，但转账通知单尚未送达到甲公司，公司已入账。

要求：根据上述材料编制完成银行存款余额调节表。

银行存款余额调节表

20××年4月30日　　单位：元

项目	金额	项目	金额
企业银行存款日记账余额		银行对账单余额	
加：银行已收、企业未收款项		加：企业已收、银行未收款项	
减：银行已付、企业未付款项		减：企业已付、银行未付款项	
调节后的存款余额		调节后的存款余额	

2. 资料：某企业20××年12月份发生的部分经济业务如下：

（1）收到韵达公司投入的货币资金200 000元，款项已存入银行。

（2）从银行提取现金5 000元备用。

（3）行政管理人员王某预借差旅费2 000元。

（4）从甲公司购进材料一批，重量5吨，每吨20 000元，增值税税率13%。材料尚在运输途中，款项已用银行存款支付。

（5）上述材料验收入库，结转其实际采购成本。

（6）生产产品领用原材料36 000元，其中：甲产品耗用20 000元，乙产品耗用16 000元。

（7）结算本月工资费用总额15 000元，其中：甲产品生产工人工资6 000元，乙产品生产工人工资4 000元，车间管理人员工资3 000元，厂部管理人员工资2 000元。

（8）按本月应付工资的14%计提职工福利费。

（9）行政管理人员出差回来，报销差旅费用1 560元。

（10）月末计提固定资产折旧费3 000元，其中：车间应计提2 000元，厂部应计提1 000元。

（11）将本月发生的制造费用总额3 528元，按生产工人工资分配计入甲、乙产品生产成本。

（12）本月生产甲、乙两种产品各2 000件，全部完工验收入库，结转甲、乙产品的生产成本（假定“生产成本”账户无月初、月末余额）。

要求：根据上述资料编制会计分录（其中“材料采购”“原材料”“生产成本”“库存商品”“应交税费”应写出明细账户）。

综合测试二

一、判断题

1. 在我国境内设立的企业，会计核算都必须以人民币作为记账本位币。（　　）
2. 企业如果在一定期间内发生了亏损，必将导致该企业的所有者权益减少。（　　）
3. 对每一项经济业务，记入总分类账户和明细账户的依据和金额应该相同。（　　）
4. 根据我国《企业会计准则》的要求，企业利润表采用多步式格式。（　　）
5. 借贷记账法下，借方表示增加，贷方表示减少。（　　）
6. 凭证中具法律效力的是原始凭证。（　　）
7. 无论发生什么经济业务，会计等式始终保持平衡关系。（　　）
8. 已提足折旧仍继续使用的固定资产不需要计提折旧。（　　）
9. 预收账款属于资产类科目，而制造费用属于成本类科目。（　　）
10. “在途物资”账户的期末余额表示尚未运达企业验收入库的在途材料的采购成本。（　　）

二、单项选择题

1.（　　）界定了从事会计工作和提供会计信息的空间范围。

A. 会计对象　　B. 会计主体　　C. 会计职能　　D. 会计要素

2. 在我国会计法律规范体系中，处于最高层次的是（　　）。

A.《企业会计制度》　　B.《企业会计准则——应用指南》

C.《会计会计准则——基本准则》　　D.《会计法》

3. 在下列经济业务中，只能引起同一个会计要素内部增减变动的业务是（　　）。

A. 赊购原材料　　B. 用银行存款归还前欠货款

C. 用银行存款购买材料　　D. 取得借款存入银行

4. 某企业年初资产总额为128 000元，负债总额为48 000元。本年度取得收入共计89 000元，发生费用共计93 000元，年末负债总额为50 000元，该企业年末所有者权益总额为（　　）元。

A. 74 000　　B. 76 000　　C. 78 000　　D. 80 000

5. 某企业“长期借款”账户期末贷方余额为120 000元，本期共增加100 000元，减少80 000元，则该账户的期初余额为（　　）。

A. 借方120 000元　　B. 贷方120 000元

C. 借方100 000元　　D. 贷方100 000元

6. 下列应确认为营业外收入的是（　　）。

A. 租金收入　　B. 材料销售收入　　C. 罚款收入　　D. 商品销售收入

7. 如果企业的记账凭证正确，记账时发生错误导致账簿记录错误，则应采用（　　）进行更正。

A. 划线更正法　　B. 红字更正法

C. 平行登记法　　D. 补充登记法

8. 清查往来款项应采用的方法是（　　）。

A. 技术推算法　　B. 抽查法　　C. 发函询证法　　D. 实地盘点法

9. 某企业以银行存款支付产品展览费 5 000 元，应借记（　　）科目。

A. 制造费用　　B. 财务费用　　C. 销售费用　　D. 管理费用

10. 借贷记账法下，资产类科目的期末余额（　　）。

A. 一般在借方，也可能在贷方　　B. 在借方

C. 为零　　D. 在贷方

三、多项选择题

1. 出纳人员可以登记和保管的账簿有（　　）。

A. 总分类账　　B. 收入、费用明细账　　C. 债权、债务明细账

D. 现金日记账　　E. 银行存款明细账

2. 材料采购成本包括（　　）。

A. 入库前的挑选整理费用　　B. 买价　　C. 运杂费

D. 采购人员差旅费　　E. 运输途中合理损耗

3. 现金日记账的登记依据有（　　）。

A. 银行存款付款凭证　　B. 现金收款凭证　　C. 现金付款凭证

D. 转账凭证　　E. 银行存款收款凭证

4. 下列选项中影响营业利润的指标有（　　）。

A. 主营业务收入　　B. 主营业务成本　　C. 投资收益

D. 税金及附加　　E. 营业外收入

5. 下列各项中，属于流动负债的有（　　）。

A. 短期借款　B. 应交税费　　C. 长期应付款　　D. 预付账款　　E. 预收账款

四、业务计算题

1. 已知东方公司适用的所得税税率为 25%，公司 20××年各损益类账户发生额如下（单位：元）：

账户	借方发生额	贷方发生额
（1）主营业务收入		500 000
（2）主营业务成本	360 000	
（3）其他业务收入		3 000
（4）其他业务成本	2 500	
（5）销售费用	43 000	
（6）管理费用	50 800	
（7）财务费用	600	
（8）营业外收入		84 000
（9）营业外支出	10 000	
（10）投资收益		80 000
（11）税金及附加	35 000	

要求：试计算东方公司20××年度利润表中各项目：

（1）营业收入 =

（2）营业成本 =

（3）营业利润 =

（4）利润总额 =

（5）净利润 =

2. 资料：和平公司生产A、B两种产品。据查，公司对原材料的核算一直采用计划成本计价来组织收发核算，假设公司原材料的计划成本与实际成本一致。和平公司20××年6月发生下列经济业务：

（1）收到投资者投入机器一台，价值20 000元，已投入使用。

（2）购买甲种材料10 000千克，每千克29.70元，增值税税率13%，款项尚未支付。

（3）用银行存款支付上述购进的甲种材料的运杂费3 000元。

（4）甲种材料已验收入库，结转其实际成本。

（5）公司本月生产领用甲种材料9 300千克，其中，生产A产品领用5 000千克，生产B产品领用4 000千克，生产车间一般耗用200千克，厂部管理部门耗用100千克。假设领用的甲种材料按30元/千克计算。

（6）厂部管理部门原预借差旅费300元，现报销250元，余款交回。

（7）分配本月应付工资总额25 000元，其中，A产品生产工人工资12 000元，B产品生产工人工资8 000元，车间管理人员工资3 400元，厂部管理人员工资1 600元。

（8）本月计提固定资产折旧6 000元，其中车间应负担5 600元，厂部应负担400元。

（9）用现金发放工资25 000元。

（10）用银行存款支付本月企业厂部行政管理部门的电脑维修费600元。

要求：根据上述资料编制会计分录（其中“材料采购”“原材料”“生产成本”“库存商品”“应交税费”应写出明细账户）。

综合测试三

一、判断题

1. 在我国,《会计法》与《企业会计准则》具有同等的地位。（　　）

2. 会计必须同时运用货币、劳动、实物三种计量单位。（　　）

3. 会计主体是会计为之服务的特定单位，没有实体的会计是不存在的。（　　）

4. 应收账款、预收账款、其他应收款均为资产。（　　）

5. 由于“资产 = 负债 + 所有者权益”，故“资产 = 负债 + 所有者权益 + 利润”这个等式是不正确的。（　　）

6. 行政管理部门领用的原材料应记入“制造费用”账户的借方。（　　）

7. 现金日记账应在每日终了时结出余额，并与库存现金核对相符。（　　）

8. 进行财产清查，如发现账面数小于实存数，即为盘亏。（　　）

9. 现金流量表和利润表都是属于动态报表。（　　）

10. 在汇总记账凭证核算形式下，为了便于编制汇总转账凭证，要求所有转账凭证的科目应关系只能是一借一贷或一借多贷。（　　）

二、单项选择题

1. 下列不属于会计核算基本前提的是（　　）。

A. 会计主体　B. 持续经营　C. 会计计量　D. 货币计量

2. 会计核算应当划分会计期间，我国会计期间的起讫日期采用（　　）。

A. 农历日期　B. 公历日期

C. 农历或公历日期　D. 由会计主体确定

3. 下列能使所有者权益增加的业务是（　　）。

A. 向银行借款　B. 购买原材料

C. 收到投资者投资　D. 支付产品销售费用

4. 复式记账、试算平衡的基础是（　　）。

A. 会计目标　B. 会计要素　C. 会计职能　D. 会计等式

5. 下列账户中，不属于债务结算账户的是（　　）。

A. 应付账款　B. 预付账款　C. 预收账款　D. 短期借款

6. “材料采购”账户按其所反映的经济内容应属于（　　）账户。

A. 资产类　B. 负债类　C. 所有者权益类　D. 成本类

7. 当调整账户的余额与被调整账户的余额方向相反时，该调整账户称为（　　）。

A. 调整账户　B. 备抵调整账户

C. 附加调整账户　D. 备抵附加调整账户

8. “制造费用”账户按其用途和结构分类，属于（　　）账户。

A. 成本费用　B. 负债　C. 集合分配　D. 成本计算

9. 下列账户按用途和结构分类，不属于费用账户的是（　　）。

A. 管理费用　B. 财务费用　C. 销售费用　D. 制造费用

10. 下列账户中，既属于盘存账户，又属于成本类账户的是（　　）。

A. 库存商品账户　　B. 生产成本账户

C. 原材料账户　　D. 固定资产账户

三、多项选择题

1. 经济业务的发生，会引起资产、负债、所有者权益发生增减变动的情况有（　　）。

A. 资产和负债同时增加　　B. 资产和负债同时减少

C. 资产和所有者权益同时增加　　D. 资产增加和所有者权益减少

E. 资产减少（增加）和负债、所有者权益发生减少（增加）

2. 下列经济业务，引起资产和负债同时减少的业务有（　　）。

A. 用银行存款偿还前欠购货款　　B. 用现金支付福利费

C. 用银行存款归还银行短期借款　　D. 以现金发放职工工资

E. 用银行存款交纳税金

3. 总分类账户与其所属明细账户存在（　　）关系。

A. 总分类账户是所属明细分类账户的统驭账户

B. 明细分类账户对总分类账户起辅助作用

C. 两者反映的经济内容相同

D. 两者登记的原始依据相同

4. 下列账户属于调整账户的有（　　）。

A. 固定资产　　B. 累计折旧　　C. 坏账准备　　D. 材料成本差异

5. 下列经济业务中，应填制转账凭证的有（　　）。

A. 投资者以厂房对企业投资　　B. 外商以货币资金对企业投资

C. 购买材料未付款　　D. 销售商品收到商业汇票一张

E. 支付前欠某单位账款

四、业务计算题

1. 资料：某工厂10月份发生下列经济业务：

（1）销售A产品10件，单价1 920元，货款19 200元，销项税额2 496元，款项已存入银行。

（2）销售B产品150件，单价680元，计102 000元，销项税额13 260元，款项尚未收到。

（3）用银行存款支付销售费用计1 350元。

要求：根据经济业务，编制会计分录。

2. 富春公司主要生产A、B两种产品，耗用甲、乙、丙三种材料。该企业8月份发生下列经济业务：

（1）销售部张林预借差旅费2 500元，以现金支付。

（2）本月生产领用甲材料80 000元，其中，A产品耗用50 000元，B产品耗用30 000元；生产领用乙材料60 000元，其中，A产品耗用20 000元，B产品耗用40 000元；车间一般耗用丙材料20 000元。

（3）从银行提取现金50 000元，用于发放职工工资。

（4）本月应发工资总额为50 000元。其中生产A产品的生产工人工资25 000元，生产B产品的生产工人工资15 000元，生产车间管理人员的工资4 000元，公司行政管理人员的工资6 000元。

（5）按规定根据工资总额的14%计提职工福利费，共计7 000元。其中A产品生产工人福利费3 500元，B产品生产工人福利费2 100元，生产车间管理人员福利费560元，公司管理人员福利费840元。

（6）以现金发放职工工资50 000元。

（7）销售部张林出差回来报销差旅费2 300元，并归还余额200元。

（8）以银行存款支付设备的修理费。其中：车间用设备修理费6 000元，行政管理部门设备修理费1 600元。

（9）以银行存款支付本期财务费用负担的短期借款利息费用500元。

（10）计提本月固定资产折旧费6 800元，其中，生产车间用固定资产折旧5 000元，公司行政管理部门用固定资产折旧1 800元。

（11）月末，将本月发生的制造费用总额按生产工人工资比率分配转入“生产成本”账户。

要求：根据上述经济业务编制相应的会计分录，有明细科目的需写出明细科目。

综合测试四

一、判断题

1. 凡确定本期收入和费用，是以应收应付作为标准的，不是以款项是否收到为标准的，这种记账制度叫权责发生制。（　　）

2. 每项经济业务发生后，都会引起企业的资产和权益总额发生增减变动，但会计等式两边却始终保持平衡。（　　）

3. 账户的基本格式分为左右两方，其中左方表示增加，右方表示减少。（　　）

4. “利润分配——未分配利润”明细账户的借方余额为未弥补亏损。（　　）

5. 企业职工工资和福利费应计入产品生产成本。（　　）

6. “制造费用”账户月末一般无余额，“生产成本”账户月末如有余额，其余额应在借方，表示月末在产品的成本。（　　）

7. 原始凭证是由会计部门填制的，是登记账簿的直接依据。（　　）

8. 为保证总账与明细账的记录相符，总账应根据其所属明细账登记。（　　）

9. 为了便于编制汇总转账凭证，在编制转账凭证时，其账户的对应关系是一借一贷或多借一贷。（　　）

10. 有营业利润一定有净利润。（　　）

二、单项选择题

1. 企业计算应交所得税时，应借记的科目是（　　）。

A. 利润分配　　B. 所得税费用
C. 应交税费　　D. 税金及附加

2. 下列费用中，能记入产品生产成本的是（　　）。

A. 管理费用　　B. 财务费用
C. 销售费用　　D. 制造费用

3. 向银行提取现金准备发放职工工资的业务，应根据有关原始凭证填制（　　）。

A. 现金收款凭证　　B. 银行存款付款凭证
C. 转账凭证　　D. 现金付款凭证

4. 会计人员在结账前发现，在根据记账凭证登记入账时，误将600元记成6 000元，而记账凭证无误，应采用（　　）。

A. 补充登记法　　B. 划线更正法
C. 红字冲销法　　D. 蓝字登记法

5. 登记日记账的方式是按照经济业务发生的时间先后顺序进行（　　）。

A. 逐日逐笔登记　　B. 逐日汇总登记
C. 逐日定期登记　　D. 定期汇总登记

6. 在各种实物的清查过程中，（　　）必须在场。

A. 实物管理部门主管人员　　B. 会计主管人员
C. 单位行政领导人　　D. 实物保管人员

7. 企业年终决算前，需要（　　）。

A. 对所有财产进行实物盘点　　B. 对重要财产进行局部清查

C. 对所有财产进行全面清查　　D. 对流动性较大的财产进行重点清查

8. 采用实地盘存制的企业（　　）。

A. 平时登记实物收入数　　B. 平时登记实物发出数

C. 平时不登记实物收发数　　D. 平时登记实物收发数

9. 资产负债表内资产项目分类与排列的依据是（　　）。

A. 项目内容的经济性质　　B. 项目内容的流动性

C. 项目金额的大小　　D. 随意分类与排列

10. 科目汇总表与汇总记账凭证的共同优点是（　　）。

A. 保持科目之间的对应关系　　B. 简化总分类账登记工作

C. 进行发生额试算平衡　　D. 总括反映同类经济业务

三、多项选择题

1. 下列经济业务中，应填制付款凭证的有（　　）。

A. 提现金备用　　B. 购买材料预付定金

C. 购买材料未付款　　D. 以存款支付前欠某单位账款

E. 将现金存入银行

2. 更正错账的办法有（　　）。

A. 更换账页　　B. 划线更正　　C. 红字更正　　D. 补充登记

3. 企业银行存款日记账账面余额大于银行对账单余额的原因有（　　）。

A. 企业账簿记录有差错

B. 银行账簿记录有差错

C. 企业已作收入入账，银行尚未入账

D. 银行已作支出入账，企业尚未入账

4. 银行存款余额调节表的调整内容包括（　　）。

A. 企业已收，银行未收　　B. 企业已付，银行未付

C. 银行已收，企业未收　　D. 银行已付，企业未付

5. 汇总记账凭证核算程序需要编制的汇总凭证有（　　）。

A. 汇总收款凭证　　B. 汇总付款凭证

C. 汇总转账凭证　　D. 科目汇总表

四、业务计算题

1. 某企业生产 A、B 两种产品。A 产品期初在产品成本为 1 400 元，本月发生材料费用 35 000 元，生产工人工资 5 000 元，月末在产品成本为 1 000 元，A 产品本月完工 400 件；B 产品期初在产品成本为 1 400 元，本月发生材料费用 31 200 元，生产工人工资 4 000 元，月末无在产品，完工产量为 200 件。本月共发生制造费用 4 500 元。

要求：按生产工人工资比例分配 A、B 两种产品应承担的制造费用，并计算 A、B 完工产品的总成本和单位成本。

2. 甲公司 20××年 9 月份有关资料如下：

（1）销售商品给乙公司。其中：销售 A 产品 1 500 件，每件售价 60 元；销售 B 产品 1 000 件，每件售价 50 元。增值税税率为 13%，以上款项尚未收到。

（2）结转已售 A、B 产品的销售成本。其中：A 产品的成本为 75 000 元，B 产品的成本为 36 000 元。

（3）以银行存款支付销售产品的包装费和运输费 1 250 元。

（4）根据规定计算本月应交的消费税 1 250 元。

（5）以银行存款支付公司行政管理部门办公费 2 000 元。

（6）计提本月应承担的短期借款利息费用 1 200 元。

（7）销售多余的丙材料，价款 3 000 元，增值税税率 13%，款项已存入银行。

（8）结转销售多余丙材料的成本 1 800 元。

（9）没收某单位逾期未归还的包装物押金 1 000 元。

（10）以现金支付交通罚款 250 元。

（11）将本月的收入、费用等损益类账户分别结转至“本年利润”，并计算利润总额。

（12）甲企业所得税税率为 25%，计算本月应交所得税，并将“所得税费用”转入“本年利润”。

要求：根据以上业务编制相应的会计分录。

附录一

中华人民共和国会计法

（1985 年 1 月 21 日第六届全国人民代表大会常务委员会第九次会议通过　根据 1993 年 12 月 29 日第八届全国人民代表大会常务委员会第五次会议《关于修改〈中华人民共和国会计法〉的决定》第一次修正　1999 年 10 月 31 日第九届全国人民代表大会常务委员会第十二次会议修订　根据 2017 年 11 月 4 日第十二届全国人民代表大会常务委员会第三十次会议《关于修改〈中华人民共和国会计法〉等十一部法律的决定》第二次修正）

第一章　总　则

第一条　为了规范会计行为，保证会计资料真实、完整，加强经济管理和财务管理，提高经济效益，维护社会主义市场经济秩序，制定本法。

第二条　国家机关、社会团体、公司、企业、事业单位和其他组织（以下统称单位）必须依照本法办理会计事务。

第三条　各单位必须依法设置会计账簿，并保证其真实、完整。

第四条　单位负责人对本单位的会计工作和会计资料的真实性、完整性负责。

第五条　会计机构、会计人员依照本法规定进行会计核算，实行会计监督。

任何单位或者个人不得以任何方式授意、指使、强令会计机构、会计人员伪造、变造会计凭证、会计账簿和其他会计资料，提供虚假财务会计报告。

任何单位或者个人不得对依法履行职责、抵制违反本法规定行为的会计人员实行打击报复。

第六条　对认真执行本法，忠于职守，坚持原则，作出显著成绩的会计人员，给予精神的或者物质的奖励。

第七条　国务院财政部门主管全国的会计工作。

县级以上地方各级人民政府财政部门管理本行政区域内的会计工作。

第八条　国家实行统一的会计制度。国家统一的会计制度由国务院财政部门根据本法制定并公布。

国务院有关部门可以依照本法和国家统一的会计制度制定对会计核算和会计监督有特殊要求的行业实施国家统一的会计制度的具体办法或者补充规定，报国务院财政部门审核批准。

中国人民解放军总后勤部可以依照本法和国家统一的会计制度制定军队实施国家统一

的会计制度的具体办法，报国务院财政部门备案。

第二章　会计核算

第九条　各单位必须根据实际发生的经济业务事项进行会计核算，填制会计凭证，登记会计账簿，编制财务会计报告。

任何单位不得以虚假的经济业务事项或者资料进行会计核算。

第十条　下列经济业务事项，应当办理会计手续，进行会计核算：

（一）款项和有价证券的收付；

（二）财物的收发、增减和使用；

（三）债权债务的发生和结算；

（四）资本、基金的增减；

（五）收入、支出、费用、成本的计算；

（六）财务成果的计算和处理；

（七）需要办理会计手续、进行会计核算的其他事项。

第十一条　会计年度自公历1月1日起至12月31日止。

第十二条　会计核算以人民币为记账本位币。

业务收支以人民币以外的货币为主的单位，可以选定其中一种货币作为记账本位币，但是编报的财务会计报告应当折算为人民币。

第十三条　会计凭证、会计账簿、财务会计报告和其他会计资料，必须符合国家统一的会计制度的规定。

使用电子计算机进行会计核算的，其软件及其生成的会计凭证、会计账簿、财务会计报告和其他会计资料，也必须符合国家统一的会计制度的规定。

任何单位和个人不得伪造、变造会计凭证、会计账簿及其他会计资料，不得提供虚假的财务会计报告。

第十四条　会计凭证包括原始凭证和记账凭证。

办理本法第十条所列的经济业务事项，必须填制或者取得原始凭证并及时送交会计机构。

会计机构、会计人员必须按照国家统一的会计制度的规定对原始凭证进行审核，对不真实、不合法的原始凭证有权不予接受，并向单位负责人报告；对记载不准确、不完整的原始凭证予以退回，并要求按照国家统一的会计制度的规定更正、补充。

原始凭证记载的各项内容均不得涂改；原始凭证有错误的，应当由出具单位重开或者更正，更正处应当加盖出具单位印章。原始凭证金额有错误的，应当由出具单位重开，不得在原始凭证上更正。

记账凭证应当根据经过审核的原始凭证及有关资料编制。

第十五条　会计账簿登记，必须以经过审核的会计凭证为依据，并符合有关法律、行政法规和国家统一的会计制度的规定。会计账簿包括总账、明细账、日记账和其他辅助性账簿。

会计账簿应当按照连续编号的页码顺序登记。会计账簿记录发生错误或者隔页、缺号、跳行的，应当按照国家统一的会计制度规定的方法更正，并由会计人员和会计机构负责人（会计主管人员）在更正处盖章。

使用电子计算机进行会计核算的，其会计账簿的登记、更正，应当符合国家统一的会计制度的规定。

第十六条　各单位发生的各项经济业务事项应当在依法设置的会计账簿上统一登记、核算，不得违反本法和国家统一的会计制度的规定私设会计账簿登记、核算。

第十七条　各单位应当定期将会计账簿记录与实物、款项及有关资料相互核对，保证会计账簿记录与实物及款项的实有数额相符、会计账簿记录与会计凭证的有关内容相符、会计账簿之间相对应的记录相符、会计账簿记录与会计报表的有关内容相符。

第十八条　各单位采用的会计处理方法，前后各期应当一致，不得随意变更；确有必要变更的，应当按照国家统一的会计制度的规定变更，并将变更的原因、情况及影响在财务会计报告中说明。

第十九条　单位提供的担保、未决诉讼等或有事项，应当按照国家统一的会计制度的规定，在财务会计报告中予以说明。

第二十条　财务会计报告应当根据经过审核的会计账簿记录和有关资料编制，并符合本法和国家统一的会计制度关于财务会计报告的编制要求、提供对象和提供期限的规定；其他法律、行政法规另有规定的，从其规定。

财务会计报告由会计报表、会计报表附注和财务情况说明书组成。向不同的会计资料使用者提供的财务会计报告，其编制依据应当一致。有关法律、行政法规规定会计报表、会计报表附注和财务情况说明书须经注册会计师审计的，注册会计师及其所在的会计师事务所出具的审计报告应当随同财务会计报告一并提供。

第二十一条　财务会计报告应当由单位负责人和主管会计工作的负责人、会计机构负责人（会计主管人员）签名并盖章；设置总会计师的单位，还须由总计师签名并盖章。

单位负责人应当保证财务会计报告真实、完整。

第二十二条　会计记录的文字应当使用中文。在民族自治地方，会计记录可以同时使用当地通用的一种民族文字。在中华人民共和国境内的外商投资企业、外国企业和其他外国组织的会计记录可以同时使用一种外国文字。

第二十三条　各单位对会计凭证、会计账簿、财务会计报告和其他会计资料应当建立档案，妥善保管。会计档案的保管期限和销毁办法，由国务院财政部会同有关部门制定。

第三章　公司、企业会计核算的特别规定

第二十四条　公司、企业进行会计核算，除应当遵守本法第二章的规定外，还应当遵守本章规定。

第二十五条　公司、企业必须根据实际发生的经济业务事项，按照国家统一的会计制度的规定确认、计量和记录资产、负债、所有者权益、收入、费用、成本和利润。

第二十六条　公司、企业进行会计核算不得有下列行为：

（一）随意改变资产、负债、所有者权益的确认标准或者计量方法，虚列、多列、不列或者少列资产、负债、所有者权益；

（二）虚列或者隐瞒收入，推迟或者提前确认收入；

（三）随意改变费用、成本的确认标准或者计量方法，虚列、多列、不列或者少列费用、成本；

（四）随意调整利润的计算、分配方法，编造虚假利润或者隐瞒利润；

（五）违反国家统一的会计制度规定的其他行为。

第四章　会计监督

第二十七条　各单位应当建立、健全本单位内部会计监督制度。单位内部会计监督制度应当符合下列要求：

（一）记账人员与经济业务事项和会计事项的审批人员、经办人员、财物保管人员的职责权限应当明确，并相互分离、相互制约；

（二）重大对外投资、资产处置、资金调度和其他重要经济业务事项的决策和执行的相互监督、相互制约程序应当明确；

（三）财产清查的范围、期限和组织程序应当明确；

（四）对会计资料定期进行内部审计的办法和程序应当明确。

第二十八条　单位负责人应当保证会计机构、会计人员依法履行职责，不得授意、指使、强令会计机构、会计人员违法办理会计事项。

会计机构、会计人员对违反本法和国家统一的会计制度规定的会计事项，有权拒绝办理或者按照职权予以纠正。

第二十九条　会计机构、会计人员发现会计账簿记录与实物、款项及有关资料不相符的，按照国家统一的会计制度的规定有权自行处理的，应当及时处理；无权处理的，应当立即向单位负责人报告，请求查明原因，作出处理。

第三十条　任何单位和个人对违反本法和国家统一的会计制度规定的行为，有权检举。收到检举的部门有权处理的，应当依法按照职责分工及时处理；无权处理的，应当及时移送有权处理的部门处理。收到检举的部门、负责处理的部门应当为检举人保密，不得将检举人姓名和检举材料转给被检举单位和被检举人个人。

第三十一条　有关法律、行政法规规定，须经注册会计师进行审计的单位，应当向受委托的会计师事务所如实提供会计凭证、会计账簿、财务会计报告和其他会计资料以及有关情况。

任何单位或者个人不得以任何方式要求或者示意注册会计师及其所在的会计师事务所出具不实或者不当的审计报告。

财政部门有权对会计师事务所出具审计报告的程序和内容进行监督。

第三十二条　财政部门对各单位的下列情况实施监督：

（一）是否依法设置会计账簿；

（二）会计凭证、会计账簿、财务会计报告和其他会计资料是否真实、完整；

（三）会计核算是否符合本法和国家统一的会计制度的规定；

（四）从事会计工作的人员是否具备专业能力、遵守职业道德。

在对前款第（二）项所列事项实施监督，发现重大违法嫌疑时，国务院财政部门及其派出机构可以向与被监督单位有经济业务往来的单位和被监督单位开立账户的金融机构查询有关情况，有关单位和金融机构应当给予支持。

第三十三条 财政、审计、税务、人民银行、证券监管、保险监管等部门应当依照有关法律、行政法规规定的职责，对有关单位的会计资料实施监督检查。

前款所列监督检查部门对有关单位的会计资料依法实施监督检查后，应当出具检查结论。有关监督检查部门已经作出的检查结论能够满足其他监督检查部门履行本部门职责需要的，其他监督检查部门应当加以利用，避免重复查账。

第三十四条 依法对有关单位的会计资料实施监督检查的部门及其工作人员对在监督检查中知悉的国家秘密和商业秘密负有保密义务。

第三十五条 各单位必须依照有关法律、行政法规的规定，接受有关监督检查部门依法实施的监督检查，如实提供会计凭证、会计账簿、财务会计报告和他会计资料以及有关情况，不得拒绝、隐匿、谎报。

第五章 会计机构和会计人员

第三十六条 各单位应当根据会计业务的需要，设置会计机构，或者在有关机构中设置会计人员并指定会计主管人员；不具备设置条件的，应当委托经批准设立从事会计代理记账业务的中介机构代理记账。

国有的和国有资产占控股地位或者主导地位的大、中型企业必须设置总会计师。总会计师的任职资格、任免程序、职责权限由国务院规定。

第三十七条 会计机构内部应当建立稽核制度。

出纳人员不得兼任稽核、会计档案保管和收入、支出、费用、债权债务账目的登记工作。

第三十八条 会计人员应当具备从事会计工作所需要的专业能力。

担任单位会计机构负责人（会计主管人员）的，应当具备会计师以上专业技术职务资格或者从事会计工作三年以上经历。

本法所称会计人员的范围由国务院财政部门规定。

第三十九条 会计人员应当遵守职业道德，提高业务素质。对会计人员的教育和培训工作应当加强。

第四十条 因有提供虚假财务会计报告，做假账，隐匿或者故意销毁会计凭证、会计账簿、财务会计报告，贪污，挪用公款，职务侵占等与会计职务的有关违法行为被依法追究刑事责任的人员，不得再从事会计工作。

第四十一条 会计人员调动工作或者离职，必须与接管人员办清交接手续。

一般会计人员办理交接手续，由会计机构负责人（会计主管人员）监交；会计机构负责人（会计主管人员）办理交接手续，由单位负责人监交，必要时主管单位可以派人会同监交。

第六章　法律责任

第四十二条　违反本法规定，有下列行为之一的，由县级以上人民政府财政部门责令限期改正，可以对单位并处三千元以上五万元以下的罚款；对其直接负责的主管人员和其他直接责任人员，可以处二千元以上二万元以下的罚款；属于国家工作人员的，还应当由其所在单位或者有关单位依法给予行政处分：

（一）不依法设置会计账簿的；

（二）私设会计账簿的；

（三）未按照规定填制、取得原始凭证或者填制、取得的原始凭证不符合规定的；

（四）以未经审核的会计凭证为依据登记会计账簿或者登记会计账簿不符合规定的；

（五）随意变更会计处理方法的；

（六）向不同的会计资料使用者提供的财务会计报告编制依据不一致的；

（七）未按照规定使用会计记录文字或者记账本位币的；

（八）未按照规定保管会计资料，致使会计资料毁损、灭失的；

（九）未按照规定建立并实施单位内部会计监督制度或者拒绝依法实施的监督或者不如实提供有关会计资料及有关情况的；

（十）任用会计人员不符合本法规定的。

有前款所列行为之一，构成犯罪的，依法追究刑事责任。

会计人员有第一款所列行为之一，情节严重的，五年内不得从事会计工作。

有关法律对第一款所列行为的处罚另有规定的，依照有关法律的规定办理。

第四十三条　伪造、变造会计凭证、会计账簿，编制虚假财务会计报告，构成犯罪的，依法追究刑事责任。

有前款行为，尚不构成犯罪的，由县级以上人民政府财政部门予以通报，可以对单位并处五千元以上十万元以下的罚款；对其直接负责的主管人员和其他直接责任人员，可以处三千元以上五万元以下的罚款；属于国家工作人员的，还应当由其所在单位或者有关单位依法给予撤职直至开除的行政处分；其中的会计人员，五年内不得从事会计工作。

第四十四条　隐匿或者故意销毁依法应当保存的会计凭证、会计账簿、财务会计报告，构成犯罪的，依法追究刑事责任。

有前款行为，尚不构成犯罪的，由县级以上人民政府财政部门予以通报，可以对单位并处五千元以上十万元以下的罚款；对其直接负责的主管人员和其他直接责任人员，可以处三千元以上五万元以下的罚款；属于国家工作人员的，还应当由其所在单位或者有关单位依法给予撤职直至开除的行政处分；其中的会计人员，五年内不得从事会计工作。

第四十五条　授意、指使、强令会计机构、会计人员及其他人员伪造、变造会计凭证、会计账簿，编制虚假财务会计报告或者隐匿、故意销毁依法应当保的会计凭证、会计账簿、财务会计报告，构成犯罪的，依法追究刑事责任；尚不构成犯罪的，可以处五千元以上五万元以下的罚款；属于国家工作人员的，还应当由其所在单位或者有关单位依法给予降级、撤职、开除的行政处分。

第四十六条 单位负责人对依法履行职责、抵制违反本法规定行为的会计人员以降级、撤职、调离工作岗位、解聘或者开除等方式实行打击报复，构成犯罪的，依法追究刑事责任；尚不构成犯罪的，由其所在单位或者有关单位依法给予行政处分。对受打击报复的会计人员，应当恢复其名誉和原有职务、级别。

第四十七条 财政部门及有关行政部门的工作人员在实施监督管理中滥用职权、玩忽职守、徇私舞弊或者泄露国家秘密、商业秘密，构成犯罪的，依法追究刑事责任；尚不构成犯罪的，依法给予行政处分。

第四十八条 违反本法第三十条规定，将检举人姓名和检举材料转给被检举单位和被检举人个人的，由所在单位或者有关单位依法给予行政处分。

第四十九条 违反本法规定，同时违反其他法律规定的，由有关部门在各自职权范围内依法进行处罚。

第七章 附 则

第五十条 本法下列用语的含义：

单位负责人，是指单位法定代表人或者法律、行政法规规定代表单位行使职权的主要负责人。

国家统一的会计制度，是指国务院财政部门根据本法制定的关于会计核算、会计监督、会计机构和会计人员以及会计工作管理的制度。

第五十一条 个体工商户会计管理的具体办法，由国务院财政部门根据本法的原则另行规定。

第五十二条 本法自2000年7月1日起施行。

附录二

企业会计准则——基本准则

（2006年2月15日财政部令第33号公布，自2007年1月1日起施行。2014年7月23日根据《财政部关于修改〈企业会计准则——基本准则〉的决定》修改）

第一章　总　则

第一条　为了规范企业会计确认、计量和报告行为，保证会计信息质量，根据《中华人民共和国会计法》和其他有关法律、行政法规，制定本准则。

第二条　本准则适用于在中华人民共和国境内设立的企业（包括公司，下同）。

第三条　企业会计准则包括基本准则和具体准则，具体准则的制定应当遵循本准则。

第四条　企业应当编制财务会计报告（又称财务报告，下同）。财务会计报告的目标是向财务会计报告使用者提供与企业财务状况、经营成果和现金流量等有关的会计信息，反映企业管理层受托责任履行情况，有助于财务会计报告使用者作出经济决策。

财务会计报告使用者包括投资者、债权人、政府及其有关部门和社会公众等。

第五条　企业应当对其本身发生的交易或者事项进行会计确认、计量和报告。

第六条　企业会计确认、计量和报告应当以持续经营为前提。

第七条　企业应当划分会计期间，分期结算账目和编制财务会计报告。

会计期间分为年度和中期。中期是指短于一个完整的会计年度的报告期间。

第八条　企业会计应当以货币计量。

第九条　企业应当以权责发生制为基础进行会计确认、计量和报告。

第十条　企业应当按照交易或者事项的经济特征确定会计要素。会计要素包括资产、负债、所有者权益、收入、费用和利润。

第十一条　企业应当采用借贷记账法记账。

第二章　会计信息质量要求

第十二条　企业应当以实际发生的交易或者事项为依据进行会计确认、计量和报告，如实反映符合确认和计量要求的各项会计要素及其他相关信息，保证会计信息真实可靠、内容完整。

第十三条　企业提供的会计信息应当与财务会计报告使用者的经济决策需要相关，有助于财务会计报告使用者对企业过去、现在或者未来的情况作出评价或者预测。

第十四条　企业提供的会计信息应当清晰明了，便于财务会计报告使用者理解和使用。

第十五条 企业提供的会计信息应当具有可比性。

同一企业不同时期发生的相同或者相似的交易或者事项，应当采用一致的会计政策，不得随意变更。确需变更的，应当在附注中说明。

不同企业发生的相同或者相似的交易或者事项，应当采用规定的会计政策，确保会计信息口径一致、相互可比。

第十六条 企业应当按照交易或者事项的经济实质进行会计确认、计量和报告，不应仅以交易或者事项的法律形式为依据。

第十七条 企业提供的会计信息应当反映与企业财务状况、经营成果和现金流量等有关的所有重要交易或者事项。

第十八条 企业对交易或者事项进行会计确认、计量和报告应当保持应有的谨慎，不应高估资产或者收益、低估负债或者费用。

第十九条 企业对于已经发生的交易或者事项，应当及时进行会计确认、计量和报告，不得提前或者延后。

第三章 资 产

第二十条 资产是指企业过去的交易或者事项形成的、由企业拥有或者控制的、预期会给企业带来经济利益的资源。

前款所指的企业过去的交易或者事项包括购买、生产、建造行为或其他交易或者事项。预期在未来发生的交易或者事项不形成资产。

由企业拥有或者控制，是指企业享有某项资源的所有权，或者虽然不享有某项资源的所有权，但该资源能被企业所控制。

预期会给企业带来经济利益，是指直接或者间接导致现金和现金等价物流入企业的潜力。

第二十一条 符合本准则第二十条规定的资产定义的资源，在同时满足以下条件时，确认为资产：

（一）与该资源有关的经济利益很可能流入企业；

（二）该资源的成本或者价值能够可靠地计量。

第二十二条 符合资产定义和资产确认条件的项目，应当列入资产负债表；符合资产定义、但不符合资产确认条件的项目，不应当列入资产负债表。

第四章 负 债

第二十三条 负债是指企业过去的交易或者事项形成的、预期会导致经济利益流出企业的现时义务。

现时义务是指企业在现行条件下已承担的义务。未来发生的交易或者事项形成的义务，不属于现时义务，不应当确认为负债。

第二十四条 符合本准则第二十三条规定的负债定义的义务，在同时满足以下条件时，确认为负债：

（一）与该义务有关的经济利益很可能流出企业；

（二）未来流出的经济利益的金额能够可靠地计量。

第二十五条　符合负债定义和负债确认条件的项目，应当列入资产负债表；符合负债定义、但不符合负债确认条件的项目，不应当列入资产负债表。

第五章　所有者权益

第二十六条　所有者权益是指企业资产扣除负债后由所有者享有的剩余权益。

公司的所有者权益又称为股东权益。

第二十七条　所有者权益的来源包括所有者投入的资本、直接计入所有者权益的利得和损失、留存收益等。

直接计入所有者权益的利得和损失，是指不应计入当期损益、会导致所有者权益发生增减变动的、与所有者投入资本或者向所有者分配利润无关的利得或者损失。

利得是指由企业非日常活动所形成的、会导致所有者权益增加的、与所有者投入资本无关的经济利益的流入。

损失是指由企业非日常活动所发生的、会导致所有者权益减少的、与向所有者分配利润无关的经济利益的流出。

第二十八条　所有者权益金额取决于资产和负债的计量。

第二十九条　所有者权益项目应当列入资产负债表。

第六章　收　入

第三十条　收入是指企业在日常活动中形成的、会导致所有者权益增加的、与所有者投入资本无关的经济利益的总流入。

第三十一条　收入只有在经济利益很可能流入从而导致企业资产增加或者负债减少、且经济利益的流入额能够可靠计量时才能予以确认。

第三十二条　符合收入定义和收入确认条件的项目，应当列入利润表。

第七章　费　用

第三十三条　费用是指企业在日常活动中发生的、会导致所有者权益减少的、与向所有者分配利润无关的经济利益的总流出。

第三十四条　费用只有在经济利益很可能流出从而导致企业资产减少或者负债增加、且经济利益的流出额能够可靠计量时才能予以确认。

第三十五条　企业为生产产品、提供劳务等发生的可归属于产品成本、劳务成本等的费用，应当在确认产品销售收入、劳务收入等时，将已销售产品、已提供劳务的成本等计入当期损益。

企业发生的支出不产生经济利益的，或者即使能够产生经济利益但不符合或者不再符合资产确认条件的，应当在发生时确认为费用，计入当期损益。

企业发生的交易或者事项导致其承担了一项负债而又不确认为一项资产的，应当在发生时确认为费用，计入当期损益。

第三十六条 符合费用定义和费用确认条件的项目，应当列入利润表。

第八章 利 润

第三十七条 利润是指企业在一定会计期间的经营成果。利润包括收入减去费用后的净额、直接计入当期利润的利得和损失等。

第三十八条 直接计入当期利润的利得和损失，是指应当计入当期损益、会导致所有者权益发生增减变动的、与所有者投入资本或者向所有者分配利润无关的利得或者损失。

第三十九条 利润金额取决于收入和费用、直接计入当期利润的利得和损失金额的计量。

第四十条 利润项目应当列入利润表。

第九章 会计计量

第四十一条 企业在将符合确认条件的会计要素登记入账并列报于会计报表及其附注（又称财务报表，下同）时，应当按照规定的会计计量属性进行计量，确定其金额。

第四十二条 会计计量属性主要包括：

（一）历史成本。在历史成本计量下，资产按照购置时支付的现金或者现金等价物的金额，或者按照购置资产时所付出的对价的公允价值计量。负债按照因承担现时义务而实际收到的款项或者资产的金额，或者承担现时义务的合同金额，或者按照日常活动中为偿还负债预期需要支付的现金或者现金等价物的金额计量。

（二）重置成本。在重置成本计量下，资产按照现在购买相同或者相似资产所需支付的现金或者现金等价物的金额计量。负债按照现在偿付该项债务所需支付的现金或者现金等价物的金额计量。

（三）可变现净值。在可变现净值计量下，资产按照其正常对外销售所能收到现金或者现金等价物的金额扣减该资产至完工时估计将要发生的成本、估计的销售费用以及相关税费后的金额计量。

（四）现值。在现值计量下，资产按照预计从其持续使用和最终处置中所产生的未来净现金流入量的折现金额计量。负债按照预计期限内需要偿还的未来净现金流出量的折现金额计量。

（五）公允价值。在公允价值计量下，资产和负债按照市场参与者在计量日发生的有序交易中，出售资产所能收到或者转移负债所需支付的价格计量。

第四十三条 企业在对会计要素进行计量时，一般应当采用历史成本，采用重置成本、可变现净值、现值、公允价值计量的，应当保证所确定的会计要素金额能够取得并可靠计量。

第十章 财务会计报告

第四十四条 财务会计报告是指企业对外提供的反映企业某一特定日期的财务状况和

某一会计期间的经营成果、现金流量等会计信息的文件。

财务会计报告包括会计报表及其附注和其他应当在财务会计报告中披露的相关信息和资料。会计报表至少应当包括资产负债表、利润表、现金流量表等报表。

小企业编制的会计报表可以不包括现金流量表。

第四十五条 资产负债表是指反映企业在某一特定日期的财务状况的会计报表。

第四十六条 利润表是指反映企业在一定会计期间的经营成果的会计报表。

第四十七条 现金流量表是指反映企业在一定会计期间的现金和现金等价物流入和流出的会计报表。

第四十八条 附注是指对在会计报表中列示项目所作的进一步说明，以及对未能在这些报表中列示项目的说明等。

第十一章 附 则

第四十九条 本准则由财政部负责解释。

第五十条 本准则自 2007 年 1 月 1 日起施行。

参考文献

[1] 财政部：《企业会计准则》，经济科学出版社 2020 年版。

[2] 财政部会计司编写组：《企业会计准则讲解》（2008），人民出版社 2008 年版。

[3] 陈炳辉：《会计学原理教程》，中国金融出版社 2007 年版。

[4] 陈国辉、迟旭升：《基础会计》，东北财经大学出版社 2007 年版。

[5] 陈少华：《会计学原理》，厦门大学出版社 2006 年版。

[6] 崔智敏、陈爱玲：《会计学基础》，中国人民大学出版社 2007 年版。

[7] 杜兴强：《会计学原理》，高等教育出版社 2007 年版。

[8] 黄虹、李贞玉：《基础会计学》，华东理工大学出版社 2008 年版。

[9] 纪映红、周赟、刘利群：《基础会计》，经济科学出版社 2011 年版。

[10] 简·R. 威廉姆斯、苏珊·F. 哈卡、马克·S. 贝特纳著，冯正权等译：《会计学——企业决策的基础（财务会计分册）》，机械工业出版社 2006 年版。

[11] 李海波：《新编会计学原理——基础会计》，立信会计出版社 2007 年版。

[12] 李梦玉、马葵：《会计学基础》，北京大学出版社 2006 年版。

[13] 企业会计准则编审委员会：《企业会计准则案例讲解》，立信会计出版社 2021 年版。

[14] 石本仁、谭小平：《会计学原理》，中国人民大学出版社 2008 年版。

[15] 孙静、瞿灿鑫、王珏副：《基础会计》，上海财经大学出版社 2007 年版。

[16] 王斐波：《会计学教程》，浙江大学出版社 2007 年版。

[17] 王来群：《基础会计学》，清华大学出版社 2007 年版。

[18] 王宗台、苏强：《新编会计学原理》，经济科学出版社 2007 年版。

[19] 徐晔、张文贤、祁新娥：《会计学原理》，复旦大学出版社 2008 年版。

[20] 袁树民、丁小云：《会计学》，上海财经大学出版社 2006 年版。

[21] 张文贤：《中国会计案例选》，复旦大学出版社 2006 年版。

[22] 中国注册会计师协会：《会计》，中国财政经济出版社 2021 年版。